APELAÇÃO NO NOVO CPC

— efeitos devolutivo e suspensivo —

Conselho Editorial
André Luís Callegari
Carlos Alberto Molinaro
Daniel Francisco Mitidiero
Darci Guimarães Ribeiro
Draiton Gonzaga de Souza
Elaine Harzheim Macedo
Eugênio Facchini Neto
Giovani Agostini Saavedra
Ingo Wolfgang Sarlet
Jose Luis Bolzan de Morais
José Maria Rosa Tesheiner
Leandro Paulsen
Lenio Luiz Streck
Paulo Antônio Caliendo Velloso da Silveira

Dados Internacionais de Catalogação na Publicação (CIP)

R484a   Ribeiro, Cristiana Zugno Pinto.
Apelação no novo CPC : efeitos devolutivo e suspensivo. Cristiana Zugno Pinto Ribeiro. – Porto Alegre: Livraria do Advogado Editora, 2016.
151 p. ; 23 cm. – (Temas de Direito Processual Civil ; 9)
Inclui bibliografia e anexo.
ISBN 978-85-69538-14-1

1. Apelação (Direito). 2. Processo civil. 3. Direito processual. 4. Brasil. Código de Processo Civil (1973). 5. Brasil. Código de Processo Civil (2015). I. Título. II. Série.

CDU 347.956(81)
CDD 347.8108

Índice para catálogo sistemático:
1. Apelação (Direito) : Brasil   347.956(81)

(Bibliotecária responsável: Sabrina Leal Araujo – CRB 10/1507)

Temas de Direito Processual Civil **9**

CRISTIANA ZUGNO PINTO RIBEIRO

APELAÇÃO NO NOVO CPC
— efeitos devolutivo e suspensivo —

Porto Alegre, 2016

Coleção
Temas de Direito Processual Civil

Coordenadores
Daniel Mitidiero
Elaine Harzheim Macedo
José Maria Rosa Tesheiner
Marco Félix Jobim
Sérgio Gilberto Porto

© Cristiana Zugno Pinto Ribeiro, 2016

Projeto gráfico e diagramação
Livraria do Advogado Editora

Revisão
Rosane Marques Borba

Direitos desta edição reservados por
Livraria do Advogado Editora Ltda.
Rua Riachuelo, 1300
90010-273 Porto Alegre RS
Fone: 0800-51-7522
editora@livrariadoadvogado.com.br
www.doadvogado.com.br

Impresso no Brasil / Printed in Brazil

Agradecimentos

O presente livro é fruto de minha dissertação de Mestrado defendida junto à Pontifícia Universidade Católica do Rio Grande do Sul em fevereiro de 2015. Assim, os agradecimentos não poderiam deixar de referir as pessoas que me ajudaram a vencer todas as etapas do curso de Mestrado.

Agradeço à Professora Elaine Harzheim Macedo, não apenas na qualidade de minha orientadora, mas também de amiga e fonte inspiradora no curso de Mestrado e na vida. Minha "mãe jurídica", a Professora Elaine sempre terá a minha total admiração e amizade. A confiança por ela depositada em mim permitiu um crescimento seguro e muito prazeroso.

Ao meu marido, Roger, pelo apoio incondicional, companheirismo, amizade, amor, paciência e incentivo, bem como pela revisão final deste trabalho, pelos debates sobre o tema e pela compreensão nos períodos de ausência.

Aos meus pais, Hugo e Zuleika, pela educação, base familiar, amor e incentivo para eu ter chegado até aqui.

À minha irmã Daniela, pela amizade e carinho.

À minha afilhada Antonia, por fazer da minha vida mais feliz.

Aos professores José Maria Rosa Tesheiner e Sérgio Gilberto Porto, pelo imenso aprendizado em sala de aula.

Aos professores Marco Félix Jobim e Sérgio Gilberto Porto, pelas ricas contribuições transmitidas por ocasião da Banca de Qualificação e da Banca final do Mestrado.

Aos meus colegas do escritório Matter, Boettcher & Zanini Advogados, em especial Carlos Klein Zanini, Ricardo Boettcher e Rudi Matter, pela oportunidade que me foi dada no início de minha carreira jurídica e pela compreensão nos momentos de ausência ao longo do curso de Mestrado.

Ao Daniel Ustárroz, pela sugestão do tema para a dissertação.

Ao Daniel Mitidiero, com quem tive a honra de discutir o tema tratado na dissertação.

Às amigas Laura Patella e Elisa Ustárroz, por terem, por meio de suas atividades acadêmicas, despertado o meu interesse em ingressar neste meio.

Ao Márcio Vasconcellos, pelo auxílio com traduções de textos e pelos ricos debates sobre assuntos relacionados ao Mestrado.

Aos colegas e amigos do Mestrado, com quem tive o privilégio de conviver, de trocar experiências e de dividir as angústias e as conquistas daqueles que se aventuram na pesquisa acadêmica.

À Fernanda Macedo, pelo acolhimento e ajuda na fase de seleção para o curso de Mestrado.

Prefácio

Um dos marcos do direito processual na modernidade, que pressupõe a tripartição ou distinção dos poderes do Estado, é a adoção do duplo grau de jurisdição, conquista que se estendeu através dos séculos e que veio a ser sacramentada no processo contemporâneo inclusive com respaldo constitucional, no âmbito do Direito brasileiro.

Entre os recursos que se sustentam no duplo grau de jurisdição, ganha relevo a apelação, que, consenso doutrinário, é o recurso por excelência que visa ao reexame das decisões proferidas pelos juízes de primeiro grau que ou compõem o conflito ou extinguem o processo por vícios que afetam o seu plano de validade ou de legitimidade.

A esta tradição, que ganha sabor milenar, agrega-se o novo, representado pelo Código de Processo Civil instituído pela Lei n. 13.105, de 16.03.2015, exigindo dos profissionais do Direito uma postura de reflexão e comprometimento com os valores constitucionais, que alimentam o processo civil da hodiernidade.

A obra que vem a público, *Apelação no novo CPC: efeitos devolutivo e suspensivo*, de autoria de Cristiana Zugno Pinto Ribeiro, não só representa um estudo sério e comprometido com a pesquisa jurídica, mas vai muito além, representando a juventude jurídica gaúcha, com brilho, autenticidade e muita responsabilidade. Novos talentos, novas investidas.

O enfrentamento cuidadoso e crítico dos efeitos devolutivo e suspensivo, verdadeiros vetores da efetividade e da tempestividade da prestação jurisdicional, realizado pela autora e fortalecido pelo juízo analítico e crítico, que lhe é inerente como profissional de Direito reconhecida, qualifica a obra como instrumento indispensável tanto àqueles que se encontram cursando a Faculdade de Direito e trilhando os primeiros passos na atividade jurídica, como aos operadores do Direito e aos que se iniciam na pesquisa científica. A linguagem, perfeita e acabada, desmistifica os meandros do processo e dos recursos, ofertando caminhos e soluções palpáveis e harmônicas com as garantias constitucionais do processo, adentrando no novo Código de Processo Civil com a firmeza e tranquilidade de quem já domina a legislação vigente, sem renunciar à saudável virada paradigmática que a lei nova oportuniza.

Em determinados momentos do texto é quase impossível distinguir entre o trabalho produzido e a sua autora, permitindo ao leitor uma intimidade intelectual que só as grandes obras são capazes de produzir, comprometendo o leitor com as propostas ofertadas, sem qualquer aliciamento ilegítimo. Esta aproximação enriquece a leitura e seduz o leitor, tudo que se quer de um trabalho científico, que não se limita às normas e regras de sua formalização. Sem sentimento, sem comprometimento, nada se cria, nada se produz. E *Apelação no novo CPC: efeitos devolutivo e suspensivo* nos possibilita esse ganho com sobras.

Aos leitores, à academia e aos operadores do Direito, minhas homenagens; à autora, meu respeito!

Elaine Harzheim Macedo

Sumário

Introdução..11
1. Apelação cível: origem, cabimento e efeitos no Código de Processo Civil de 1973.....15
    1.1. Esboço histórico do recurso de apelação..15
    1.2. Direito brasileiro anterior..21
    1.3. O princípio do duplo grau de jurisdição...26
    1.4. A apelação no Código de Processo Civil de 1973..37
        1.4.1. Cabimento...37
        1.4.2. Efeito devolutivo..45
        1.4.3. Efeito suspensivo..56
        1.4.4. Efeito translativo...66
        1.4.5. Outros efeitos...68

2. Propostas de modificações legislativas: o novo Código de Processo Civil.............71
    2.1. Projetos de lei para alteração do art. 520 do CPC de 1973.........................72
    2.2. O novo CPC..75
        2.2.1. A criação de uma Comissão de Juristas e o Anteprojeto do novo CPC.............75
        2.2.2. A tramitação do projeto do novo Código de Processo Civil no Congresso Nacional: do Anteprojeto à aprovação 76
        2.2.3. As modificações no tocante à apelação cível....................................78
            2.2.3.1. Cabimento...78
            2.2.3.2. Efeito devolutivo...83
            2.2.3.3. Efeito suspensivo...90
            2.2.3.4. Efeito translativo...98
            2.2.3.5. Outros efeitos..100
            2.2.3.6. Outras mudanças..102

3. Análise crítica sobre o novo CPC..105
    3.1. O efeito suspensivo da apelação: análise e propostas................................105
        3.1.1. O efeito suspensivo da apelação no processo civil italiano............123
    3.2. O efeito devolutivo da apelação e o seu cabimento: análise e propostas..................128
        3.2.1. Limitação do efeito devolutivo da apelação....................................128
        3.2.2. Limitação ao cabimento do recurso de apelação............................132
    3.3. A sucumbência recursal como medida estimulatória para o controle da interposição de recursos...135

Conclusão..139
Referências bibliográficas..143
Anexo – Quadro comparativo entre o novo CPC e o CPC de 1973................149

Introdução

A apelação é o recurso que responde por excelência ao duplo grau de jurisdição, por ser o recurso mais amplo e que permite maior atividade cognitiva do órgão *ad quem*. Por essa razão, é a partir do recurso de apelação que a própria teoria geral dos recursos foi e pode ser construída. A apelação possui características e requisitos que se aplicam aos demais recursos, uma vez que diversos dispositivos que tratam da apelação constituem-se, na realidade, em regra geral para os demais, no caso de existência de lacuna na sua disciplina. Portanto, falar sobre apelação é falar sobre teoria geral dos recursos.

A apelação é a modalidade recursal mais importante do processo civil brasileiro. É o recurso mais utilizado e, consequentemente, o mais julgado pelos tribunais pátrios, tratando-se de temática de grande relevância na vida forense.

A ausência de eficácia imediata da sentença, tendo em vista que a apelação possui efeito suspensivo *ope legis*, é tema de extrema relevância que reflete em amplo debate na doutrina. Discute-se sobre a conveniência de se retirar o efeito suspensivo da apelação. Para tanto, há conflito de valores elevados à condição de garantias processuais: efetividade *versus* segurança jurídica.

Vive-se um momento em que as decisões dos juízes de primeiro grau não são valorizadas, na medida em que o recurso de apelação devolve toda a matéria discutida no processo à instância superior, diante de sua ampla devolutividade, bem como a sua simples interposição suspende os efeitos da sentença.

Tais discussões fazem com que o tema referente ao recurso de apelação – embora clássico – seja de extrema atualidade, refletindo na importância de seu estudo. Prova disso é a constante atualização legislativa do sistema recursal brasileiro e, especificamente, do recurso de apelação. Exemplo é o próprio capítulo do Código de Processo Civil de 1973, referente aos recursos, o qual sofreu alterações diversas desde o início de sua vigência.

E, depois de mais de trinta anos de vigência do Código de Processo Civil de 1973, teve início, no ano de 2010, a tramitação no Congresso Nacional do projeto de lei que visa à promulgação de um novo Código de Processo Civil.

O projeto do novo Código de Processo Civil (NCPC) teve proposição originária do Senado Federal por meio da elaboração do Projeto de Lei do

Senado nº 166/2010, posteriormente convertido na Câmara dos Deputados no Projeto de Lei nº 8.046/2010. O projeto foi aprovado na Câmara dos Deputados em março de 2014, ocasião em que retornou à Casa de origem em razão das emendas apresentadas. Finalmente, no dia 17.12.2014, o projeto foi aprovado, de forma definitiva, no Senado Federal, sendo sancionado pela Presidência da República no dia 16.03.2015, mediante a promulgação da Lei nº 13.105/2015.

O art. 1.045 da Lei nº 13.105/2015 determina que o Código de Processo Civil entrará em vigor após o decurso de um ano da data de sua publicação oficial, ocorrida em 17.03.2015. Assim, no dia 17.03.2016, entrará em vigor o novo Código de Processo Civil, tratado e denominado neste trabalho como o "Novo CPC".

Diante dessa realidade, e na medida em que o Novo CPC traz alterações no sistema recursal, com a promessa de imprimir efetividade e tempestividade ao processo, o presente trabalho tem o propósito de avaliar se tais propostas modificativas terão o condão de atingir a finalidade almejada pelo projeto.

O período é de transição. Em razão disso, o objetivo deste trabalho é estudar o recurso de apelação no Código de Processo Civil de 1973, bem como no Novo CPC, perseguindo-se um iter legislativo que corresponde, na medida do possível, às discussões travadas no seio da comunidade jurídica e nas decisões dos tribunais pátrios.

O tema é delimitado ao cabimento do recurso de apelação e aos seus efeitos, sobretudo os efeitos devolutivo e suspensivo, diante da sua importância quando do estudo do sistema recursal, relacionando-os à finalidade buscada no projeto do NCPC de se obter um processo efetivo e tempestivo. Mas serão também analisados, ainda que de forma sucinta, os demais efeitos da apelação, quais sejam translativo, obstativo, substitutivo, expansivo, regressivo e diferido.

O trabalho é dividido em três capítulos. O primeiro é dedicado ao estudo da apelação cível no que toca à sua origem, cabimento e efeitos no Código de Processo Civil de 1973. Inicia-se o trabalho com a apresentação de um esboço histórico do recurso de apelação, remontando-se à origem do recurso ao Direito romano. Verifica-se como a apelação foi introduzida no ordenamento jurídico brasileiro, o seu tratamento na legislação anterior e o princípio do duplo grau de jurisdição. São analisados, então, o cabimento e os efeitos do recurso de apelação no Código de Processo Civil de 1973, com destaque aos efeitos devolutivo e suspensivo, sem se olvidar do efeito translativo e dos outros efeitos também tratados pela doutrina: obstativo, substitutivo, expansivo, regressivo e diferido.

O segundo capítulo diz respeito às propostas de modificações legislativas, com ênfase quase que absoluta ao Novo CPC. Analisam-se, primeiramente, os projetos de lei vocacionados à alteração do art. 520 do CPC de 1973. Após, o estudo é direcionado ao Novo CPC, desde a criação da Comissão de Juristas para a elaboração do Anteprojeto até a aprovação do Novo CPC no Congresso

Nacional. São examinados os mesmos pontos atinentes à apelação relacionados no primeiro capítulo, mas agora no âmbito do Novo CPC, por meio de descrição e análise do texto recém-aprovado em comparação com o CPC de 1973. É destacada, ainda, a existência de outras mudanças da apelação relacionadas ao seu procedimento no Novo CPC.

O terceiro e último capítulo é destinado à análise crítica sobre as alterações do Novo CPC, a fim de identificar se elas atendem às expectativas dos operadores do Direito. São analisados de forma crítica e propositiva os efeitos suspensivo e devolutivo da apelação no Novo CPC, sendo apresentadas propostas de *lege ferenda*. Estuda-se como é tratado o efeito suspensivo da apelação no Direito italiano. Avalia-se a necessidade de se proceder a uma releitura do sistema, mediante a quebra de paradigmas como uma forma de se imprimir maior efetividade na prestação da tutela jurisdicional.

Espera-se que as conclusões deste trabalho sejam aplicáveis e úteis tanto aos operadores do Direito quanto à sociedade em geral. Isto porque a entrada em vigor de um novo Código de Processo Civil é assunto vinculado às preocupações não só dos processualistas, mas dos juristas em geral e da sociedade civil, na medida em que envolve aspirações à efetividade do processo.

1. Apelação cível: origem, cabimento e efeitos no Código de Processo Civil de 1973

1.1. ESBOÇO HISTÓRICO DO RECURSO DE APELAÇÃO

O recurso de apelação é o recurso por excelência,[1] ao qual correspondem figuras com características semelhantes na generalidade das legislações processuais contemporâneas, tais como: a *apelação* do Direito português, a *apelación* do Direito espanhol e do hispano-americano, o *appel* do francês e do belga, o *appello* do italiano, a *Berufung* do alemão e do austríaco, o *appeal* do inglês e do norte-americano e a *Appellation* de vários cantões suíços.[2]

---

[1] Dessa forma ressaltam José Carlos Barbosa Moreira (BARBOSA MOREIRA, José Carlos. *Comentários ao Código de Processo Civil*. 16. ed. v. 5. Rio de Janeiro: Forense, 2011, p. 406); Araken de Assis (ASSIS, Araken de. Efeito devolutivo da apelação. *Revista Síntese de Direito Civil e Processual Civil*, Porto Alegre, n. 13, p. 141, 2001); Sérgio Gilberto Porto e Daniel Ustárroz (PORTO, Sérgio Gilberto; USTÁRROZ, Daniel. *Manual dos recursos cíveis*. 4. ed. Porto Alegre: Livraria do Advogado, 2013, p. 121); Carlos Alberto Alvaro de Oliveira e Daniel Mitidiero (ALVARO DE OLIVEIRA, Carlos Alberto; MITIDIERO, Daniel. *Curso de Processo Civil*. v. 2. São Paulo: Atlas, 2012, p. 183); Fredie Didier Jr. e Leonardo Carneiro da Cunha (DIDIER JR., Fredie; CUNHA, Leonardo Carneiro da. *Curso de Direito Processual Civil*: meios de impugnação às decisões judiciais e processo nos tribunais. v. 3. 12. ed. Salvador: JusPodivm, 2014, p. 95); Ovídio Baptista da Silva (SILVA, Ovídio A. Baptista da. *Curso de processo civil*. 8. ed. v. 1, tomo 1. Rio de Janeiro: Forense, 2008, p. 330); Flávio Cheim Jorge (JORGE, Flávio Cheim. *Apelação Cível*: teoria geral e admissibilidade. 2. ed. São Paulo: Revista dos Tribunais, 2002, p. 53); Sergio Bermudes (BERMUDES, Sergio. Considerações sobre a apelação no sistema recursal do Código de Processo Civil. *Revista da EMERJ*, Rio de Janeiro, v. 2, n. 6, p. 123, 1999); Nelson Nery Junior (NERY JUNIOR, Nelson. *Teoria geral dos recursos*. 7. ed. São Paulo: Revista dos Tribunais, 2014, p. 405); Ricardo de Carvalho Aprigliano (APRIGLIANO, Ricardo de Carvalho. *A apelação e seus efeitos*. São Paulo: Atlas, 2003, p. 20); Marco Aurélio Moreira Bortowski (BORTOWSKI, Marco Aurélio. *Apelação Cível*. Porto Alegre: Livraria do Advogado, 1997, p. 113). Nelson Luiz Pinto refere que a apelação é o "recurso-tipo", "por ser aquele de conteúdo mais amplo, permitindo ampla atividade cognitiva pelo órgão *ad quem*". PINTO, Nelson Luiz. *Manual dos recursos cíveis*. 2. ed. São Paulo: Malheiros, 2000, p. 95.

[2] BARBOSA MOREIRA, José Carlos. *Comentários ao Código de Processo Civil*. 16. ed. v. 5. Rio de Janeiro: Forense, 2011, p. 406. Segundo Egas Dirceu Moniz de Aragão, apenas a Turquia e o cantão de Neuchâtel, na Suíça, não possuem recurso correspondente à apelação, considerando que lá não existe o duplo grau de jurisdição, configurando exceção à regra. ARAGÃO, Egas Dirceu Moniz de. Demasiados recursos? In: FABRÍCIO, Adroaldo Furtado *et al* (coord.). *Meios de impugnação ao julgado civil*: estudos em homenagem a José Carlos Barbosa Moreira. Rio de Janeiro: Forense, 2007, p. 178/179.

Em face da presença quase universal, o recurso de apelação é considerado como o símbolo dos recursos,[3] sendo tratado como o recurso matriz, padrão, tendo em vista que a sua disciplina se aplica, no que for cabível, também aos demais recursos.[4]

A oportunidade que o recurso de apelação abre – mais do que qualquer outro recurso – ao exercício de ampla atividade cognitiva pelo órgão *ad quem*, permite considerá-lo, nas palavras de José Carlos Barbosa Moreira, "como o principal instrumento por meio do qual atua o princípio do duplo grau de jurisdição".[5] O prestígio e a importância do recurso de apelação são evidenciados, sobretudo, pela constância com que os ordenamentos dos mais diversos povos incluem a apelação, ou figura análoga, em lugar de relevo no elenco dos remédios destinados à impugnação das decisões judiciais.[6]

Por esse motivo, antes do estudo do recurso de apelação no processo civil brasileiro, afigura-se pertinente o exame da sua origem, principalmente se considerado que "no Judiciário o passado determina o presente, influindo tanto na forma das solenidades, dos rituais e dos atos de ofício quanto no conteúdo de grande número de decisões".[7]

Sem embargo das controvérsias relativas à exata origem da *appellatio*, pode-se afirmar que ela veio a firmar-se no ordenamento romano. O processo civil romano pode ser dividido em três grandes períodos: o das *legis actiones* (período das ações da lei), o *per formulas* (período formulário) e o da *extraordinaria cognitio* (imperial). O primeiro vigorou desde os tempos da fundação de Roma (754 a.C.) até os fins da república; o segundo, constituindo com o anterior, o *ordo iudiciorum privatorum* (ordem dos juízos privados), teria sido introduzido pela *lex Aebutia* (149-126 a.C.) e oficializado definitivamente pela *lex Julia privatorum*, no ano 17 a.C., aplicado, já de modo esporádico, até a época do imperador Diocleciano (285-305 d.C.); e o terceiro período, por fim, da *cognitio extra ordinem*, instituído

---

[3] PORTO, Sérgio Gilberto; USTÁRROZ, Daniel. *Manual dos recursos cíveis*. 4. ed. Porto Alegre: Livraria do Advogado, 2013, p. 123.

[4] MARINONI, Luiz Guilherme; ARENHART, Sergio Cruz. *Processo de conhecimento*. 8. ed. v. 2. São Paulo: Revista dos Tribunais, 2010, p. 529.

[5] BARBOSA MOREIRA, loc. cit., p. 406. No mesmo sentido referem Fredie Didier Jr. e Leonardo Carneiro da Cunha. DIDIER JR., Fredie; CUNHA, Leonardo Carneiro da. *Curso de Direito Processual Civil*: meios de impugnação às decisões judiciais e processo nos tribunais. v. 3. 12. ed. Salvador: JusPodivm, 2014, p. 95.

[6] Ovídio Baptista da Silva ressalta que "a *apelação* é, sem dúvida, o recurso por excelência, não só por ser o mais antigo, já existente no direito romano, como por sua universalidade, comum a todos os ordenamentos modernos que descendam do direito romano-canônico, e também por ser o recurso de *efeito devolutivo* mais amplo, ensejando ao juízo *ad quem*, quando ele seja interposto contra uma sentença de mérito, o reexame integral das questões suscitadas no primeiro grau de jurisdição, com exceção daquelas sobre as quais se tenha verificado preclusão". SILVA, Ovídio A. Baptista da. *Curso de processo civil*. 8. ed. v. 1, tomo 1. Rio de Janeiro: Forense, 2008, p. 331. Grifos do autor.

[7] DALLARI, Dalmo de Abreu. *O poder dos juízes*. 2. ed. São Paulo: Saraiva, 2002, p. 8.

com o advento do principado (27 a.C.) e vigente, com profundas modificações, até os últimos dias do império romano do Ocidente.[8]

A divisão do processo civil romano em três períodos é apenas convencional, tendo em vista que, dentro de cada um deles, é possível encontrar fases ou mesmo ulteriores sistemas particulares. Então, a par do desenvolvimento político de Roma, no qual existiram diversas modalidades de governo – realeza, república, principado e dominato –, também o processo privado se dividiu em fases específicas e distintas. Assim, embora seja possível identificar a existência de três períodos distintos, não há precisão em relação à data e em que medida cada período deixou de viger, cedendo espaço ao subsequente.[9]

Mas é possível afirmar que, durante o período real, vigorava apenas, no processo civil, o sistema da *legis actiones*, debutante ordenamento jurídico processual da época.[10] Nesse período, o rei era o magistrado único, vitalício e sem qualquer responsabilidade pelos atos que praticava.[11] Cabiam ao rei prerrogativas judiciais e executivas, detendo o poder de tomar decisões de cunho administrativo e de aplicar o Direito aos conflitos em concreto, exercendo jurisdição. Conforme lição de Elaine Harzheim Macedo, o rei gozava de "legitimidade para julgar em primeira e última instância, independentemente do auxílio com que se socorria daqueles que o cercavam, entre os quais, os sacerdotes".[12]

Na fase da república, o processo se desdobra nos períodos das *legis actiones* e formulário. Nessa fase, o rei foi substituído por dois cônsules, originalmente chamados de *praetores*. Assim, a magistratura passou a ser representada por duas pessoas, com mandato de um ano.[13] Segundo Alcides de Mendonça Lima, "no período republicano, por sua feição e pela mentalidade imperante, entendia-se impolítico e, até, desrespeitoso o ato de atacar uma decisão, se bem que se permitisse a impugnação mediante o exercício de uma ação da nulidade, cujo fim era a declaração da nulidade ou inexistência da sentença".[14]

A *appellatio* surgiu à época do principado, também chamado de período imperial, na terceira fase do processo civil romano, o da *cognitio extra ordinem*,[15] "como corolário lógico da nova organização judiciária, estabelecida

---

[8] CRUZ E TUCCI, José Rogerio; AZEVEDO, Luiz Carlos de. *Lições de história do processo civil romano*. 2. tir. São Paulo: Revista dos Tribunais, 2001, p. 39.

[9] Idem, p. 39/40. No mesmo sentido AZEVEDO, Luiz Carlos de. *Origem e introdução da apelação no direito lusitano*. São Paulo: FIEO, 1976, p. 39.

[10] MACEDO, Elaine Harzheim. *Jurisdição e processo*: crítica histórica e perspectivas para o terceiro milênio. Porto Alegre: Livraria do Advogado, 2005, p. 21.

[11] BORTOWSKI, Marco Aurélio. *Apelação Cível*. Porto Alegre: Livraria do Advogado, 1997, p. 22/23.

[12] MACEDO, loc. cit., p. 20/21.

[13] Idem, p. 25.

[14] LIMA, Alcides de Mendonça. *Introdução aos recursos cíveis*. 2. ed. São Paulo: Revista dos Tribunais, 1976, p. 5.

[15] AZEVEDO, Luiz Carlos de. *Origem e introdução da apelação no direito lusitano*. São Paulo: FIEO, 1976, p. 41. ASSIS, Araken de. *Manual dos recursos*. 5. ed. São Paulo: Revista dos Tribunais, 2013, p. 399.

segundo um critério hierárquico tendo no vértice o imperador como suprema autoridade".[16] A *appellatio* deu ao príncipe a condição de juiz supremo.[17] Os períodos precedentes "careciam da atmosfera propícia à formulação dessa espécie recursal".[18]

Cabe ressaltar que "a adoção do sistema recursal em Roma deveu-se muito mais ao interesse da concentração do poder nas mãos do Imperador do que propriamente à preocupação com a garantia de assegurar justiça aos cidadãos". Isto porque cabia ao Imperador aplicar a lei, como única instância recursal, acolhendo ou não o recurso, o que, por consequência, aumentava o seu controle sobre a sociedade.[19]

Consistia a *appellatio* no "meio processual ordinário contra a injustiça substancial da sentença formalmente válida",[20] ou ainda no "meio de obter o reexame de decisões com base em supostos *errores in iudicando*, embora tenha sido usada, em certos casos, para a denúncia da *invalidade*, e não da *injustiça* da sentença. Podiam utilizá-la assim as partes como terceiros prejudicados".[21] A *appellatio* tinha como finalidade "manter ou reformar a sentença impugnada, proferindo-se, nessa última hipótese, uma nova decisão".[22]

O seu cabimento no Direito romano é objeto de controvérsia na doutrina. José Carlos Barbosa Moreira afirma que o cabimento da *appellatio* era limitado contra a *sententia*, não sendo possível a sua interposição contra as

---

[16] CRUZ E TUCCI, José Rogério; AZEVEDO, Luiz Carlos de. *Lições de história do processo civil romano*. 2 tir. São Paulo: Revista dos Tribunais, 2001, p. 150. Humberto Cuenca, justificando a razão da *appellatio* ter surgido no período do Império, ensina que no período anterior da República, a sociedade romana tendia ao igualitarismo, ainda que houvesse a luta dos plebeus contra os patrícios. Já no período do Império, a sociedade romana se converteu em uma ordem hierarquizada, sendo estabelecidos graus entre os funcionários públicos e uma possível graduação entre os magistrados encarregados de administrar a justiça. Entre os magistrados de igual categoria, era ofensiva à dignidade a revisão da sentença. Mas quando o Imperador Augusto criou distintas classes sociais e magistrados superiores, a apelação surgiu espontaneamente como uma necessidade. CUENCA, Humberto. *Proceso civil romano*. Buenos Aires: Ediciones Juridicas Europa-America, 1957, p. 106/107. No mesmo sentido, Aloísio Surgik ensina que "com a multiplicação de funcionários e a diversidade de funções na complexa hierarquia imperial, cujo centro de poderes é o imperador, surgem e multiplicam-se os recursos, anteriormente desnecessários, quando se confiava a solução das demandas ao juiz popular, por livre escolha dos demandantes (*ordo iudiciorum priuatorum*), com o que os recursos eram incompatíveis, admitindo-se tão somente a revogação da sentença nula". SURGIK, Aloísio. *Lineamentos do processo civil romano*. Curitiba: Livro é Cultura, 1990, p. 127. Grifo do autor.

[17] MACEDO, Elaine Harzheim. *Jurisdição e processo*: crítica histórica e perspectivas para o terceiro milênio. Porto Alegre: Livraria do Advogado, 2005, p. 37.

[18] ASSIS, Araken de. *Manual dos recursos*. 5. ed. São Paulo: Revista dos Tribunais, 2013, p. 400.

[19] MARCATO, Ana Cândida Menezes. *O princípio do duplo grau de jurisdição e a reforma do Código de Processo Civil*. São Paulo: Atlas, 2006, p. 20.

[20] CRUZ E TUCCI; AZEVEDO, loc. cit., p. 169.

[21] BARBOSA MOREIRA, José Carlos. *Comentários ao Código de Processo Civil*. 16. ed. v. 5. Rio de Janeiro: Forense, 2011, p. 410. Grifos do autor.

[22] LIMA, Alcides de Mendonça. *Introdução aos recursos cíveis*. 2. ed. São Paulo: Revista dos Tribunais, 1976, p. 7.

interlocutiones,[23] enquanto José Rogério Cruz e Tucci e Luiz Carlos de Azevedo entendem que "a *appellatio* era cabível, via de regra, contra sentença definitiva, embora, excepcionalmente, pudesse também ser interposta contra decisão interlocutória".[24]

A *appellatio* era interposta perante o *iudex a quo*, oralmente, ou seja, no mesmo dia em que proferida, ou por escrito, no prazo de dois ou três dias, segundo agisse o apelante em causa própria ou em nome de alguém, por meio dos *libelli appellatorii*. O juízo de admissibilidade era realizado pelo órgão prolator da decisão impugnada. No caso de inadmissão, cabia uma *appellatio* secundária para o órgão *ad quem*. Recebida a *appellatio*, expediam-se as *litterae dimissoriae* ou *apostoli*, que o apelante se incumbia de fazer chegar ao órgão competente para julgamento. O recurso era dotado de efeito devolutivo e suspensivo.[25]

Era necessária a presença das partes perante o órgão *ad quem*, sob pena de ser o recurso considerado deserto quando ausente o recorrente, ou de ser a *appellatio* provida na hipótese de não comparecimento do recorrido. Presentes as partes, procedia-se à produção de provas, seguida de um debate oral. No caso de modificação da sentença, a nova decisão substituía a do órgão *a quo*, e a parte sucumbente deveria arcar com as despesas e perderia o valor caucionado na ocasião da interposição do recurso, exigido em determinados casos.[26]

A apelação surgiu como pedido ao imperador para rever o julgamento realizado em seu nome.[27] Progressivamente, a competência para o julgamento da *appellatio* foi delegada ao *praetor urbanus* (pretor urbano), desde que as partes residissem em Roma, ou então ao *viri consulares* para os recorrentes que habitavam as províncias. O *praefectus urbi* passou a deter competência ordinária para julgamento da *appellatio* a partir de meados do século II e, em época pouco posterior, o *praefectus praetorio* foi investido na função de julgar o recurso de apelação interposto contra as decisões de altos funcionários de todo o império. Mas o imperador, seja em segundo, seja em terceiro grau, sempre poderia examinar pessoalmente os recursos interpostos contra os atos decisórios do *praefectus urbi*

---

[23] BARBOSA MOREIRA, José Carlos. *Comentários ao Código de Processo Civil*. 16. ed. v. 5. Rio de Janeiro: Forense, 2011, p. 410. No mesmo sentido ASSIS, Araken de. *Manual dos recursos*. 5. ed. São Paulo: Revista dos Tribunais, 2013, p. 401.

[24] CRUZ E TUCCI, José Rogério; AZEVEDO, Luiz Carlos de. *Lições de história do processo civil romano*, 2 ti. São Paulo: Revista dos Tribunais, 2001, p. 169/170. No mesmo sentido, Humberto Cuenca afirma que a *appellatio* era cabível tanto para atacar as sentenças definitivas quanto para impugnar as decisões interlocutórias. E acrescenta que eram inapeláveis as questões declaradas urgentes, as decisões sobre interdição, abertura de testamentos, entrega dos bens aos herdeiros, sobre juramento decisório e as que tivessem caráter definitivo em virtude da coisa julgada. CUENCA, Humberto. *Proceso civil romano*. Buenos Aires: Ediciones Jurídicas Europa-América, 1957, p. 107.

[25] BARBOSA MOREIRA, loc. cit., p. 410/411. No mesmo sentido CRUZ E TUCCI; AZEVEDO, loc. cit., p. 170/171; SURGIK, Aloísio. *Lineamentos do processo civil romano*. Curitiba: Livro é Cultura, 1990, p. 128.

[26] CRUZ E TUCCI; AZEVEDO, loc. cit., p. 171.

[27] ASSIS, Araken de. *Manual dos recursos*. 5. ed. São Paulo: Revista dos Tribunais, 2013, p. 400.

ou de outros magistrados superiores, como por exemplo, dos governadores de províncias (*praesides*).[28]

A *appellatio* deveria indicar de forma precisa a sentença impugnada, não havendo necessidade, no entanto, do recorrente declinar o motivo de seu inconformismo. Embora inexistisse óbice de dedução da *causa appellandi* no próprio recurso, era ela, em regra, explicitada durante o processamento da *appellatio*, que permitia a apresentação das razões e a produção de novas provas. Não obstante, era vedada a formulação de novo pedido.[29]

Verifica-se, pois, o significativo papel da *appellatio*, também rotulada como *provocatio*, conforme Elaine Harzheim Macedo, que com o tempo adquiriu foro de instituto processual, "cuja sedimentação cresce na mesma proporção que o poder dos soberanos, cada vez mais absolutistas, culminando por multiplicar não só o seu uso, mas também suas formas". Conclui a autora no sentido de que "estavam lançadas as bases para um sistema recursal paradigmático, que o processo continental europeu assimilou, desenvolveu e aperfeiçoou durante os séculos, instrumentalizando uma jurisdição estatal, publicista e controladora de seus pronunciamentos".[30]

Nas palavras de Alcides de Mendonça Lima, "com a *appellatio*, o gênio jurídico dos romanos atingiu o ápice na evolução do instituto dos recursos". Prossegue, afirmando que

> nessa manifestação de desconformidade do vencido e na possibilidade de a sentença não vingar, concentra-se a origem de todo o ordenamento recursório, se bem que, apenas séculos mais tarde, se aperfeiçoaria e se incorporaria, definitivamente, à legislação romana com os característicos e atributos peculiares que, sob o influxo de idéias renovadoras, se projetariam pelas épocas vindouras.[31]

Após seu surgimento no Direito romano, o recurso de apelação foi preservado no Direito canônico[32] e, por seu intermédio, foi introduzido no Direito

---

[28] CRUZ E TUCCI, José Rogério; AZEVEDO, Luiz Carlos de. *Lições de história do processo civil romano*. 2 tir. São Paulo: Revista dos Tribunais, 2001, p. 169. Nesse ponto, Aloísio Surgik assevera que a apelação, "a princípio, era destinada ao imperador, único a atribuir-se a autoridade de substituir o juiz. Em face, porém, do acúmulo de recursos que passa a receber, delega tais funções a autoridades subalternas, destacando-se o prefeito do pretório, por ser o representante do imperador como juiz de apelação, para julgar em segunda e última instância, o que não impede, todavia, que as partes encontrem saída nas *supplicationes*, dirigidas ao próprio imperador. Assim, as vias recursais neste período pós-clássico, diversamente do período clássico, percorrem um longo trajeto, até chegar ao imperador, que se reserva o direito de dar a última palavra". SURGIK, Aloísio. *Lineamentos do processo civil romano*. Curitiba: Livro é Cultura, 1990, p. 128. Grifo do autor.

[29] CRUZ E TUCCI; AZEVEDO, loc. cit., p. 170.

[30] MACEDO, Elaine Harzheim. *Jurisdição e processo:* crítica histórica e perspectivas para o terceiro milênio. Porto Alegre: Livraria do Advogado, 2005, p. 38.

[31] LIMA, Alcides de Mendonça. *Introdução aos recursos cíveis*. 2. ed. São Paulo: Revista dos Tribunais, 1976, p. 10.

[32] José Rogério Cruz e Tucci e Luiz Carlos de Azevedo, em obra dedicada ao exame do processo civil canônico, ensinam que a apelação, no direito canônico, é "o recurso cabível contra sentença definitiva ou decisão interlocutória com força de definitiva, interposto pela parte que se acha prejudicada, do juiz inferior, autor da decisão, ao imediatamente superior". CRUZ E TUCCI; AZEVEDO, loc. cit., p. 153. José Carlos Barbosa Moreira ensina que "o direito canônico, desde os primeiros tempos, consagrou a apelabilidade das decisões

comum italiano, francês e alemão. Sob a influência canônica foi inserido no Direito português, ao tempo da instauração da sua monarquia.[33]

1.2. DIREITO BRASILEIRO ANTERIOR

A apelação foi introduzida no Brasil após a Independência, com as Ordenações Filipinas, legislação que regulamentou o Direito português a partir de 1582. Quando da independência política brasileira, o Brasil permaneceu a ser regido, em matéria de direito processual civil, pelas Ordenações Filipinas, tendo em vista a ausência de situação histórico-cultural produtora de leis próprias, e em razão de um Decreto, baixado em 20 de outubro de 1823, que adotou essa legislação.[34]

Em 25 de novembro de 1850, foi editado o Decreto nº 737, que tratava da "ordem do Juízo no Processo *Commercial*", conhecido como Regulamento 737 e também como Código de Processo Comercial, passando a existir, então, uma legislação destinada ao processo civil (Ordenações Filipinas), e outra destinada ao processo comercial.[35]

Em 1876, foi publicada a Consolidação Ribas, que teve como objeto consolidar as Ordenações e as leis extravagantes, e que acabou sendo adotada como lei processual. Assim, as Ordenações Filipinas, por meio da Consolidação Ribas, continuavam a reger o processo civil brasileiro.[36]

A publicação do Decreto 763, em 1890, determinou que o Regulamento 737 também fosse aplicado ao processo civil, até que cada Estado fizesse o seu próprio Código de Processo.

O Regulamento 737 manteve, no tocante aos recursos, o sistema filipino, com as alterações da legislação brasileira, depois da Independência.[37] O recurso

---

dos bispos para os Concílios Diocesanos e Provinciais; mais tarde, para o próprio Papa ou seus delegados. A apelação canônica regia-se por princípios semelhantes aos da romana: era interponível pelas partes ou por terceiros prejudicados, oralmente (na audiência) ou por escrito, e tinha em regra efeito suspensivo. Com o correr dos anos, ampliou-se-lhe o cabimento às decisões interlocutórias, mas tal prática ensejou abusos, com grave detrimento para a celeridade processual, e o Concílio de Trento reagiu através de medidas restritivas" BARBOSA MOREIRA, José Carlos. *Comentários ao Código de Processo Civil*. 16. ed. v. 5. Rio de Janeiro: Forense, 2011, p. 411. Othon Sidou refere que "o direito canônico acolheu, sem embargo, repetidas apelações, até que três sentenças uniformes fossem proferidas, eternizando sem dúvida as demandas", mas "ampliando e consolidando a influência da Igreja romana por todo o mundo cristão. SIDOU, J. M. Othon. *Os recursos processuais na história do direito*. 2. ed. Rio de Janeiro: Forense, 1978, p. 2.

[33] JORGE, Flávio Cheim. *Apelação cível*: teoria geral e admissibilidade. 2. ed. São Paulo: Revista dos Tribunais, 2002, p. 36. A obra de Luiz Carlos de Azevedo apresenta estudo aprofundado sobre a introdução da apelação no direito lusitano. AZEVEDO, Luiz Carlos de. *Origem e introdução da apelação no direito lusitano*. São Paulo: FIEO, 1976.

[34] JORGE, loc. cit., p. 36/37.

[35] Idem, p. 37.

[36] Ibidem.

[37] LIMA, Alcides de Mendonça. *Introdução aos recursos cíveis*. 2. ed. São Paulo: Revista dos Tribunais, 1976, p. 37.

de apelação era cabível contra as sentenças definitivas, ou contra as decisões com força de definitivas, nas causas que excedessem um valor mínimo.[38] A interposição da apelação deveria ocorrer na audiência, ou por termo nos autos, no prazo de 10 (dez) dias contados da publicação ou intimação da sentença. Era recebida somente no efeito devolutivo, ou devolutivo e suspensivo.[39]

Após a Constituição de 1891 – a primeira da República – iniciou-se a codificação estadual do direito processual civil.[40] Em decorrência do excesso de federalismo instituído pela carta constitucional, cada Estado-membro passou a ter a competência de legislar sobre direito processual (àquele tempo chamado de direito adjetivo[41]). A União, por sua vez, tinha competência para legislar sobre direito material – civil, comercial e penal – (então denominado de direito substantivo), cabendo-lhe elaborar os respectivos Códigos e leis esparsas correlatas.[42] O surgimento dos Códigos de Processo Estaduais representa a autonomia legislativa que cada ente da federação passou a deter.[43]

O primeiro diploma regional sobre processo civil foi o Decreto nº 1.380/1905, do Estado do Pará. Mas este diploma não tinha o nome nem a sistemática técnica de um Código. Foi o Estado do Rio Grande do Sul que iniciou o período das codificações, por ocasião da promulgação da Lei nº 65, de 16 de janeiro de 1908, que introduziu o Código de Processo Civil e Comercial do Estado do Rio Grande do Sul.[44]

---

[38] Art. 646. Tem logar a appellação para a Relação do districto nas causas, que excederem de 200$ (art. 26 do Tit. unico), quando a sentença fôr definitiva, ou tiver força de definitiva.

[39] Art. 652. Os effeitos da appellação serão suspensivos e devolutivos, ou devolutivos sómente: o suspensivo compete ás acções ordinarias, e aos embargos oppostos na execução, ou pelo executado ou por terceiro, sendo julgados provados; o effeito devolutivo compete em geral a todas as sentenças proferidas nas demais acções commerciaes.

[40] JORGE, Flávio Cheim. *Apelação cível*: teoria geral e admissibilidade. 2. ed. São Paulo: Revista dos Tribunais, 2002, p. 37/38.

[41] A expressão direito adjetivo era utilizada ao tempo da primeira fase metodológica do processo, o praxismo. Conforme Marco Félix Jobim, no praxismo "não existia diferenciação entre direito material e direito processual, sendo este um mero subproduto daquele". Prossegue afirmando que "é em razão da existência dessa fase que ainda hoje o direito processual civil é, equivocadamente, denominado, por alguns, de direito adjetivo, como se apenas fosse um anexo do direito material". JOBIM, Marco Félix. *Cultura, escolas e fases metodológicas do processo*. 2. ed. Porto Alegre: Livraria do Advogado, 2014, p. 113/114. Daniel Mitidiero ressalta que "o praxismo corresponde à pré-história do direito processual civil, tempo em que se aludia ao processo como '*procedura*' e não ainda como '*diritto processual civile*'. Época, com efeito, em que não se vislumbrava o processo como um ramo autônomo do direito, mas como mero apêndice do direito material. Direito adjetivo, pois, que só ostentava existência útil se ligado ao direito substantivo". MITIDIERO, Daniel. *Colaboração no processo civil*: pressupostos sociais, lógicos e éticos. São Paulo: Revista dos Tribunais, 2009, p. 30.

[42] LIMA, Alcides de Mendonça. A primazia do Código de Processo Civil do Rio Grande do Sul. *Revista da Ajuris*: Associação dos Juízes do Rio Grande do Sul, Porto Alegre, v. 7, p. 94, 1976; LIMA, Alcides de Mendonça. *Introdução aos recursos cíveis*. 2. ed. São Paulo: Revista dos Tribunais, 1976, p. 40/43.

[43] SZYMANOWSKI, Cristiano José Lemos. Aspectos históricos e estruturais do processo civil brasileiro: um estudo sobre a unidade processual. *Revista das Faculdades Integradas Vianna Júnior*. v. 2, n. 2. Disponível em: <http://www.viannajunior.edu.br/files/uploads/20131002_145329.pdf>. Acesso em: 31 maio 2014.

[44] LIMA, loc. cit., p. 94/95. Alcides de Mendonça Lima evidencia a controvérsia existente na doutrina acerca de qual seria o primeiro Estado a editar o seu Código de Processo Civil Estadual, sendo indicado, por alguns

No Código gaúcho, eram admitidos os recursos de agravo, carta testemunhável e apelação. A apelação tinha lugar quando a sentença fosse definitiva ou tivesse força de definitiva. Era possível apelar-se em audiência ou por despacho e termo nos autos, no prazo de 5 (cinco) dias, contados da intimação ou da publicação da sentença. Em um primeiro momento, o recurso sempre era dotado de efeito suspensivo. Posteriormente, a Lei nº 346/1925 quebrou o sistema do Código, admitindo o recurso de apelação sem efeito suspensivo. Foram arrolados os casos em que o recurso seria recebido apenas no efeito devolutivo, com a previsão de cabimento de agravo do despacho que receber ou deixar de receber a apelação em um só efeito.[45]

Recebido o recurso de apelação, era ordenada a expedição dos autos para serem apresentados na superior instância, dentro do prazo legal de 10 (dez) dias se a apelação fosse interposta da sentença do juiz distrital, e no prazo de 30 (trinta) dias se interposta da sentença do juiz de comarca. Era considerada deserta a apelação que não fosse remetida à instância superior no referido prazo, salvo justo impedimento alegado e provado no prazo de 3 (três) dias. Apresentados os autos no Superior Tribunal, e depois do pagamento do preparo, os autos eram conclusos ao presidente, para designação de desembargador para julgamento. Se a apelação não fosse preparada dentro de 6 (seis) meses, contados da entrada dos autos na secretaria do tribunal, o recurso seria julgado renunciado e deserto. Depois de emitido parecer do procurador-geral, nos casos envolvendo menores, interditos, ausentes ou a Fazenda do Estado, os autos eram remetidos ao relator, que poderia, de ofício, ordenar quaisquer diligências, inclusive inquirições, exames e vistorias. Quando as diligências não pudessem ser realizadas perante o relator, os autos eram baixados ao juízo inferior, voltando depois ao tribunal. Preenchidas tais formalidades, era pedido dia para julgamento.[46]

Alcides de Mendonça Lima ensina que os Códigos estaduais possuíam certa uniformidade em vários pontos, mas em outros havia grande diferença. Mas o recurso de apelação – e também os agravos – estava presente em todas as codificações.[47]

Cumpre ressaltar que o Regulamento 737 continuava a vigorar em alguns Estados que não tinham Código Processual próprio.[48]

---

autores, o Código da Bahia como o primeiro do ciclo regional. No entanto, para o referido autor, o fato de ter sido o Estado do Rio Grande do Sul, no ano de 1908, o primeiro a editar um Código de Processo Civil, trata-se de fato histórico, incontroverso e certo, que não admite interpretações.

[45] VERGARA, Oswaldo. *Código do Processo Civil e Comercial do Estado do Rio Grande do Sul*. 3. ed. Porto Alegre: Edição da Livraria do Globo, 1936, p. 473/484.

[46] Ibidem.

[47] LIMA, Alcides de Mendonça. *Introdução aos recursos cíveis*. 2. ed. São Paulo: Revista dos Tribunais, 1976, p. 51.

[48] Idem, p. 44.

A extinção dos Códigos Estaduais teve início com a Constituição Federal de 1934, que previa no art. 11 de suas disposições transitórias a elaboração de um Código de Processo Civil para substituir os Estaduais. Estava previsto no art. 5º da Constituição de 1934 a competência privativa da União para legislar sobre direito processual. No entanto, a União não tomou providência concreta para a promulgação do Código de Processo Civil, razão pela qual, enquanto isso, continuavam em vigor os Códigos dos Estados-membros nos respectivos territórios.[49] A Carta de 1937, decorrente do golpe ditatorial de 10.11.1937, que implantou o Estado Novo, muito embora tenha substituído a Constituição de 1934, não alterou esse propósito de reunificação do processo civil.[50]

Finalmente, em 1939, foi instituído o Código de Processo Civil, por meio do Decreto-Lei 1.608. Nele estava previsto que a apelação era cabível contra sentença definitiva de primeira instância[51] e podia ser interposta pelas partes, pelo Ministério Público ou pelo terceiro prejudicado.[52] A interposição deveria ocorrer no prazo de 15 (quinze) dias,[53] perante o juízo prolator da sentença.[54] O recorrente devia fundamentar, adequadamente, o recurso de apelação, com a exposição dos fatos e do direito, bem como com o pedido de nova decisão.[55] O recurso devia ser preparado, sob pena de deserção.[56]

A apelação era dotada de efeito devolutivo e suspensivo, sendo recebida apenas no efeito devolutivo em casos excepcionais, quando interposta de sentença (I) que homologasse a divisão ou a demarcação; (II) que julgasse procedente a ação executiva e a ação de despejo; (III) que julgasse a liquidação de sentença; e (IV) que condenasse à prestação de alimentos.[57] Verifica-se, portanto,

---

[49] LIMA, Alcides de Mendonça. *Introdução aos recursos cíveis*. 2. ed. São Paulo: Revista dos Tribunais, 1976, p. 63.

[50] JORGE, Flávio Cheim. *Apelação cível*: teoria geral e admissibilidade. 2. ed. São Paulo: Revista dos Tribunais, 2002, p. 39.

[51] Art. 820. Salvo disposição em contrário, caberá apelação das decisões definitivas de primeira instância.

[52] Art. 814. O direito de recorrer da sentença competirá a quem for parte na causa, ou quando expresso em lei, ao órgão do Ministério Público. Si o recurso for interposto pelo orgão do Ministério Público ou pelo juiz, *ex-officio*, os autos subirão independentemente de preparo. Art. 815. O terceiro prejudicado poderá, todavia, recorrer da decisão. O prazo para a interposição do recurso do terceiro prejudicado será o das partes, e da mestra data se contará (art. 812).

[53] Art. 823. O prazo para a interposição, em cartório, do recurso de apelação será de quinze (15) dias, observado o disposto no art. 812.

[54] Art. 826. Interposta a apelação, o juiz, declarando os efeitos em que a recebe, mandará intimar o apelado, para oferecer em cartório as suas razões no prazo de dez (10) dias.

[55] Art. 821. A apelação voluntária será interposta por petição, que conterá: I – as indicações previstas nos ns. I e II do art. 158; II – a exposição do fato e do direito; III – as razões do pedido de nova decisão.

[56] Art. 827. § 2º O escrivão não será obrigado a remeter os autos sem o pagamento das despesas do preparo e remessa. Art. 828. Vencido o prazo sem que se tenha feito a remessa dos autos, considerar-se-á deserta a apelação, salvo prova de justo impedimento. Neste caso, o juiz restituirá ao apelante o prazo correspondente ao do impedimento.

[57] Art. 829. Serão devolutivos e suspensivos, ou somente devolutivos, os efeitos da apelação. Recebida a apelação no efeito somente devolutivo, o apelado poderá promover, desde logo, a execução provisória da sentença, que correrá nos autos suplementares. Não os havendo, observar-se-á o disposto no art. 890.

que as hipóteses de recebimento da apelação apenas no efeito devolutivo, previstas no CPC de 1939, foram reproduzidas no CPC de 1973 e na Lei de Locações (art. 58, V da Lei nº 8.245/91), sendo ampliadas tais hipóteses pelo art. 520 do CPC de 1973. O recurso de apelação, ainda, tinha aptidão de produção de efeito substitutivo.[58]

Entre as principais diferenças do recurso de apelação do CPC de 1939 em relação ao CPC de 1973, destacam-se a possibilidade de variação do recurso,[59] a previsão expressa do princípio da fungibilidade recursal,[60] o seu cabimento tão somente de sentenças definitivas e a previsão da apelação necessária ou *ex officio*, interposta pelo próprio magistrado.[61]

No tocante ao cabimento do recurso de apelação, ressalta-se que no CPC de 1939, para o seu aferimento, era necessário examinar o conteúdo da sentença, havendo diferença no tocante ao recurso cabível quando a sentença apreciava o mérito, ou não. Cabia apelação da sentença definitiva,[62] e agravo de petição da sentença terminativa.[63]

Uma onda reformista iniciou-se no governo do Presidente Jânio Quadros, mas foi o governo do Presidente João Goulart, em 1963, o responsável por incumbir o Professor Alfredo Buzaid de preparar um Anteprojeto de Código de Processo Civil. O Anteprojeto foi debatido em memorável Congresso realizado em Campos do Jordão, no ano de 1965, organizado pela Universidade de São Paulo e pelo Instituto Brasileiro de Direito Processual Civil.[64]

O Anteprojeto foi submetido a uma comissão especial de processualistas formada pelos Professores José Frederico Marques, Guilherme Estellita e Luiz Machado Guimarães. Com o falecimento do segundo, passou a integrar a comissão Luís Antônio de Andrade, e com o falecimento de Luiz Machado

---

Art. 830. Serão recebidas no efeito somente devolutivo as apelações interpostas das sentenças: I – que homologarem a divisão ou a demarcação; II – que julgarem procedentes as ações executivas e as de despejo; III – que julgarem a liquidação da sentença; IV – que condenarem à prestação de alimentos.

[58] Art. 825. A sentença proferida em grau de apelação substituirá, no que tiver sido objeto do recurso, a decisão apelada.

[59] Art. 809. A parte poderá variar de recurso dentro do prazo legal, não podendo, todavia, usar, ao mesmo tempo, de mais de um recurso.

[60] Art. 810. Salvo a hipótese de má-fé ou erro grosseiro, a parte não será prejudicada pela interposição de um recurso por outro, devendo os autos ser enviados à Câmara, ou turma, a que competir o julgamento.

[61] Art. 822. A apelação necessária ou ex-officio será interposta pelo juiz mediante simples declaração na própria sentença.

[62] Art. 820. Salvo disposição em contrário, caberá apelação das decisões definitivas de primeira instância.

[63] Art. 846. Salvo os casos expressos de agravo de instrumento, admitir-se-á agravo de petição, que se processará nos próprios autos, das decisões que impliquem a terminação do processo principal, sem lhe resolverem o mérito. Para Alcides de Mendonça, com a alteração das hipóteses de cabimento do recurso de apelação pelo CPC de 1973, "desapareceu, assim, a tortura do regime anterior quanto a ser a decisão definitiva (apelação – art. 820) ou terminativa (agravo de petição – art. 846)". LIMA, Alcides de Mendonça. *Introdução aos recursos cíveis*. 2. ed. São Paulo: Revista dos Tribunais, 1976, p. 73.

[64] LIMA, Alcides de Mendonça. *Introdução aos recursos cíveis*. 2. ed. São Paulo: Revista dos Tribunais, 1976, p. 70.

Guimarães, a comissão continuou apenas com os dois sobreviventes, com o assessoramento extraoficial de José Carlos Barbosa Moreira.[65]

O Código de Processo Civil de 1973 foi promulgado em 11 de janeiro de 1973, pela Lei n° 5.869, com vigência a partir de 1° de janeiro de 1974. No que pertine ao sistema recursal e, em especial, ao recurso de apelação, Alfredo Buzaid assim referiu no item 33 da Exposição de Motivos:

> Diversamente do Código vigente, o Projeto simplifica o sistema de recursos. Concede apelação só de sentença; de todas as decisões interlocutórias, agravo de instrumento. Esta solução atende plenamente aos princípios fundamentais do Código, sem sacrificar o andamento da causa e sem retardar injustificavelmente a resolução de questões incidentes, muitas das quais são de importância decisiva para a apreciação do mérito. O critério que distingue os dois recursos é simples. Se o juiz põe termo ao processo, cabe apelação. Não importa indagar se decidiu ou não o mérito. A condição do recurso é que tenha havido julgamento final no processo. Cabe agravo de instrumento de toda a decisão, proferida no curso do processo, pela qual o juiz resolve questão incidente.[66]

Procurou-se, portanto, simplificar o sistema recursal previsto no CPC de 1939, mediante a previsão do cabimento de apelação de toda e qualquer sentença, entendida como a decisão que põe termo ao processo.

O regramento do recurso de apelação já sofreu algumas modificações, face às leis que alteraram e acrescentaram dispositivos ao CPC de 1973, entre elas as Leis 5.925/73, 9.307/96, 8.950/94, 10.352/01, 11.232/05 e 11.276/06. Mas a sua essência permanece a mesma desde a entrada em vigor do Código. O recurso de apelação, no CPC de 1973, será objeto de estudo nos tópicos subsequentes.

1.3. O PRINCÍPIO DO DUPLO GRAU DE JURISDIÇÃO

Falar do recurso de apelação é falar do princípio do duplo grau de jurisdição, porquanto é na apelação que o duplo grau de jurisdição se verifica na sua maior amplitude. Isto porque o Código de Processo Civil de 1973 – e também o Novo CPC, conforme será visto adiante – não faz restrições ao cabimento da apelação, admitindo esse recurso contra toda e qualquer sentença, sem nenhuma limitação.

É no recurso de apelação, portanto, em que o princípio do duplo grau de jurisdição se manifesta tipicamente, admitindo-se um amplo reexame das questões fáticas, probatórias e de direito. Esta é a razão pela qual se impõe o estudo do princípio do duplo grau, aliado ao exame do recurso de apelação.

---

[65] LIMA, Alcides de Mendonça. *Introdução aos recursos cíveis*. 2. ed. São Paulo: Revista dos Tribunais, 1976, p. 70.
[66] Disponível em: <http://www2.senado.leg.br/bdsf/bitstream/handle/id/177828/CodProcCivil%201974.pdf?sequence=4>, p. 30. Acesso em: 05 jan. 2015.

Mas não apenas, o princípio também se verifica nos casos de recurso ordinário e de agravo de instrumento.[67]

O princípio do duplo grau de jurisdição consiste em estabelecer a possibilidade "de a sentença definitiva ser reapreciada por órgão de jurisdição, normalmente de hierarquia superior à daquele que a proferiu, o que se faz de ordinário pela interposição de recurso".[68] Fala-se em reapreciação, normalmente por órgão jurisdicional superior, tendo em vista que não é necessário que o segundo julgamento seja conferido a órgão de categoria hierárquica superior à daquele que realizou o primeiro exame. Conforme lição de Araken de Assis, o princípio do duplo grau de jurisdição "enseja nova apreciação do ato decisório por um órgão situado em nível superior da hierarquia judiciária, no chamado duplo grau vertical, ou por outro órgão da mesma hierarquia, mas de composição diversa, no chamado duplo grau horizontal".[69]

Exemplo em que se verifica o duplo grau de jurisdição horizontal, através do qual o reexame é realizado por órgão jurisdicional de mesma hierarquia do órgão prolator da decisão, é o recurso inominado na Lei nº 9.099/95 dos Juizados Especiais Cíveis, no qual o reexame da sentença é conferido às Turmas Recursais, compostas por juízes de primeiro grau.

Nessa linha, Luiz Guilherme Marinoni sustenta que o duplo grau pode ser definido "como um duplo juízo sobre o mérito" por dois órgãos do Poder Judiciário, sendo preservado o princípio nos casos em que "o segundo juízo é realizado por órgãos colegiados compostos por juízes de primeiro grau de jurisdição".[70]

Para Ana Cândida Menezes Marcato, o duplo grau de jurisdição pode ser conceituado como "a possibilidade de reapreciação do mérito da causa, por meio do reexame da decisão final de instância original, abrangendo tanto as

---

[67] BERNI, Duílio Landell de Moura. O duplo grau de jurisdição como garantia constitucional. In: PORTO, Sérgio Gilberto (coord.). *As garantias do cidadão no processo civil*. Porto Alegre: Livraria do Advogado, 2003, p. 195.

[68] NERY JUNIOR, Nelson. *Teoria geral dos recursos*. 7. ed. São Paulo: Revista dos Tribunais, 2014, p. 63.

[69] ASSIS, Araken de. *Manual dos recursos*. 5. ed. São Paulo: Revista dos Tribunais, 2013, p. 87. Em sentido contrário, Oreste Nestor de Souza Laspro entende que o duplo grau de jurisdição apenas se verifica quando o recurso é dirigido a órgão jurisdicional de hierarquia superior. E acrescenta que para a incidência do princípio do duplo grau de jurisdição, devem estar presentes os seguintes critérios: a existência de duas decisões válidas, completas e proferidas no mesmo processo. Para o referido autor, o duplo grau de jurisdição pode ser assim conceituado: "aquele sistema jurídico em que, para cada demanda, existe a possibilidade de duas decisões válidas e completas no mesmo processo, emanadas por juízes diferentes, prevalecendo sempre a segunda em relação à primeira". LASPRO, Oreste Nestor de Souza. Garantia do duplo grau de jurisdição. In: CRUZ E TUCCI, José Rogério (coord.). *Garantias constitucionais do processo civil*. São Paulo: Revista dos Tribunais, 1999, p. 192 e 194.

[70] MARINONI, Luiz Guilherme. Garantia da tempestividade da tutela jurisdicional e duplo grau de jurisdição. In: CRUZ E TUCCI, loc. cit., p. 208. Nesse sentido já decidiu o Supremo Tribunal Federal: "O julgamento por Colegiado integrado, em sua maioria, por magistrados de primeiro grau convocados não viola o princípio do juiz natural nem o duplo grau de jurisdição". (HC 113874, Relator Min. Luiz Fux, Primeira Turma do STF, julgado em 16/04/2013, DJE 09.05.2013)

questões de fato como as de direito, por órgão jurisdicional diverso, sendo este de hierarquia superior ou não".[71] E Martha Rosinha define o duplo grau de jurisdição como "um reexame de uma primeira decisão judicial".[72]

O duplo grau assegura dois exames e se efetiva no mesmo processo, razão pela qual é denominado por Araken de Assis como "princípio do duplo grau na unidade do processo".[73]

A nomenclatura duplo grau de jurisdição se afigura imprópria, na medida em que a jurisdição se revela imune a graus, uma vez que o Direito brasileiro adotou o princípio da unicidade jurisdicional.[74] Em razão disso, Luiz Guilherme Marinoni sugere que o duplo grau de jurisdição "poderia ser melhor definido como um duplo juízo sobre o mérito, até porque – mesmo quando a revisão é feita pelo tribunal – não há que falar em dois graus de 'jurisdição', mas em dois órgãos do Poder Judiciário analisando a mesma causa".[75]

Para que esteja presente o duplo grau de jurisdição, é necessário que se permita a devolução integral da matéria julgada, de forma que os recursos que somente admitem a discussão de matéria de direito, como os recursos especial e extraordinário, não constituem garantia ao duplo grau de jurisdição.[76]

Conforme abordado no item 1.1 acima, referente à origem do recurso de apelação, foram os romanos, no período do principado, sentindo a necessidade de haver um novo julgamento sobre a causa já decidida, que instituíram o duplo grau de jurisdição, por meio da criação da *appellatio*, após o período inicial do procedimento no Direito romano clássico, onde era negado o exercício de recorrer.[77]

Os fundamentos para a existência do duplo grau são muitos, todos sujeitos a contestação. Primeiramente, apresenta-se o fundamento psicológico, tanto em relação à parte vencida, que tem um sentimento natural de inconfor-

---

[71] MARCATO, Ana Cândida Menezes. *O princípio do duplo grau de jurisdição e a reforma do Código de Processo Civil*. São Paulo: Atlas, 2006, p. 24.

[72] ROSINHA, Martha. *Os efeitos dos recursos*: atualizado com o Projeto do Novo Código de Processo Civil. Porto Alegre: Livraria do Advogado, 2012, p. 45.

[73] ASSIS, Araken de. *Manual dos recursos*. 5. ed. São Paulo: Revista dos Tribunais, 2013, p. 81.

[74] Idem, p. 81/82. Nesse sentido, Ana Cândida Menezes Marcato sustenta que "nada obstante o nome do princípio [duplo grau de jurisdição], a sua conceituação não está relacionada com a duplicidade da jurisdição (que é una), mas sim com a possibilidade de reexame das decisões, tendo-se em conta a competência dos órgãos julgadores, para tanto. Como se sabe, a jurisdição constitui expressão do poder estatal soberano e, como tal, não comporta divisões. Em outras palavras, quando se fala em duplo grau de jurisdição não se faz referência à duplicidade da jurisdição em si mesma considerada, mas, sim, ao desmembramento da competência, em dois *órgãos jurisdicionais distintos*, duas instâncias distintas, pertencentes ou não a hierarquias diversas". MARCATO, loc. cit., p. 23. Grifo do autor.

[75] MARINONI, Luiz Guilherme. Garantia da tempestividade da tutela jurisdicional e duplo grau de jurisdição. In: CRUZ E TUCCI, José Rogério (coord.). *Garantias constitucionais do processo civil*. São Paulo: Revista dos Tribunais, 1999, p. 208.

[76] LASPRO, Oreste Nestor de Souza. Garantia do duplo grau de jurisdição. In: CRUZ E TUCCI, loc. cit., 1999, p. 193.

[77] NERY JUNIOR, Nelson. *Teoria geral dos recursos*. 7. ed. São Paulo: Revista dos Tribunais, 2014, p. 59.

midade com a decisão desfavorável, reagindo imediatamente à decisão, quanto em relação ao magistrado, que em tese decide com mais cuidado ao saber que a sentença será revista.

A doutrina também refere à falibilidade humana,[78] que não poderia deixar de acompanhar a existência dos juízes, como argumento favorável ao duplo grau, levando-se em conta que a revisão ocorre, normalmente, por juízes mais experientes, que compõem um órgão colegiado.[79] Juízes mais distantes das partes e do fato estariam em melhores condições de decidir com serenidade.[80]

Justifica-se, nesta linha de entendimento, o princípio do duplo grau uma vez que os juízes de segunda instância têm maior experiência e, assim, maior possibilidade de dar a solução adequada ao caso concreto. E também porque o duplo grau permite que seja realizado o controle da atividade do juiz.[81]

Pelo princípio do duplo grau de jurisdição, busca-se ainda evitar a incidência de abuso de poder por parte do juiz, caso soubesse que a sua decisão não estaria sujeita à revisão.

Nesse sentido, Giuseppe Chiovenda refere que o princípio do duplo grau de jurisdição se justifica por três aspectos: a possibilidade de correção de erros do primeiro julgamento; pelo fato de que os dois julgamentos são

---

[78] No tocante à falibilidade humana e a existência dos recursos, Othon Sidou refere que "sobretudo quando agindo em exclusiva função da vontade, o homem sempre se reputou falível. A autoridade supergentilícia, militar e temporária, que se constitui o embrião estatal, deve ter condescendido, menos por humano sentimento do que visando a obter proveitos imediatos ou mediatos para o clã, em alterar o primitivo castigo aplicado no fragor da ofensa. Quando não a melhor avaliação das provas, pelo menos o amortecer das paixões, impeliu o homem, por imperativo da irrefragável fraqueza humana, a reexaminar o julgamento". SIDOU, J. M. Othon. *Os recursos processuais na história do direito*. 2. ed. Rio de Janeiro: Forense, 1978, p. 1.

[79] Nesse ponto, José Carlos Barbosa Moreira afirma que a "justificação política do princípio tem invocado a maior probabilidade de acerto decorrente da sujeição dos pronunciamentos judiciais ao crivo da revisão. É dado da experiência comum que uma segunda reflexão acerca de qualquer problema frequentemente conduz mais exata conclusão, já pela luz que projeta sobre ângulos até então ignorados, já pela oportunidade que abre para a reavaliação de argumentos a que no primeiro momento talvez não se tenha atribuído o justo peso. Acrescente-se a isso a circunstância de que, em regra, o julgamento do recurso compete a juízes mais experientes, em regime colegiado, diminuindo a possibilidade de passarem despercebidos aspectos relevantes para a correta apreciação da espécie". BARBOSA MOREIRA, José Carlos. *Comentários ao Código de Processo Civil*. 16. ed. v. 5. Rio de Janeiro: Forense, 2011, p. 237.

[80] PORTO, Sérgio Gilberto; USTÁRROZ, Daniel. *Manual dos recursos cíveis*. 4. ed. Porto Alegre: Livraria do Advogado, 2013, p. 53. Sob esse enfoque, Eduardo Cambi afirma que "a garantia do duplo grau de jurisdição consiste na possibilidade das partes controlarem a decisão do juiz, submetendo-a a um outro órgão julgador, a quem caberá dizer sobre o seu acerto ou não. Com isso, pretende-se evitar que eventuais equívocos judiciais se consolidem, sem a possibilidade de um juízo de revisão. CAMBI, Eduardo. Efeito devolutivo da apelação e duplo grau de jurisdição. *Genesis:* Revista de Direito Processual Civil, Curitiba, n. 22, p. 676, out./dez. 2001.

[81] MARINONI, Luiz Guilherme. Garantia da tempestividade da tutela jurisdicional e duplo grau de jurisdição. In: CRUZ E TUCCI, José Rogério (coord.). *Garantias constitucionais do processo civil*. São Paulo: Revista dos Tribunais, 1999, p. 209. Ada Pellegrini Grinover afirma que "parece sempre mais conveniente dar-se ao vencido uma oportunidade para o reexame da sentença com a qual não se conformou. Os tribunais de segundo grau, formados em geral por juízes mais experientes, oferecem maior segurança; e está psicologicamente demonstrado que o juiz de primeiro grau cerca de maiores cuidados seu julgamento, quando sabe que sua decisão poderá ser revista pelos tribunais de 'jurisdição superior'". GRINOVER, Ada Pellegrini. *Os princípios constitucionais e o Código de Processo Civil*. São Paulo: Bushatsky, 1975, p. 139/140.

confiados a juízes diversos; e porque o segundo juiz é mais autorizado do que o primeiro.[82]

Todas essas vantagens apontadas pela doutrina em relação ao princípio do duplo grau de jurisdição estão relacionadas à segurança jurídica.[83] Contudo, os benefícios acima descritos podem ser facilmente contestados, colocando-se a segurança jurídica em contraponto à duração razoável do processo.

Primeiramente, cabe ressaltar que não existe qualquer garantia de que a segunda decisão será melhor do que a primeira. "Não é porque os juízes que apreciam um recurso têm mais experiência e são, em regra, de hierarquia superior que decidirão melhor que o magistrado de primeiro grau".[84] Todas as decisões contam com a possibilidade de vício na apreciação dos fatos e do direito do caso.[85] E não se pode olvidar que foi o magistrado de primeira instância que teve contato direto com as partes e com as provas.[86]

---

[82] CHIOVENDA, Giuseppe. *Instituições de direito processual civil*. v. III. Trad. J. Guimarães Menegale. Notas Enrico Tullio Liebman. São Paulo: Saraiva, 1945, p. 336. Francesco Carnelutti ressalta que o princípio do duplo grau "se trata de um exame reiterado, isto é, de uma revisão de tudo quanto se fez na primeira vez, e essa reiteração permite evitar os erros e suprir as lacunas em que eventualmente se incorreu no exame anterior". CARNELUTTI, Francesco. *Instituições do processo civil*. v. II. Trad. Adrían Sotero de Witt Batista. São Paulo: Classic Book, 2000, p. 253.

[83] Humberto Ávila, em obra específica sobre o tema segurança jurídica, com enfoque no âmbito do Direito tributário, refere que "pode-se conceituar a segurança jurídica como sendo *uma norma-princípio que exige, dos Poderes Legislativo, Executivo e Judiciário, a adoção de comportamentos que contribuam mais para a existência, em benefício dos cidadãos e na sua perspectiva, de um estado de confiabilidade e de calculabilidade jurídica, com base na sua cognoscibilidade, por meio da controlabilidade jurídico-racional das estruturas argumentativas reconstrutivas de normas gerais e individuais, como instrumento garantidor do respeito à sua capacidade de – sem engano, frustração, surpresa e arbitrariedade – plasmar digna e responsavelmente o seu presente e fazer um planejamento estratégico juridicamente informado do seu futuro*". ÁVILA, Humberto. *Segurança jurídica*: entre permanência, mudança e realização no Direito Tributário. 2. ed. São Paulo: Malheiros, 2012, p. 274. Grifos do autor.

[84] NERY JUNIOR, Nelson. *Teoria geral dos recursos*. 7. ed. São Paulo: Revista dos Tribunais, 2014, p. 58. No mesmo sentido, Luiz Guilherme Marinoni afirma que "não se pode dizer que o juiz mais antigo, que não teve qualquer contato com as partes e com a prova, é necessariamente aquele que está em melhores condições de decidir". MARINONI, Luiz Guilherme. Garantia da tempestividade da tutela jurisdicional e duplo grau de jurisdição. In: CRUZ E TUCCI, José Rogério (coord.). *Garantias constitucionais do processo civil*. São Paulo: Revista dos Tribunais, 1999, p. 209. Nesse ponto, Araken de Assis afirma que "nada assegura, na prática, a superioridade e a correção do segundo pronunciamento, supostamente emitido para corrigir o primeiro. O segundo ato não é necessariamente melhor do que o primeiro. É apenas superior". ASSIS, Araken de. *Manual dos recursos*. 5. ed. São Paulo: Revista dos Tribunais, 2013, p. 82. Ainda, José Maria Rosa Tesheiner, ao analisar o argumento doutrinário contrário ao duplo grau no sentido de que tribunal pode substituir uma sentença justa por um acórdão injusto, afirma que "esse argumento tornou-se agora mais forte, desde que as decisões de 2º grau assumiram ares de monocráticas. Sentença de um juiz experiente pode ser substituída por uma decisão pensada e redigida por um assessor noviço. (...) Perceber-se um erro é mais fácil, depois de apontado. É também mais fácil corrigir os erros de outrem do que os próprios, blindados estes por orgulho, vaidade ou ideologia. Mas nada disso nega a verdade de que pode haver reforma para pior". TESHEINER, José Maria Rosa. Em tempo de reformas – o reexame de decisões judiciais. In: FABRÍCIO, Adroaldo Furtado *et al* (coord.). *Meios de impugnação ao julgado civil*: estudos em homenagem a José Carlos Barbosa Moreira. Rio de Janeiro: Forense, 2007, p. 392/393.

[85] PORTO, Sérgio Gilberto; USTÁRROZ, Daniel. *Manual dos recursos cíveis*. 4. ed. Porto Alegre: Livraria do Advogado, 2013, p. 53.

[86] Retornaremos a esse ponto no terceiro capítulo, quando será examinada a necessidade de valorização das decisões de primeiro grau.

Outrossim, a "finalidade do duplo grau não é a de permitir o controle da atividade do juiz, mas sim a de propiciar ao vencido a revisão do julgado". Conforme bem referido por Luiz Guilherme Marinoni, o controle da justiça da decisão não pode ser confundido com o controle da própria atividade do juiz. "Não há que falar em controle da atividade do juiz quando se está discutindo sobre a oportunidade de se dar ao vencido o direito à revisão da decisão que lhe foi contrária". Nesse ponto, destacam-se o papel de atuação das corregedorias dos tribunais, as quais têm as suas próprias formas para inibir condutas ilícitas dos juízes,[87] bem como do Conselho Nacional de Justiça, órgão do Poder Judiciário criado pela Emenda Constitucional nº 45/2004, ao qual compete o "controle da atuação administrativa e financeira do Poder Judiciário e do cumprimento dos deveres funcionais dos juízes (art. 103-B, § 4º, da CF).

Além disso, não se pode aceitar a assertiva de que o juiz somente exercerá com zelo as suas funções quando ciente de que a sua decisão será revista. Esse raciocínio despreza a importância do juiz de primeiro grau, ao qual deve ser incumbido de responsabilidades para a prestação de uma tutela jurisdicional efetiva e tempestiva. Sob este entendimento, o juiz de primeira instância teria tão somente uma função de instrução da causa, a fim de que esta seja julgada pelo tribunal.

Nesse cenário, atribui-se ao duplo grau a excessiva duração dos processos. O duplo grau "naturalmente prolonga a definição do litígio, partindo do pressuposto, frequentemente desconfirmado, que a decisão originária era contrária ao direito". Nesses casos, "o duplo grau entra em rota de colisão com o devido processo constitucional e a garantia da duração razoável do feito".[88]

Conforme exposto por Fernanda Medina Pantoja, o princípio do duplo grau de jurisdição constitui a opção dos "sistemas jurídicos modernos frente a um dilema perene e universal na ciência processual, sintetizado na aparente antinomia certeza *versus* justiça: à necessidade de definitiva e pronta solução dos litígios contrapõe-se a garantia da conformidade da decisão com o direito".[89]

O princípio do duplo grau de jurisdição transita, portanto, entre os princípios da segurança jurídica e da efetividade. Entende-se que a decisão que se propõe a ser a mais adequada é aquela que foi objeto de revisão, possibilitada pela observância do duplo grau de jurisdição. De outro lado, é inegável que a revisão das decisões demanda tempo, e faz com que o resultado definitivo seja postergado.

---

[87] MARINONI, Luiz Guilherme. Garantia da tempestividade da tutela jurisdicional e duplo grau de jurisdição. In: CRUZ E TUCCI, José Rogério (coord.). *Garantias constitucionais do processo civil*. São Paulo: Revista dos Tribunais, 1999, p. 209.
[88] PORTO, Sérgio Gilberto; USTÁRROZ, Daniel. *Manual dos recursos cíveis*. 4. ed. Porto Alegre: Livraria do Advogado, 2013, p. 54.
[89] PANTOJA, Fernanda Medina. *Apelação Cível*: novas perspectivas para um antigo recurso: um estudo crítico de direito nacional e comparado. Curitiba: Juruá, 2010, p. 25.

O princípio do duplo grau de jurisdição não está expressamente previsto na Constituição Federal. Pela leitura do art. 5º da Constituição Federal, verifica-se que lá se encontram elencadas diversas garantias de natureza processual, sem haver qualquer referência ao duplo grau de jurisdição.

A Constituição Federal, no seu art. 92, prevê a existência de tribunais, conferindo-lhes competência recursal. E os arts. 102 e 105, por sua vez, preveem o julgamento, pelo STF e STJ, respectivamente, do recurso ordinário, extraordinário e especial. E no recurso ordinário, previsto no inciso II dos arts. 102 e 105 da CF, verifica-se de forma ampla a incidência do princípio do duplo grau de jurisdição, da mesma forma que no recurso de apelação.

Mas em que pese a previsão constitucional acerca da existência de tribunais e de recursos, entre eles o recurso ordinário, pode-se afirmar que a Constituição Federal não consagra em seu texto, de forma expressa, o princípio do duplo grau de jurisdição.

O duplo grau somente é encontrado, de forma expressa e no âmbito do processo civil, no art. 475 do CPC de 1973[90] que disciplina o reexame necessário, que, embora não seja espécie recursal, é manifestação do duplo grau de jurisdição, tendo em vista que condiciona a eficácia da sentença ao reexame pelo órgão hierarquicamente superior em determinados casos indicados pela lei.[91] Trata-se da incidência do princípio do duplo grau de jurisdição obrigatório.[92]

Diante disso, discute-se na doutrina se o princípio do duplo grau de jurisdição é garantido pela Constituição Federal, ainda que de forma implícita, ou não. E tal discussão encontra acirrada divergência entre importantes vozes do direito processual civil brasileiro. Ressalta-se a convergência da doutrina quanto ao fato de o duplo grau existir no direito processual civil brasileiro. A divergência diz respeito ao *status* da norma (constitucional ou infra).[93]

Parte da doutrina entende que o princípio do duplo grau de jurisdição, embora não esteja contemplado expressamente na Constituição Federal,

---

[90] Art. 475. Está sujeita ao duplo grau de jurisdição, não produzindo efeito senão depois de confirmada pelo tribunal, a sentença: I – proferida contra a União, o Estado, o Distrito Federal, o Município, e as respectivas autarquias e fundações de direito público; II – que julgar procedentes, no todo ou em parte, os embargos à execução de dívida ativa da Fazenda Pública (art. 585, VI). § 1º Nos casos previstos neste artigo, o juiz ordenará a remessa dos autos ao tribunal, haja ou não apelação; não o fazendo, deverá o presidente do tribunal avocá-los. § 2º Não se aplica o disposto neste artigo sempre que a condenação, ou o direito controvertido, for de valor certo não excedente a 60 (sessenta) salários mínimos, bem como no caso de procedência dos embargos do devedor na execução de dívida ativa do mesmo valor. § 3º Também não se aplica o disposto neste artigo quando a sentença estiver fundada em jurisprudência do plenário do Supremo Tribunal Federal ou em súmula deste Tribunal ou do tribunal superior competente.

[91] LASPRO, Oreste Nestor de Souza. Garantia do duplo grau de jurisdição. In: CRUZ E TUCCI, José Rogério (coord.). *Garantias constitucionais do processo civil*. São Paulo: Revista dos Tribunais, 1999, p. 190.

[92] PORTANOVA, Rui. *Princípios do processo civil*. 8. ed. Porto Alegre: Livraria do Advogado, 2013, p. 267.

[93] PORTO, Sérgio Gilberto; USTÁRROZ, Daniel. *Manual dos recursos cíveis*. 4. ed. Porto Alegre: Livraria do Advogado, 2013, p. 54.

constitui uma garantia processual constitucional, ainda que implícita.[94] Não obstante, não se trata de garantia absoluta, podendo ser limitada pela legislação infraconstitucional. A ausência de previsão expressa constitucional "não é suficiente para descaracterizar o duplo grau enquanto garantia constitucional, pois não é o fato de exceções serem toleradas que desnatura a norma princípio".[95] Outrossim, a enumeração de princípios na Constituição Federal é materialmente aberta,[96] sendo possível a verificação de princípios no conjunto do sistema normativo. Conforme Sérgio Gilberto Porto e Daniel Ustárroz, "não soa razoável pretender negar a natureza constitucional do duplo grau de jurisdição, pela singela razão de não se encontrar explicitamente na Constituição".[97] Nessa linha, asseveram os autores não impressionar

> a ausência de preceito expresso contemplando como e enquanto garantia o primado do duplo grau de jurisdição, haja vista que esse, em verdade, se constitui em princípio integrante não apenas de nossa cultura jurídica, mas, mais do que isso, de nosso ordenamento por via reflexa, pois decorre do processo equitativo constitucionalmente previsto, do acesso à justiça e da própria estruturação do sistema da organização judiciária nacional posta na Constituição Federal, a qual prevê juízes ordinários e extraordinários.[98]

No tocante às limitações impostas ao princípio pela lei infraconstitucional, destaca-se a existência de leis que restringem o cabimento de recursos, não

---

[94] Rui Portanova refere que o princípio do duplo grau de jurisdição tem "dignidade constitucional complementável por legislação ordinária". PORTANOVA, Rui. *Princípios do processo civil*. 8. ed. Porto Alegre: Livraria do Advogado, 2013, p. 265.

[95] PORTO, Sérgio Gilberto; USTÁRROZ, Daniel. *Lições de direitos fundamentais no processo civil*: o conteúdo processual da Constituição Federal. Porto Alegre: Livraria do Advogado, 2009, p. 94/95.

[96] No tocante ao catálogo aberto do art. 5º da CF, Ingo Wolfgang Sarlet ensina que "além do conceito formal de Constituição (e de direitos fundamentais), existe um conceito material, no sentido de que existem direitos que, por seu conteúdo, por sua substância, pertencem ao corpo fundamental da Constituição de um Estado, mesmo não constando do catálogo. O rol do art. 5º, apesar de exaustivo, não possui cunho taxativo". SARLET, Ingo Wolfgang. Valor de alçada e limitação do acesso ao duplo grau de jurisdição: problematização em nível constitucional, à luz de um conceito material de direitos fundamentais. *Revista da Ajuris:* Associação dos Juízes do Rio Grande do Sul, Porto Alegre, n. 66, p. 89, março/1996.

[97] PORTO; USTÁRROZ, loc. cit., p. 97. No mesmo sentido, Duílio Landell de Moura Berni refere que "a simples ausência de menção ao princípio do duplo grau de jurisdição em artigo específico da Constituição Federal não deve autorizar a sua descaracterização como garantia constitucional". E prossegue no sentido de que o princípio do duplo grau de jurisdição ingressaria no direito pátrio como garantia constitucional por meio do comando contido no § 2º do art. 5º da Constituição Federal, ao dispor que "os direitos e garantias expressos nesta Constituição não excluem outros decorrentes do regime e dos princípios por ela adotados". Conclui, salientando que o princípio do duplo grau é uma garantia constitucional, ainda que implícita, mas passível de limitações no ordenamento jurídico brasileiro, de forma que leis infraconstitucionais poderão limitá-lo, mas não suprimi-lo totalmente. Por último, o duplo grau de jurisdição não deve ser entendido como um empecilho à tempestiva tutela jurisdicional pretendida, cabendo ao legislador infraconstitucional operacionalizá-lo sem embaraçar a justa execução esperada. BERNI, Duílio Landell de Moura. O duplo grau de jurisdição como garantia constitucional. In: PORTO, Sérgio Gilberto (coord.). *As garantias do cidadão no processo civil*. Porto Alegre: Livraria do Advogado, 2003, p. 209/210 e 223.

[98] PORTO; USTÁRROZ, loc. cit., p. 97. No mesmo sentido PORTO, Sérgio Gilberto; PORTO, Guilherme Athayde. *Lições sobre teorias do processo*: civil e constitucional. Porto Alegre: Livraria do Advogado, 2013, p. 195/196.

devendo, contudo, ser consideradas inconstitucionais.[99] É o caso, por exemplo, do art. 34 da Lei de Execuções Fiscais (Lei nº 6.830/80), que não admite apelação quando o valor da causa for inferior a 50 ORTNs (Obrigações Reajustáveis do Tesouro Nacional), mas tão somente a interposição de embargos infringentes direcionados ao juiz prolator da decisão, e embargos de declaração. Nesse caso, está-se diante do duplo exame, e não duplo grau.[100] A própria Constituição Federal limita o duplo grau de jurisdição ao estabelecer, no art. 102, I, competência originária ao STF para julgamento de determinados processos. E o § 3º do art. 515 do CPC de 1973, ao prever a possibilidade de o tribunal, nos casos de extinção do processo sem resolução de mérito, adentrar no exame da lide desde logo, também excepciona o princípio do duplo grau, considerando que o tribunal, nesses casos, julga matéria não apreciada pela instância inferior.

A limitação do princípio do duplo grau de jurisdição se coaduna com a ideia de que "as garantias não são absolutas e que, vez por outra, em circunstâncias especiais, comportam flexibilização ou mitigação, em prol da realização de outros princípios constitucionais".[101] Assim, a limitação do duplo grau pela intervenção legislativa é plenamente constitucional, quando atende outros princípios constitucionais.[102] Em razão disso, não é possível concluir que por tais particularidades "não seja assegurado ao cidadão à possibilidade de que as decisões jurisdicionais sejam submetidas a reexame".[103]

Contudo, tanto a ideia de não estar o princípio do duplo grau de jurisdição previsto expressamente na Constituição Federal, quanto à de que seria uma garantia processual constitucional, encontra divergência na doutrina.

Em que pese ser inequívoca a ausência de previsão expressa do princípio do duplo grau de jurisdição na Constituição Federal, Nelson Nery Junior advoga a existência de uma previsão do duplo grau de jurisdição na CF, que decorreria implicitamente das normas que dispõem sobre a competência dos

---

[99] NERY JUNIOR, Nelson. *Teoria geral dos recursos*. 7. ed. São Paulo: Revista dos Tribunais, 2014, p. 62.

[100] MARCATO, Ana Cândida Menezes. *O princípio do duplo grau de jurisdição e a reforma do Código de Processo Civil*. São Paulo: Atlas, 2006, p. 26.

[101] PORTO, Sérgio Gilberto; USTÁRROZ, Daniel. *Lições de direitos fundamentais no processo civil*: o conteúdo processual da Constituição Federal. Porto Alegre: Livraria do Advogado, 2009, p. 98. Nesse sentido, Ingo Wolfgang Sarlet ensina que "nenhum direito fundamental consagrado na Constituição se encontra imune a restrições", e acrescenta que "a noção de limites é inerente à natureza das liberdades, mesmo que consagradas e garantidas pelas normas de direitos fundamentais". SARLET, Ingo Wolfgang. Valor de alçada e limitação do acesso ao duplo grau de jurisdição: problematização em nível constitucional, à luz de um conceito material de direitos fundamentais. *Revista da Ajuris:* Associação dos Juízes do Rio Grande do Sul, Porto Alegre, n. 66, p. 120, março/1996.

[102] PORTO; USTÁRROZ, loc. cit., p. 98/99. Na mesma linha, Araken de Assis sustenta que "prevalece o entendimento que autoriza o legislador ordinário, ponderando outros princípios constitucionais, tão relevantes quanto o duplo grau, a exemplo da efetividade e da duração razoável do processo, a estabelecer barreiras ao duplo grau". ASSIS, Araken de. *Manual dos recursos*. 5. ed. São Paulo: Revista dos Tribunais, 2013, p. 86.

[103] PORTO, Sérgio Gilberto; PORTO, Guilherme Athayde. *Lições sobre teorias do processo*: civil e constitucional. Porto Alegre: Livraria do Advogado, 2013, p. 196.

tribunais. Para o autor, a Constituição Federal prevê o princípio do duplo grau de jurisdição quando estabelece que os tribunais do país têm competência para julgar causas originariamente e em grau de recurso. E refere que o art. 102 da Constituição Federal, nos seus incisos II e III, criou o duplo grau de jurisdição, ao dizer que compete ao STF julgar os recursos ordinário e extraordinário.[104] Por esse motivo, não poderá haver limitação ao cabimento do recurso ordinário, especial ou extraordinário, por lei infraconstitucional. Somente por emenda constitucional é que se poderiam estabelecer restrições ao cabimento dos recursos extraordinários, a exemplo da exigência de repercussão geral do recurso extraordinário inserida na Constituição Federal pela Emenda Constitucional nº 45/2004.[105] No entanto, a Constituição Federal limita o âmbito de abrangência desse princípio, quando, por exemplo, relaciona as hipóteses de cabimento do recurso ordinário e extraordinário e ao referir que as decisões do Tribunal Superior Eleitoral são irrecorríveis, salvo quando contrariarem a Constituição Federal e as denegatórias de *habeas corpus* ou mandado de segurança (art. 121, § 3º, da CF). Portanto, para Nelson Nery Junior, o princípio do duplo grau de jurisdição tem assento na Constituição Federal em face da previsão dos recursos constitucionais, mas não tem incidência ilimitada, diferente do que ocorria na Constituição Imperial de 1824, na qual era vedado ao legislador ordinário limitar os casos de cabimento de recurso de apelação, já que a Constituição garantia que a causa fosse decidida em segunda e última instância pelo Tribunal de Relação.[106]

Em sentido diametralmente oposto, Oreste Nestor de Souza Laspro sustenta que o duplo grau de jurisdição não possui previsão expressa na Constituição Federal, e tampouco é por ela garantido. A conclusão do autor é tomada após a análise do duplo grau e o devido processo legal, considerando que o duplo grau de jurisdição não está contemplado no princípio do devido processo legal; e da análise do duplo grau de jurisdição e do sistema recursal constitucional, concluindo que a previsão de cabimento de recurso especial e extraordinário não garante o duplo grau, haja vista que o exame no Tribunal Superior é incompleto, limitado ao exame de matéria referente à lei federal e à Constituição, respectivamente, sendo vedada a análise das matérias de fato. Apenas o recurso ordinário garante o duplo grau de jurisdição, mas é descabida qualquer interpretação no sentido de estender essa regra a todos os demais recursos.

---

[104] NERY JUNIOR, Nelson. *Teoria geral dos recursos*. 7. ed. São Paulo: Revista dos Tribunais, 2014, p. 61.

[105] Idem. *Princípios do processo na Constituição Federal*. 9. ed. São Paulo: Revista dos Tribunais, 2009, p. 281/282.

[106] Idem, loc. cit., 2014, p. 60/61. No mesmo sentido, Araken de Assis refere que "o duplo grau de jurisdição é objeto de previsão na Carta Política", mas não representa uma imposição constante da Constituição Federal, vez que admite limitações, não integrando compulsoriamente direito fundamental à ampla defesa consagrado no art. 5º, LV, da CF. ASSIS, Araken de. *Manual dos recursos*. 5. ed. São Paulo: Revista dos Tribunais, 2013, p. 85. No tocante à Constituição Imperial de 1824, cabe ressaltar ter sido esta a única a consagrar explicitamente o princípio do duplo grau de jurisdição. BERNI, Duílio Landell de Moura. O duplo grau de jurisdição como garantia constitucional. In: PORTO, Sérgio Gilberto (coord.). *As garantias do cidadão no processo civil*. Porto Alegre: Livraria do Advogado, 2003, p. 202.

Assim, para o referido autor, "o duplo grau de jurisdição não pode ser considerado um regramento constitucional, não estando garantido a esse nível nem pela presença inafastável do devido processo legal, nem pela previsão dos recursos especial e extraordinário". Finaliza manifestando que a garantia do duplo grau de jurisdição, de modo aleatório pela legislação ordinária, causa "a violação do devido processo legal, na medida em que acaba ocasionando o prolongamento excessivo das demandas em detrimento daquele que veio a juízo em busca da tutela jurisdicional".[107]

No mesmo sentido, Luiz Guilherme Marinoni sustenta que a previsão constitucional de possibilidade de interposição de recursos aos tribunais superiores não é o mesmo que garantir o duplo grau de jurisdição, de forma que o duplo grau não está garantido na Constituição Federal. E assevera que o duplo juízo sobre o mérito deveria ser suprimido ao menos naquelas causas de maior simplicidade, como nos Juizados Especiais Cíveis, tendo em vista que o duplo grau não pode ser visto como um princípio fundamental de justiça.[108]

Já Fredie Didier Jr. e Leonardo Carneiro da Cunha entendem que, embora o duplo grau de jurisdição seja um princípio constitucional, tendo em vista a disciplina constitucional do Poder Judiciário como uma organização hierarquizada, prevendo a existência de vários tribunais, "o princípio do duplo grau de jurisdição não chega a consistir numa garantia, pois a Constituição Federal a ele apenas se *refere,* não o *garantindo*".[109]

Diferentemente da celeuma doutrinária existente no âmbito do processo civil, no processo penal o duplo grau é garantido de forma expressa. O art. 8º, 2, *h*, do Pacto de São José da Costa Rica, de 22.11.1969, do qual o Brasil é signatário, garante ao réu um segundo julgamento em grau de recurso. Assim, o duplo grau de jurisdição, no processo penal, é irrestrito, de forma que será inconstitucional toda disposição de lei ordinária que restringir ou não permitir a recorribilidade das sentenças penais.[110] Cumpre ressaltar que a referida previsão diz respeito exclusivamente ao processo penal, não podendo se aceitar a ideia de recepção, por meio do art. 5º, § 2º, da CF, de garantia processual constitucional no âmbito do processo civil.

---

[107] LASPRO, Oreste Nestor de Souza. Garantia do duplo grau de jurisdição. In: CRUZ E TUCCI, José Rogério (coord.). *Garantias constitucionais do processo civil*. São Paulo: Revista dos Tribunais, 1999, p. 206.

[108] MARINONI, Luiz Guilherme. Garantia da tempestividade da tutela jurisdicional e duplo grau de jurisdição. In: CRUZ E TUCCI, José Rogério (coord.). *Garantias constitucionais do processo civil*. São Paulo: Revista dos Tribunais, 1999, p. 213/214. O tema referente à supressão do duplo grau de jurisdição será retomado, de forma mais aprofundada, no item 3.2.2 *infra* deste trabalho.

[109] DIDIER JR., Fredie; CUNHA, Leonardo Carneiro da. *Curso de Direito Processual Civil:* meios de impugnação às decisões judiciais e processo nos tribunais. v. 3. 12. ed. Salvador: JusPodivm, 2014, p. 22/23. Grifos dos autores. No mesmo sentido MARCATO, Ana Cândida Menezes. *O princípio do duplo grau de jurisdição e a reforma do Código de Processo Civil*. São Paulo: Atlas, 2006, p. 30/33.

[110] NERY JUNIOR, Nelson. *Teoria geral dos recursos*. 7. ed. São Paulo: Revista dos Tribunais, 2014, p. 61.

Não obstante a divergência instaurada na doutrina sobre o tema, uma coisa é certa: o princípio do duplo grau de jurisdição se verifica de forma ampla no recurso de apelação – tema objeto de estudo no presente trabalho –, na medida em que a apelação possui ampla devolutividade, propiciando o reexame integral da demanda, nos limites da matéria impugnada pelo recorrente, inexistindo restrições ao seu cabimento.

1.4. A APELAÇÃO NO CÓDIGO DE PROCESSO CIVIL DE 1973

A apelação tem previsão no Código de Processo Civil de 1973 nos arts. 513 a 521. Mas muitas das disposições legais previstas no capítulo referente às disposições gerais dos recursos (arts. 496 a 512) dizem respeito ao recurso de apelação, de forma que a sua teoria geral serve de base para a teoria geral de todos os recursos.

Desde a entrada em vigor do CPC, em 1º de janeiro de 1974, diversas foram as leis que alteraram dispositivos atinentes ao recurso de apelação.[111] Mas a sua base permanece a mesma desde então.

O processo civil brasileiro atualmente se encontra em período de transição, tendo em vista a recente sanção da Lei nº 13.105/2015, ocorrida no dia 16 de março de 2015, que instituiu o novo Código de Processo Civil.[112]

Nesse cenário, afigura-se relevante o estudo da principal modalidade recursal do direito processual civil brasileiro, no âmbito do CPC de 1973, no que se refere ao seu cabimento e efeitos, o que será examinado neste capítulo, nos tópicos subsequentes, bem como a sua análise no Novo CPC, objeto de estudo no segundo capítulo deste trabalho.

1.4.1. Cabimento

O cabimento dos recursos diz respeito ao juízo de admissibilidade e está ligado intrinsecamente a duas circunstâncias: a primeira referente à necessidade de o pronunciamento judicial ser recorrível, e a segunda decorre do fato de o recurso utilizado ser o adequado para o reexame da decisão. A primeira circunstância é denominada pela doutrina de recorribilidade, enquanto a segunda, de adequação ou propriedade, o que significa que o recurso interposto para

---

[111] José Carlos Barbosa Moreira, ao comentar as inovações trazidas ao CPC de 1973, pela Lei nº 9.756/98, refere que a disciplina dos recursos foi um dos terrenos de eleição das reformas, sendo que "em nenhum outro título do estatuto processual se concentrou com tanta intensidade o fogo da artilharia reformadora". BARBOSA MOREIRA, José Carlos. Algumas inovações da Lei 9.756 em matéria de recursos cíveis. In: NERY JUNIOR, Nelson; WAMBIER, Teresa Arruda Alvim. *Aspectos polêmicos e atuais dos recursos cíveis de acordo com a Lei 9.756/98*. 2 tir. São Paulo: Revista dos Tribunais, 1999, p. 320.
[112] A tramitação do projeto do Novo CPC será objeto de análise no item 2.2.2 *infra*.

determinada decisão seja o recurso certo, adequado e próprio. Esses dois requisitos devem sempre estar presentes para que o requisito de admissibilidade do cabimento seja preenchido.[113]

A apelação, no direito processual civil brasileiro, é o recurso cabível contra toda e qualquer sentença, nos termos do art. 513 do CPC,[114] sendo o "remédio jurídico processual para discutir a validade e a qualidade das sentenças proferidas".[115] Qualquer tipo de sentença, tendo ou não apreciado o mérito, proferida em qualquer espécie de procedimento ou processo – seja de jurisdição voluntária ou contenciosa – comporta a interposição de recurso de apelação, desde que a decisão judicial possa se enquadrar no conceito dado pelo art. 162, § 1º, do CPC. Não importa, para fins de cabimento da apelação, se a sentença é definitiva ou terminativa, ao contrário do que ocorria no CPC de 1939, em que a sentença terminativa era atacada mediante agravo de petição, e a sentença definitiva por apelação.

Ou seja, a apelação, para que seja cabível, exige tão somente o decaimento da parte, uma vez que possui ampla devolutividade, isto é, permite a impugnação de qualquer vício da sentença, seja vício de forma (*error in procedendo*), ou vício de julgamento (*error in judicando*). Há vício de forma na hipótese de a sentença desrespeitar regra relativa ao procedimento, e há vício de julgamento quando houver equívoco do juiz na avaliação das questões de fato e de direito. No primeiro caso, a sentença será nula, e, no segundo, injusta.[116] Apenas na segunda hipótese é que ocorrerá o efeito substitutivo do recurso, ou seja, a sentença será substituída pela decisão do tribunal.[117] No caso de provimento da apelação em relação a *error in procedendo*, a sentença será anulada para que outra seja proferida.

A apelação, portanto, autoriza a livre motivação por parte do recorrente, admitindo a impugnação tanto das questões de fato, quanto das questões de direito. É por essa razão que o recurso de apelação se classifica como um recurso de fundamentação livre ou ilimitada.

Verifica-se, então, que o Código de Processo Civil de 1973, adotando o princípio da singularidade, também conhecido como princípio da unirrecorribilidade ou unicidade, determina que contra a sentença exista um único recurso adequado, qual seja o recurso de apelação.[118]

---

[113] JORGE, Flávio Cheim. *Apelação cível*: teoria geral e admissibilidade. 2. ed. São Paulo: Revista dos Tribunais, 2002, p. 84/85.
[114] Art. 513 do CPC: Da sentença caberá apelação (art. 267 e 269).
[115] PORTO, Sérgio Gilberto; USTÁRROZ, Daniel. *Manual dos recursos cíveis*. 4. ed. Porto Alegre: Livraria do Advogado, 2013, p. 123.
[116] ASSIS, Araken de. *Manual dos recursos*. 5. ed. São Paulo: Revista dos Tribunais, 2013, p. 416.
[117] Art. 512. O julgamento proferido pelo tribunal substituirá a sentença ou a decisão recorrida no que tiver sido objeto de recurso.
[118] Como exceção ao princípio da unirrecorribilidade, os embargos de declaração são cabíveis contra qualquer decisão judicial, sempre que existente alguma das hipóteses do art. 535 do CPC, além de ser cabível o recurso próprio, como, por exemplo, a apelação.

Sentença, na redação original do CPC de 1973, era o ato pelo qual o juiz punha termo ao processo, decidindo ou não o mérito da causa. Tinha importância, tão somente, que a decisão colocasse fim ao processo no primeiro grau de jurisdição para que o ato judicial fosse qualificado como sentença, não sendo considerado o conteúdo da decisão. Conforme lição de José Carlos Barbosa Moreira, o conceito de sentença "baseava-se em critério puramente topológico, não substancial. O que interessava não era o conteúdo do ato, mas a pura e simples posição por ele ocupada no itinerário do feito. Na arquitetura característica do Código, a sentença assinalava o ponto final de um processo".[119]

Com o tempo, o conceito de sentença passou a ser criticado, tendo em vista que o processo se estendia bem além da sentença, a qual era impugnada, na sua maioria, pela parte sucumbente.[120] O processo a rigor não terminava com a prolação da sentença, ele continuava a fluir enquanto subsistisse a possibilidade de recorrer e durante a pendência do recurso. Isso, porém, não chegava a perturbar a compreensão do conceito de sentença.[121] O conceito lançado pelo Código Buzaid,[122] muito embora fosse alheio ao conteúdo do ato decisório, era prático, na medida em que resolvia muitas questões surgidas por meio da experiência forense relativas à eleição do recurso cabível em situações delicadas, tais como a extinção do processo frente a um dos litisconsortes, o indeferimento da reconvenção ou da denunciação da lide etc. Como nessas situações o processo não era finalizado, o ato judicial era enquadrado como decisão interlocutória, desafiadora de agravo de instrumento.[123]

Não obstante, mesmo ao tempo do conceito de sentença do Código Buzaid, discutia-se na doutrina acerca da existência de sentenças parciais de mérito. Daniel Mitidiero, ao analisar a situação do § 6º do art. 273,[124] afirma que "a decisão que resolve de maneira fracionada o mérito da causa deve ser classificada como uma sentença parcial de mérito", uma vez que "o critério encampado pelo legislador de 1973 para classificação das decisões jurisdicionais é o critério

---

[119] BARBOSA MOREIRA, José Carlos. A nova definição de sentença (Lei nº 11.232). *Revista Dialética de Direito Processual*, São Paulo, n. 39, p. 78, junho 2006.

[120] Nesse sentido, Daniel Mitidiero, em artigo publicado ao tempo do conceito originário de sentença no CPC de 1973, aponta que "sentença não é o ato que coloca termo à instância, mas que tão somente tende a fazê-lo; com a prolação da mesma encerra-se o procedimento em primeiro grau de jurisdição, sem que tal importe, *ipso facto*, extinção do processo". MITIDIERO, Daniel Francisco. Sentenças parciais de mérito e resolução definitiva-fracionada da causa (lendo um ensaio de Fredie Didier Júnior). *Genesis*: Revista de Direito Processual Civil, Curitiba, n. 31, p. 24. jan./mar. 2004.

[121] BARBOSA MOREIRA, loc. cit., p. 78/79, junho 2006.

[122] A expressão Código Buzaid será utilizada, ao longo deste trabalho, quando tratar-se do CPC de 1973 na sua versão originária, elaborado por Alfredo Buzaid, antes das reformas iniciadas no ano de 1994.

[123] PORTO, Sérgio Gilberto; USTÁRROZ, Daniel. *Manual dos recursos cíveis*. 4. ed. Porto Alegre: Livraria do Advogado, 2013, p. 18.

[124] Art. 273. § 6º A tutela antecipada também poderá ser concedida quando um ou mais dos pedidos cumulados, ou parcela deles, mostrar-se incontroverso.

da definitividade do pronunciamento judicial, constatação esta que nos possibilita cogitar de sentenças completas e sentenças parciais".[125]

A Lei nº 11.232/2005, buscando oferecer maior efetividade ao processo judicial, ao eliminar o processo autônomo de execução de título judicial com quantia certa fixada, e criar a nova fase do cumprimento da sentença, alterou substancialmente a disciplina legal da sentença, pois essa já não mais colocaria fim ao processo, pois uma nova fase seria inaugurada.[126]

Assim, o § 1º do art. 162 foi modificado, passando a ter a seguinte redação: "sentença é o ato do juiz que implica alguma das situações previstas nos arts. 267 e 269 desta Lei". As hipóteses dos referidos dispositivos legais são as de extinção do processo sem resolução de mérito (art. 267)[127] e de decisão com resolução de mérito, ainda que possa não conduzir à extinção do processo (art. 269).[128]

Verifica-se, então, que a redação conferida ao conceito de sentença pela Lei nº 11.232/2005 adotou o critério do conteúdo do ato decisório. O conceito de sentença, à luz da nova sistemática, "deixa de fundar-se em critério topológico para ligar-se ao conteúdo do ato".[129] Comparando-se os arts. 162, § 1º, e 269 do CPC, poder-se-ia chegar à conclusão de que o Código de Processo Civil, a partir da Lei nº 11.232/2005, passou a admitir a prolação de sentenças no curso do processo, sem o encerramento do procedimento, pois qualquer ato judicial que aprecie o mérito, ainda que incidentalmente (como a decisão de antecipação de tutela, a rejeição parcial da petição inicial por prescrição ou decadência, ou a rejeição liminar da reconvenção pela mesma razão) passaria a ser sentença, comportando recurso de apelação.[130]

---

[125] MITIDIERO, Daniel Francisco. Sentenças parciais de mérito e resolução definitiva-fracionada da causa (lendo um ensaio de Fredie Didier Júnior). *Genesis*: Revista de Direito Processual Civil, Curitiba, n. 31, p. 26/27, jan./mar. 2004.
[126] PORTO, Sérgio Gilberto; USTÁRROZ, Daniel. *Manual dos recursos cíveis*. 4. ed. Porto Alegre: Livraria do Advogado, 2013, p. 19.
[127] Art. 267. Extingue-se o processo, sem resolução de mérito: I – quando o juiz indeferir a petição inicial; II – quando ficar parado durante mais de 1 (um) ano por negligência das partes; III – quando, por não promover os atos e diligências que lhe competir, o autor abandonar a causa por mais de 30 (trinta) dias; IV – quando se verificar a ausência de pressupostos de constituição e de desenvolvimento válido e regular do processo; V – quando o juiz acolher a alegação de perempção, litispendência ou de coisa julgada; VI – quando não concorrer qualquer das condições da ação, como a possibilidade jurídica, a legitimidade das partes e o interesse processual; VII – pela convenção de arbitragem; VIII – quando o autor desistir da ação; IX – quando a ação for considerada intransmissível por disposição legal; X – quando ocorrer confusão entre autor e réu; XI – nos demais casos prescritos neste Código.
[128] Art. 269. Haverá resolução de mérito: I – quando o juiz acolher ou rejeitar o pedido do autor; II – quando o réu reconhecer a procedência do pedido; III – quando as partes transigirem; IV – quando o juiz pronunciar a decadência ou a prescrição; V – quando o autor renunciar ao direito sobre que se funda a ação.
[129] BARBOSA MOREIRA, José Carlos. A nova definição de sentença (Lei nº 11.232). *Revista Dialética de Direito Processual*, São Paulo, n. 39, p. 81, junho 2006.
[130] Nesse sentido, MARINONI, Luiz Guilherme; ARENHART, Sergio Cruz. *Processo de conhecimento*. 8. ed. v. 2. São Paulo: Revista dos Tribunais, 2010, p. 529.

Exemplos típicos são os casos de antecipação da tutela da parcela incontroversa da demanda (art. 273, § 6º, do CPC) e de extinção do processo em relação a um dos litisconsortes, na qual ocorre, a rigor, a prolação de uma "sentença parcial".

Pelo teor do art. 162, § 1º, que prestigia o conteúdo da decisão para qualificá-la como sentença, a referida decisão seria atacável por meio de recurso de apelação. No entanto, não seria efetiva a interposição de apelação, haja vista que o processo precisaria prosseguir em relação à parte que não foi objeto de exame, ou em relação aos demais litisconsortes não excluídos da lide, e considerando a inexistência de previsão legal de apelação por instrumento.[131]

Portanto, em que pese esse tipo de decisão, à luz do novo conceito esculpido no § 1º do art. 162, configurar sentença, por se tratar de decisão definitiva em relação a determinado pedido ou para uma das partes da relação processual, a interposição de apelação sobrestaria o processo pela necessidade de os autos subirem à apreciação do tribunal, o que não é nada conveniente para o curso do processo, sendo, portanto, recomendável a interposição de agravo de instrumento.[132]

Assim, independentemente de se qualificar tais tipos decisórios como decisão interlocutória ou sentença parcial, o recurso cabível certamente será o agravo de instrumento, em face da inaptidão do regime da apelação.[133] O procedimento da apelação foi estruturado a partir da premissa de que uma fase do procedimento é encerrada. O do agravo pressupõe que o procedimento continua na primeira instância. E a alteração do § 1º do art. 162 do CPC não alterou o sistema recursal brasileiro. Por esse motivo, não é possível cogitar-se da interposição de apelação contra decisão que, embora implique alguma das situações previstas nos arts. 267 e 269, não tenha encerrado uma fase do processo.[134]

---

[131] PORTO, Sérgio Gilberto; USTÁRROZ, Daniel. *Manual dos recursos cíveis*. 4. ed. Porto Alegre: Livraria do Advogado, 2013, p. 124/125.

[132] Idem, p. 125. No mesmo sentido THEODORO JÚNIOR, Humberto. *Curso de direito processual civil*. 51. ed. v. 1. Rio de Janeiro: Forense, 2010, p. 591.

[133] PORTO; USTÁRROZ, loc. cit., p. 125. Vale destacar que Sérgio Gilberto Porto modificou o seu entendimento em relação ao recurso cabível da decisão que julga o mérito no curso da demanda. Em 2007, sustentava ser "recomendável a prática do uso de sentença parcial, vez que atende a idéia de outorgar maior celeridade e efetividade à prestação jurisdicional, ainda que apenas sobre parcela de eventual lide. Julgamento desta índole desafia recurso de apelação, na medida em que este representa a forma mais segura de preservar as garantias constitucionais da ampla defesa e do devido processo legal (5º, LIV e LV, CF), circunstância de duvidosa incidência na hipótese de agravo, em face de sua disciplina atual. Afora, evidentemente, as dificuldades decorrentes do mesmo vir a ser interposto contra decisão de cunho definitivo". PORTO, Sérgio Gilberto. A nova definição legal de sentença: propósito e consequências. In: TESHEINER, José Maria Rosa; MILHORANZA, Mariângela Guerreiro; PORTO, Sérgio Gilberto (coords.). *Instrumentos de coerção e outros temas de direito processual civil*: estudos em homenagem aos 25 anos de docência do Professor Dr. Araken de Assis. Rio de Janeiro: Forense, 2007, p. 663.

[134] DIDIER JR., Fredie; CUNHA, Leonardo Carneiro da. *Curso de Direito Processual Civil*: meios de impugnação às decisões judiciais e processo nos tribunais. v. 3. 12. ed. Salvador: JusPodivm, 2014, p. 28.

A interpretação referente à possibilidade de prolação de sentenças no curso do processo não corresponde à vontade do legislador.[135] Conforme entendimento majoritário da doutrina,[136] o ato judicial que julga o mérito no curso do processo não pode ser admitido como sentença. Segundo referido por Luiz Guilherme Marinoni e Sérgio Cruz Arenhart, "a sistemática recursal do Código de Processo Civil permanece inalterada, cabendo apelação apenas dos atos que possam importar extinção do processo, acrescidos das sentenças condenatórias, mandamentais e executivas que encerram a fase de conhecimento". Prosseguem, afirmando que "quanto aos atos que apreciam o mérito no interior da fase de conhecimento e de execução, continuam a ser caracterizados como decisões interlocutórias, desafiando recurso de agravo".[137]

No mesmo sentido, Araken de Assis afirma que

> o pronunciamento judicial apelável há de revestir-se de dois requisitos concorrentes e simultâneos: primeiro, afeiçoar-se a uma das hipóteses dos arts. 267 e 269, pressuposto já implícito no regime anterior [antes da alteração realizada no § 1º do art. 162 pela Lei nº 11.232/2005]; segundo, revelar aptidão para extinguir o processo, assumindo a função de ato final do procedimento, no plano lógico. (...) A tese de que resoluções parciais do mérito, impropriamente tomadas no curso do processo, comportam apelação é inadmissível na vigência do CPC de 1973.[138]

Cassio Scarpinella Bueno reforça que "o *conteúdo* de um dado ato jurisdicional é, para o sistema processual civil, insuficiente para discernir as sentenças

---

[135] "A mudança legislativa adotada no conceito de sentença justifica-se não por uma opção de se afastar da noção de que é o pronunciamento decisório que põe fim ao processo, mas, sobretudo, pela previsão da nova sistemática do cumprimento da sentença condenatória em dinheiro, afastando-se a autonomia procedimental da execução". OLIVEIRA, Gleydson Kleber Lopes de. *Apelação no direito processual civil*. São Paulo: Revista dos Tribunais, 2009, p. 22.

[136] Nessa linha, Antonio Janyr Dall'Agnol Junior afirma que "não se adotaram as denominadas 'sentenças parciais de mérito', e nem basta para conceituar sentença a consideração para com seu conteúdo". DALL'AGNOL JUNIOR, Antonio Janyr. O novo conceito de sentença e o sistema recursal. *Revista Jurídica*, Porto Alegre, v. 389, p. 72, março/2010.

[137] MARINONI, Luiz Guilherme; ARENHART, Sergio Cruz. *Processo de conhecimento*. 8. ed. v. 2. São Paulo: Revista dos Tribunais, 2010, p. 531. Na mesma linha, Sérgio Gilberto Porto e Daniel Ustárroz salientam que "a apelação ainda está restrita às hipóteses nas quais a sentença proferida encerre o procedimento de primeiro grau, pois somente após este momento é que se poderá suspender o trabalho do juízo prolator, para aguardar o posicionamento da instância superior no julgamento da impugnação. Constatada a inaptidão procedimental do apelo para enfrentar determinado ato judicial, deve ser admitido o agravo, ainda que as matérias arroladas nos arts. 267 e 269, CPC, tenham sido enfrentadas. Nada impede, todavia, que no futuro sobrevenha norma dispondo acerca de apelação por instrumento". PORTO, Sérgio Gilberto; USTÁRROZ, Daniel. *Manual dos recursos cíveis*. 4. ed. Porto Alegre: Livraria do Advogado, 2013, p. 21. Também Gleydson Kleber Lopes de Oliveira afirma que "a sentença é o ato processual culminante do processo jurisdicional, pelo qual o juiz emite uma 'resposta' ao pedido das partes, aplicando o direito à espécie, examinando ou não o mérito". OLIVEIRA, loc. cit., p. 19. No mesmo sentido, Humberto Theodoro Júnior afirma que "para o ato judicial cognitivo ser tratado como sentença, é preciso que todo o pedido ou todos os pedidos da inicial tenham sido resolvidos, positiva ou negativamente. Se o pronunciamento não os abrange em toda extensão, deixando questões para solução no decisório final do processo, não pode ser havido como sentença". THEODORO JÚNIOR, Humberto. *Curso de direito processual civil*. 51. ed. v. 1. Rio de Janeiro: Forense, 2010, p. 591.

[138] ASSIS, Araken de. *Manual dos recursos*. 5. ed. São Paulo: Revista dos Tribunais, 2013, p. 412.

das decisões interlocutórias. Também a sua *função* processual deve ser levada em conta". Arremata o autor, sustentando que "sentenças são os atos proferidos pelos juízos de primeira instância que, tendo o conteúdo dos arts. 267 e 269, encerram a 'etapa cognitiva'".[139]

Não é outra a lição de Fredie Didier Jr. e Leonardo Carneiro da Cunha:

> Não se pode, a despeito da literalidade do texto normativo, identificar a 'sentença' pelo seu respectivo conteúdo. Após essa alteração legislativa, é preciso compreender a sentença como o ato que encerra o procedimento nas fases de conhecimento ou de execução; a sentença encerra a primeira instância. O encerramento do procedimento fundar-se-á ora no art. 267, ora no art. 269 do CPC – isso é certo. Não há como retirar da noção de sentença – ao menos até que se reestruture o sistema recursal – a ideia de encerramento de instância.[140]

Então, muito embora a divergência encontrada na doutrina no que toca ao conceito de sentença posteriormente à reforma de 2005, e, sobretudo, no que se refere à existência ou não de sentença parcial de mérito, a doutrina amplamente majoritária concorda com a utilização do agravo de instrumento frente à decisão que não encerra a atividade procedimental em primeiro grau de jurisdição, sob pena de tumulto processual, haja vista que o prosseguimento do processo não se harmoniza com o regime de subida da apelação nos próprios autos da causa principal, e pela ausência de previsão legal de apelação por instrumento.[141]

---

[139] BUENO, Cassio Scarpinella. *Curso sistematizado de direito processual civil.* v. 5. 5. ed. São Paulo: Saraiva, 2014, p. 138. Grifos do autor.

[140] DIDIER JR., Fredie; CUNHA, Leonardo Carneiro da. *Curso de Direito Processual Civil:* meios de impugnação às decisões judiciais e processo nos tribunais. v. 3. 12. ed. Salvador: JusPodivm, 2014, p. 26/27.

[141] ASSIS, Araken de. *Manual dos recursos.* 5. ed. São Paulo: Revista dos Tribunais, 2013, p. 407. Daniel Mitidiero, em que pese reconheça, antes mesmo da alteração realizada pela Lei nº 11.232/2005, a existência de sentenças parciais de mérito, refere que "enquanto o direito brasileiro não prever uma hipótese de apelação incidente (ou parcial), por instrumento, o recurso contra a sentença parcial tem de ser o de agravo de instrumento. Em substância, porém, trata-se de apelação, motivo pelo qual se pode admitir, por exemplo, embargos infringentes do julgamento desse peculiar agravo, desde que concorram os demais requisitos de cabimento desse recurso (art. 530). Admite-se, igualmente, sustentação oral (art. 554, CPC), sendo necessário revisor (art. 551, CPC). O mesmo se diga do regime aplicável aos recursos especial e extraordinário: desse agravo caberá tais recursos sem que esses restem retidos nos autos. De resto, desse julgamento caberá, ainda e eventualmente, ação rescisória (art. 485, CPC)". MITIDIERO, Daniel. In: ALVARO DE OLIVEIRA, Carlos Alberto (coord.). *A nova execução:* comentários à Lei nº 11.232, de 22 de dezembro de 2005. Rio de Janeiro: Forense, 2006, p. 8. Na mesma linha, Gilberto Gomes Bruschi defende a existência das sentenças parciais de mérito, as quais ensejam o cabimento de agravo de instrumento, sendo prudente a inserção de novos dispositivos nos regimentos internos dos tribunais acerca de questões como revisor, sustentação oral, recurso adesivo e embargos infringentes, não acarretando violação ao princípio da taxatividade dos recursos, como aconteceria com a apelação por instrumento. BRUSCHI, Gilberto Gomes. *Apelação cível:* teoria geral, procedimento e saneamento de vícios pelo tribunal. São Paulo: Saraiva, 2012, p. 37/44. Em sentido contrário, José Maria Rosa Tesheiner sugere a interposição de apelação contra as sentenças parciais, "processada em autos apartados, devidamente instruída com as cópias necessárias à compreensão da matéria, declaradas autênticas pelo advogado, para que não se paralise o processo". Ou seja, preconiza Tesheiner o cabimento de apelação por intrumento. TESHEINER, José Maria Rosa. *Nova sistemática processual civil.* 2. ed. Caxias do Sul: Plenum, 2006, p. 44. No mesmo sentido MILMAN, Fabio. O novo conceito legal de sentença e suas repercussões recursais: primeiras experiências com a apelação por instrumento. *Revista de Processo*, São Paulo, v. 32, n. 150, p. 165/169, ago/2007.

Em síntese, a apelação é o recurso cabível "para se impugnar os atos do juiz que ponham termo ao procedimento, com ou sem julgamento do mérito".[142]

Por fim, cumpre ressaltar a existência de exceções, previstas em leis extravagantes, à previsão genérica contida no art. 513 do CPC. Excepcionalmente há casos em que expressa disposição legal pré-exclui o cabimento da apelação. É o caso da sentença proferida em execução fiscal cujo valor da causa é inferior a cinquenta Obrigações Reajustáveis do Tesouro Nacional (ORTN),[143] contra a qual é cabível apenas a interposição de embargos infringentes, os quais serão examinados pelo mesmo juízo prolator da sentença, e embargos de declaração (art. 34 da Lei n° 6.830/1980).[144] Estes embargos infringentes não se confundem com os embargos infringentes do art. 530 do CPC, de forma que, para não haver confusão, devem ser chamados de embargos infringentes de alçada.[145] Outrossim, a sentença proferida nos Juizados Especiais desafia a interposição de recurso inominado, cuja competência para julgamento é das Turmas Recursais, composta por juízes de primeiro grau, o que o diferencia em muito do recurso de apelação (art. 41 da Lei n° 9.099/1995).[146] Ainda, o art. 865 do CPC[147] determina que no processo de justificação não cabe defesa e tampouco recurso, embora seja o processo julgado por sentença (art. 866, *caput*, do CPC).[148]

---

[142] DIDIER JR., Fredie; CUNHA, Leonardo Carneiro da. *Curso de Direito Processual Civil*: meios de impugnação às decisões judiciais e processo nos tribunais. v. 3. 12. ed. Salvador: JusPODIVM, 2014, p. 95. Nessa linha, "sentença é o ato que, com o conteúdo do art. 267 ou 269 – no que não houve nenhuma mudança –, põe termo a uma fase do procedimento, seja a de cognição, seja a de execução (atualmente, dita de cumprimento)". DALL'AGNOL JUNIOR, Antonio Janyr. O novo conceito de sentença e o sistema recursal. *Revista Jurídica*, Porto Alegre, v. 389, p. 71, março/2010.

[143] No tocante ao valor, cumpre ressaltar que o STJ, no julgamento do Resp 607.930-DF, DJ 17.05.2004, determinou o valor que representa 50 (cinquenta) ORTN, diante da extinção da ORTN. O valor de alçada deve ser encontrado a partir da interpretação da norma que extinguiu o índice e o substituiu por outro, mantendo-se a paridade das unidades de referência, sem efetuar a conversão para moeda corrente a fim de evitar a perda do valor aquisitivo. Assim, segundo o entendimento do STJ, 50 ORTN equivalem a 308,5 UFIR, correspondente a R$ 328,27 a partir de janeiro de 2001, quando foi extinta a UFIR. O valor de alçada deve ser auferido no momento da propositura da execução, levando em conta o valor da causa. DIDIER JR.; CUNHA, loc. cit., p. 96.

[144] Art. 34. Das sentenças de primeira instância proferidas em execuções de valor igual ou inferior a 50 (cinqüenta) Obrigações Reajustáveis do Tesouro Nacional – ORTN, só se admitirão embargos infringentes e de declaração. § 1°. Para os efeitos deste artigo considerar-se-á o valor da dívida monetariamente atualizado e acrescido de multa e juros de mora e de mais encargos legais, na data da distribuição. § 2°. Os embargos infringentes, instruídos, ou não, com documentos novos, serão deduzidos, no prazo de 10 (dez) dias perante o mesmo Juízo, em petição fundamentada. § 3°. Ouvido o embargado, no prazo de 10 (dez) dias, serão os autos conclusos ao Juiz, que, dentro de 20 (vinte) dias, os rejeitará ou reformará a sentença.

[145] DIDIER JR.; CUNHA, loc. cit., p. 96.

[146] Art. 41. Da sentença, excetuada a homologatória de conciliação ou laudo arbitral, caberá recurso para o próprio Juizado. § 1°. O recurso será julgado por uma turma composta por três Juízes togados, em exercício no primeiro grau de jurisdição, reunidos na sede do Juizado. § 2°. No recurso, as partes serão obrigatoriamente representadas por advogado.

[147] Art. 865. No processo de justificação não se admite defesa nem recurso.

[148] Art. 866. A justificação será afinal julgada por sentença e os autos serão entregues ao requerente independentemente de traslado, decorridas 48 (quarenta e oito) horas da decisão.

Por outro lado, em outras leis extravagantes, o recurso de apelação tem previsão expressa e contornos específicos, diferentes da regra prevista no Código de Processo Civil de 1973. A Lei nº 12.016/2009, que disciplina o mandado de segurança, prevê o cabimento de apelação da decisão que indefere a petição inicial e da sentença que denega ou concede o mandado, com a previsão, ainda, de que a apelação interposta da sentença que concede o mandado não é dotada de efeito suspensivo, sendo sujeita obrigatoriamente ao duplo grau de jurisdição. A Lei nº 4.717/65, que regula a ação popular, dispõe, por sua vez, acerca do cabimento de apelação, com efeito suspensivo, da decisão que julgar a ação procedente, e a sujeição da sentença que concluir pela carência ou pela improcedência da ação ao duplo grau de jurisdição. A Lei nº 9.507/97, que disciplina o *habeas data*, prevê o cabimento de apelação da sentença que conceder, ou negar, a medida com efeito meramente devolutivo no caso de concessão. Ainda, a Lei nº 1.060/50, que regula a assistência judiciária gratuita, prevê em seu art. 17 o cabimento de apelação das decisões proferidas em decorrência da aplicação desta lei, sendo que a apelação será recebida somente no efeito devolutivo quando a sentença conceder o pedido.

1.4.2. Efeito devolutivo

O efeito devolutivo[149] consiste na devolução da matéria impugnada ao conhecimento do órgão *ad quem,* a fim de que seja realizado o reexame da decisão recorrida. Por meio do efeito devolutivo, a instância revisora recebe a autorização para reavaliar o ponto enfrentado pela decisão recorrida.[150] Trata-se de manifestação do princípio dispositivo, relacionado aos arts. 128[151] e 460[152] do CPC, na medida em que o juízo destinatário do recurso somente poderá julgar o que o recorrente tiver requerido nas suas razões de recurso, encerradas com o pedido de nova decisão.[153]

---

[149] Alcides de Mendonça Lima entende que, pelo sentido ambíguo que o termo *devolução* acarreta, melhor seria a sua substituição pela expressão *efeito de transferência*. O termo *transferência* indicaria a verdadeira acepção técnica do antigo termo *devolução*. LIMA, Alcides de Mendonça. *Introdução aos recursos cíveis*. 2. ed. São Paulo: Revista dos Tribunais, 1976, p. 287.

[150] PORTO, Sérgio Gilberto; USTÁRROZ, Daniel. Anotações quanto ao efeito devolutivo nos recursos excepcionais. *Direito e Justiça*, Porto Alegre, v. 39, n. 2, p. 265, jul./dez. 2013.

[151] Art. 128. O juiz decidirá a lide nos limites em que foi proposta, sendo-lhe defeso conhecer de questões, não suscitadas, a cujo respeito a lei exige a iniciativa da parte.

[152] Art. 460. É defeso ao juiz proferir sentença, a favor do autor, de natureza diversa da pedida, bem como condenar o réu em quantidade superior ou em objeto diverso do que lhe foi demandado.
Parágrafo único. A sentença deve ser certa, ainda quando decida relação jurídica condicional.

[153] NERY JUNIOR, Nelson. *Teoria geral dos recursos*. 7. ed. São Paulo: Revista dos Tribunais, 2014, p. 401. Para Rodrigo Barioni, em obra específica sobre o tema, "pode-se conceituar efeito devolutivo como o dever de julgamento, por parte de algum órgão do Poder Judiciário, proporcionado por meio da interposição de recurso admissível, para apreciação de determinadas matérias objeto do recurso, bem como daquelas cuja apreciação se faz por força de lei". BARIONI, Rodrigo. *Efeito devolutivo da apelação cível*. São Paulo: Revista dos Tribunais, 2007, p. 43.

Como projeção da regra da congruência entre o pedido e a sentença, somente é devolvida ao tribunal a matéria efetivamente impugnada pelo recorrente, em consonância com o brocardo *tantum devolutum quantum appellatum*. Da mesma forma que o autor fixa na petição inicial os limites do pedido e da causa de pedir, ficando o juiz adstrito a tais limites, na esfera recursal, o recorrente, por meio do pedido de nova decisão, fixa os limites e o âmbito de devolutividade do recurso.[154]

O objeto da devolutividade constitui o mérito do recurso, o qual não se confunde com o mérito da ação, haja vista que é o recorrente que delimita a matéria que será devolvida ao tribunal para novo julgamento, cuja extensão poderá ser menor que a matéria decidida na sentença, diante da possibilidade de interposição de recurso parcial, nos termos do art. 505 do CPC.[155] Assim, o objeto do julgamento do tribunal "pode ser *tão extenso* quanto o do julgamento de primeiro grau, ou *menos extenso* que o deste".[156] A apelação parcial "interdita o exame das demais questões".[157] Assim, se requerida pelo recorrente a reforma parcial da sentença, o tribunal não poderá conceder-lhe a reforma total, ainda que lhe pareça ser a melhor solução. Por outro lado, no caso de apelação total, opera-se a devolução integral das etapas anteriores, havendo equivalência (qualitativa) do objeto da apelação com o objeto da cognição do juízo de primeiro grau.[158]

O efeito devolutivo é inerente a todo recurso, mesmo naqueles em que o reexame é realizado pelo mesmo órgão prolator da decisão impugnada, como é o caso dos embargos de declaração e dos embargos infringentes do art. 34 da Lei de Execuções Fiscais.[159]

---

[154] NERY JUNIOR, Nelson. *Teoria geral dos recursos*. 7. ed. São Paulo: Revista dos Tribunais, 2014, p. 401/402.

[155] Art. 505. A sentença pode ser impugnada no todo ou em parte.

[156] BARBOSA MOREIRA, José Carlos. *Comentários ao Código de Processo Civil*. 16. ed. v. 5. Rio de Janeiro: Forense, 2011, p. 432. Grifos do autor.

[157] ASSIS, Araken de. *Manual dos recursos*. 5. ed. São Paulo: Revista dos Tribunais, 2013, p. 426. Nesse sentido, Cândido Rangel Dinamarco ensina que "a devolução operada pelo recurso parcial é limitada aos capítulos impugnados, não se reputando o tribunal investido de poderes para apreciar os capítulos omitidos pelo recorrente". DINAMARCO, Cândido Rangel. *Capítulos de sentença*. 2. ed. São Paulo: Malheiros, 2006, p. 105.

[158] ASSIS, Araken de. *Manual dos recursos*. 5. ed. São Paulo: Revista dos Tribunais, 2013, p. 438. Não obstante, "excepciona o princípio de que o apelo não exibirá extensão maior do que a atividade cognitiva do primeiro grau a suscitação de questões novas, alegando e provando o recorrente que deixou de fazê-lo, anteriormente, 'por motivo de força maior' (art. 517). A rigor, o assunto é estranho ao efeito devolutivo. Este cuida da transferência do material de cognição do órgão *a quo* para o *ad quem*. Porém, a título comparativo, a menção mostra-se obrigatória: a inovação autorizada no art. 517 respeita às questões de fato insuscetíveis ao exame *ex officio* e que, por motivo de força maior, não foram submetidas ao órgão *a quo*". ASSIS, loc. cit., p. 426/427.

[159] Nesse sentido: NERY JUNIOR, loc. cit., p. 403; ASSIS, Araken de. *Manual dos recursos*. 5. ed. São Paulo: Revista dos Tribunais, 2013, p. 246 e 250; DIDIER JR., Fredie; CUNHA, Leonardo Carneiro da. *Curso de Direito Processual Civil*: meios de impugnação às decisões judiciais e processo nos tribunais. v. 3. 12. ed. Salvador: JusPodivm, 2014, p. 81; PINTO, Nelson Luiz. *Manual dos recursos cíveis*. 2. ed. São Paulo: Malheiros, 2000, p. 34; LIMA, Alcides de Mendonça. *Introdução aos recursos cíveis*. 2. ed. São Paulo: Revista dos Tribunais, 1976, p. 290; ROSINHA, Martha. *Os efeitos dos recursos*: atualizado com o Projeto do Novo Código de

Mas é na apelação que as ricas dimensões do efeito devolutivo se expressam, fundamentalmente.[160] Entre todos os recursos existentes no processo civil brasileiro, a apelação é o que tem maior âmbito de devolutividade, permitindo a impugnação de qualquer vício da sentença, seja vício de forma (*error in procedendo*) ou vício de julgamento (*error in judicando*). A finalidade do apelo é a reforma ou anulação da sentença, podendo ser utilizada para a correção de injustiças e para o reexame das provas.[161]

O efeito devolutivo reclama análise sob duas perspectivas diferentes, mas complementares. Primeiro, no plano horizontal, referente à sua extensão, e segundo, no plano vertical, no tocante à profundidade da devolução.[162] Conforme ensina José Carlos Barbosa Moreira, delimitar a extensão do efeito devolutivo é "precisar *o que* se submete, por força do recurso, ao julgamento do órgão *ad quem*; medir-lhe a profundidade é determinar *com que material* há de trabalhar o órgão *ad quem* para julgar".[163]

Relativamente ao plano horizontal, o *caput* do art. 515 do CPC dispõe sobre a extensão do efeito devolutivo, ao estabelecer que "a apelação devolverá ao tribunal o conhecimento da matéria impugnada". Assim, o efeito devolutivo da apelação é limitado à matéria objeto de impugnação no recurso, sendo proibido o julgamento pelo tribunal de matéria alheia àquela objeto do apelo. Segundo Araken de Assis, "a regra evidencia a estreita relação entre a iniciativa da parte, na interposição da apelação, e os limites impostos ao julgamento do

---

Processo Civil. Porto Alegre: Livraria do Advogado, 2012, p. 65. Nessa linha, Rodrigo Barioni dispõe que "o efeito devolutivo constitui elemento indispensável, precípuo a todos os recursos, uma vez que a função desses meios de impugnação às decisões judiciais é exatamente propiciar uma nova decisão por algum órgão do Poder Judiciário. Não importa, aqui, se o recurso é limitado, como os embargos de declaração, ou amplo, como a apelação, ou destinado ao mesmo órgão que proferiu a decisão atacada ou a órgão hierarquicamente superior. O único aspecto relevante é a oportunidade de obter-se novo pronunciamento do Poder Judiciário sobre a questão". BARIONI, Rodrigo. *Efeito devolutivo da apelação cível*. São Paulo: Revista dos Tribunais, 2007, p. 43. Com o mesmo entendimento, Teresa Arruda Alvim Wambier e José Miguel Garcia Medina afirmam que "o efeito devolutivo é aquele em virtude do qual o conhecimento da matéria é devolvido ao órgão judicante, seja superior àquele do qual emanou a decisão, seja ao próprio órgão prolator da decisão". MEDINA, José Miguel Garcia; WAMBIER, Teresa Arruda Alvim. *Recursos e ações autônomas de impugnação*. 2. tir. São Paulo: Revista dos Tribunais, 2008, p. 101. Em sentido contrário, José Carlos Barbosa Moreira entende que inexiste "recurso totalmente desprovido de efeito devolutivo, com ressalva dos casos em que o julgamento caiba ao mesmo órgão que proferiu a decisão recorrida". E acrescenta que "quando a lei, a título de exceção, atribui competência ao próprio órgão *a quo* para reexaminar a matéria impugnada, o efeito devolutivo ou não existe (como nos embargos de declaração), ou fica *diferido*, produzindo-se unicamente após o juízo de retratação, assim no agravo retido". BARBOSA MOREIRA, José Carlos. *Comentários ao Código de Processo Civil*. 16. ed. v. 5. Rio de Janeiro: Forense, 2011, p. 260/261. Grifos do autor. Também em sentido contrário, referindo que o efeito devolutivo é ausente nos embargos de declaração, é o entendimento de Luiz Guilherme Marinoni e Sérgio Cruz Arenhart. MARINONI, Luiz Guilherme; ARENHART, Sergio Cruz. *Processo de conhecimento*. 8. ed. v. 2. São Paulo: Revista dos Tribunais, 2010, p. 524.

[160] ASSIS, Araken de. *Manual dos recursos*. 5. ed. São Paulo: Revista dos Tribunais, 2013, p. 246.
[161] NERY JUNIOR, Nelson. *Teoria geral dos recursos*. 7. ed. São Paulo: Revista dos Tribunais, 2014, p. 405.
[162] ASSIS, Araken de. *Manual dos recursos*. 5. ed. São Paulo: Revista dos Tribunais, 2013, p. 425.
[163] BARBOSA MOREIRA, loc. cit., p. 429. Grifos do autor.

apelo no órgão *ad quem*. É a plausível justificativa da velha parêmia *tantum devolutum quantum apellatum*, ou princípio da personalidade".[164]

Assim, é a parte recorrente que delimita a extensão do recurso e a devolução se opera nessa extensão, não podendo o tribunal avançar naquilo que não lhe foi devolvido, sob pena de extrapolar o âmbito do recurso.

Relacionam-se à extensão do efeito devolutivo da apelação os seguintes princípios: impossibilidade de inovar a causa em sede de apelação; limitação da atividade cognitiva do tribunal à(s) parte(s) da sentença que haja(m) sido objeto de impugnação; e a proibição da *reformatio in pejus*.[165]

Decorre do princípio dispositivo projetado no âmbito recursal e, consequentemente, do efeito devolutivo, a proibição da *reformatio in pejus*, de forma que o recorrente não pode, em virtude do julgamento exclusivo do seu próprio recurso, se ver colocado em uma situação pior àquela que ostentava antes da interposição do recurso.

Tal circunstância pré-exclui o princípio do benefício comum, pelo qual toda matéria controvertida é devolvida, admitindo-se a reforma para pior. O benefício comum, característico da *appellatio* romana, a qual implicava em novo processo *extra ordinem*, não sobrevive no direito processual civil brasileiro, face o teor do art. 515, *caput,* do CPC.[166] E esse entendimento de que somente ocorre a devolução dos capítulos da sentença objeto de impugnação é predominante em todos os sistemas jurídicos modernos.[167] O princípio do benefício comum, ocorrente quando o recurso de uma parte pode ser julgado favoravelmente à outra, que não recorreu, possibilitando que a situação do único recorrente piore em virtude de seu próprio recurso, foi superado pela concepção do recurso como manifestação do princípio dispositivo.[168]

No que toca ao plano vertical, os §§ 1º e 2º do art. 515 do CPC regram a profundidade do efeito devolutivo, ao determinar que "serão, porém, objeto de apreciação e julgamento pelo tribunal todas as questões suscitadas e discutidas no processo, ainda que a sentença não as tenha julgado por inteiro" e "quando o pedido ou a defesa tiver mais de um fundamento e o juiz acolher apenas um deles, a apelação devolverá ao tribunal o conhecimento dos demais". O plano vertical relaciona-se, portanto, aos fundamentos deduzidos no recurso de apelação.

Nesse ponto, o problema do efeito devolutivo consiste em determinar em que medida competirá ao tribunal a apreciação de todas as questões susci-

---

[164] ASSIS, Araken de. *Manual dos recursos*. 5. ed. São Paulo: Revista dos Tribunais, 2013, p. 426.
[165] BARBOSA MOREIRA, José Carlos. *Comentários ao Código de Processo Civil*. 16. ed. v. 5. Rio de Janeiro: Forense, 2011, p. 432.
[166] ASSIS, loc. cit., p. 251.
[167] APRIGLIANO, Ricardo de Carvalho. *A apelação e seus efeitos*. São Paulo: Atlas, 2003, p. 110.
[168] Idem, p. 112/113.

tadas e discutidas no processo, referentes aos fundamentos do pedido ou da defesa, sempre dentro dos limites da matéria impugnada.[169]

Com efeito, preservada a imutabilidade da causa de pedir, é ampla, em profundidade, a devolução do apelo. Não se cinge às questões efetivamente decididas na sentença, mas abrange também às questões que poderiam ter sido apreciadas na sentença, aí compreendidas as questões passíveis de apreciação de ofício[170] e as questões que, não sendo passíveis de exame de ofício, deixaram de ser apreciadas, a despeito de haverem sido suscitadas e discutidas pelas partes.[171]

Assim, tendo o recorrente, por exemplo, postulado apenas a reforma parcial do julgado, o tribunal, não ultrapassando esse limite de extensão, poderá analisar todo e qualquer fundamento, provas e demais elementos contidos nos autos, ainda que não abordados na sentença recorrida. Conforme bem referido por Fredie Didier Jr. e Leonardo Carneiro da Cunha, "poderá o tribunal, em *profundidade*, analisar todo o material constante dos autos, limitando-se, sempre, à *extensão* fixada pelo recorrente".[172]

Então, "se o pedido ou a defesa tiver mais de um fundamento jurídico e o juiz acolher apenas um deles, a profundidade do efeito devolutivo da apelação abrange os demais fundamentos, independentemente de manifestação da parte".[173]

A título exemplificativo, se o autor postula pela decretação do despejo do réu sob os fundamentos de falta de pagamento e de infração contratual (distúrbios ao direito de vizinhança, por exemplo), e a sentença julgar procedente a demanda tão somente com base na falta de pagamento, não teria o autor interesse recursal para fazer valer a tese referente à infração contratual, pois o apelo não lhe outorgaria situação mais favorável do que aquela consagrada na sentença. Interposto apelo exclusivamente pelo réu, sustentando a inocorrência da falta de pagamento, o tribunal poderá afastar o fundamento referente ao pagamento, mas manter a sentença sob o fundamento da infração contratual, ainda que não tenha sido abordado na sentença, e tampouco no recurso do réu.

---

[169] BARBOSA MOREIRA, José Carlos. *Comentários ao Código de Processo Civil*. 16. ed. v. 5. Rio de Janeiro: Forense, 2011, p. 445.
[170] O tema referente às questões de ordem pública será desenvolvido no item 1.4.4 *infra* referente ao efeito translativo do recurso de apelação.
[171] BARBOSA MOREIRA, loc. cit., p. 445.
[172] DIDIER JR., Fredie; CUNHA, Leonardo Carneiro da. *Curso de Direito Processual Civil*: meios de impugnação às decisões judiciais e processo nos tribunais. v. 3. 12. ed. Salvador: JusPODIVM, 2014, p. 106. Grifos do autor.
[173] OLIVEIRA, Gleydson Kleber Lopes de. Novos contornos do efeito devolutivo do recurso de apelação. In: FUX, Luiz; NERY JUNIOR, Nelson; WAMBIER, Teresa Arruda Alvim (coords.). *Processo e Constituição*: estudos em homenagem ao professor José Carlos Barbosa Moreira. São Paulo: Revista dos Tribunais, 2006, p. 1002.

Seria inadmissível, portanto, por falta de interesse recursal, a apelação interposta pela parte vencedora para fazer prevalecer uma das teses recusadas ou não apreciadas na sentença, porquanto é assente o entendimento de que a impugnação deve se dirigir à parte dispositiva da decisão, e não aos seus fundamentos.[174]

Assim, a apelação da parte vencida abrangerá as questões rejeitadas ou não decididas, devolvendo ao conhecimento do tribunal tanto as causas de pedir deduzidas pelo autor, quanto a matéria de defesa arguida pelo réu.[175]

Portanto, se de um lado o tribunal fica vinculado à matéria efetivamente impugnada pelo recorrente (extensão do efeito devolutivo), de outro, em relação aos fundamentos do pedido, é livre para examinar a todos, ainda que não tenham sido expressamente referidos nas razões do recurso interposto (profundidade do efeito devolutivo).[176]

Então, o § 1º do art. 515 tem relação com a devolução das questões que tenham sido suscitadas e discutidas pelas partes e decididas pela sentença, ainda que a sentença não as tenha julgado por inteiro. Já os fundamentos utilizados pelas partes são devolvidos por disposição contida no § 2º daquele artigo.[177]

O art. 516 do CPC, por sua vez, determina que "ficam também submetidas ao tribunal as questões anteriores à sentença, ainda não decididas". Segundo José Carlos Barbosa Moreira, o referido dispositivo trata, exclusivamente, daquelas questões que (a) foram, ou poderiam ter sido, suscitadas e resolvidas em momento anterior ao da prolação da sentença, isto é, questões incidentes, e (b) não chegaram a receber solução na primeira instância.[178] Trata-se da devolução, portanto, das questões anteriores à sentença.[179]

É o caso, por exemplo, de questões processuais como a impugnação ao valor da causa ou ao pedido de assistência judiciária gratuita, sempre que tenham sido suscitados, mas não recebam qualquer decisão. Em caso de apelação de alguma das partes, essas questões serão devolvidas ao conhecimento do órgão *ad quem*. O art. 516, portanto, diz respeito às questões incidentais não decididas.[180]

---

[174] OLIVEIRA, Gleydson Kleber Lopes de. Novos contornos do efeito devolutivo do recurso de apelação. In: FUX, Luiz; NERY JUNIOR, Nelson; WAMBIER, Teresa Arruda Alvim (coords.). *Processo e Constituição*: estudos em homenagem ao professor José Carlos Barbosa Moreira. São Paulo: Revista dos Tribunais, 2006, p. 1003.

[175] ASSIS, Araken de. *Manual dos recursos*. 5. ed. São Paulo: Revista dos Tribunais, 2013, p. 441.

[176] MARINONI, Luiz Guilherme; ARENHART, Sergio Cruz. *Processo de conhecimento*. 8. ed. v. 2. São Paulo: Revista dos Tribunais, 2010, p. 525.

[177] APRIGLIANO, Ricardo de Carvalho. *A apelação e seus efeitos*. São Paulo: Atlas, 2003, p. 183.

[178] BARBOSA MOREIRA, José Carlos. *Comentários ao Código de Processo Civil*. 16. ed. v. 5. Rio de Janeiro: Forense, 2011, p. 451.

[179] Idem, p. 445.

[180] APRIGLIANO, loc. cit., p. 182. No mesmo sentido OLIVEIRA, Gleydson Kleber Lopes de. *Apelação no direito processual civil*. São Paulo: Revista dos Tribunais, 2009, p. 188.

Trata-se de equívoco supor que o art. 516 interfira de algum modo na disciplina da matéria regulada no art. 515. Na realidade, os assuntos são diversos, na medida em que o art. 516 diz respeito a questões anteriores à sentença, ou seja, a questões incidentais passíveis de apreciação em momento anterior à sentença, que não dizem respeito a temas cuja solução possa influir no teor do julgamento.[181] Observe-se que as questões previstas no art. 515 devem ter sido obrigatoriamente decididas, ainda que não por inteiro. Já as questões do art. 516 são anteriores à sentença e não foram objeto de qualquer pronunciamento por omissão do magistrado.[182]

Cumpre destacar que as questões de fato, não suscitadas e não discutidas no processo, não podem ser examinadas pelo tribunal, diante da regra da congruência do pedido e da causa de pedir[183] com a sentença, ressalvadas as hipóteses do art. 517 do CPC[184] e as matérias cognoscíveis de ofício, que serão apreciadas quando se tratar do efeito translativo dos recursos. Conforme exposto por Ricardo Aprigliano, "vários princípios processuais, positivados no CPC brasileiro, determinam que o juiz deve levar em conta os fatos que lhe foram trazidos pelas partes para decidir a causa". E prossegue, afirmando que "os princípios dispositivo e da inércia da jurisdição limitam a atividade jurisdicional no tocante aos fatos. Afora determinados poderes instrutórios de ofício, estes dependem da exclusiva atuação das partes".[185]

Não obstante, no tocante às questões de direito, vige sistema diverso.[186] É lícito ao tribunal, em sede de apelação, emprestar qualificação jurídica diversa da elencada pelas partes ou pela sentença aos fatos colacionados nos autos, sem que se cogite de violação ao princípio da congruência. É o que se depreende do brocardo *iuria novit curia*. Portanto, "o tribunal de segunda instância não se vê vinculado aos fundamentos legais invocados pelas partes ou pelo juiz, podendo

---

[181] BARBOSA MOREIRA, José Carlos. *Comentários ao Código de Processo Civil*. 16. ed. v. 5. Rio de Janeiro: Forense, 2011, p. 452. Em sentido contrário, Nelson Nery Junior e Rosa Maria de Andrade Nery entendem que o art. 516 repete o conteúdo do art. 515, § 1º, sendo totalmente inócuo e pleonástico, pois a devolução das questões anteriores à sentença (art. 516) já está prevista no § 1º do art. 515. NERY JUNIOR, Nelson; NERY, Rosa Maria Andrade. *Código de Processo Civil comentado e legislação extravagante* 10. ed. São Paulo: Revista dos Tribunais, 2008, p. 859/860.

[182] APRIGLIANO, Ricardo de Carvalho. *A apelação e seus efeitos*. São Paulo: Atlas, 2003, p. 183.

[183] No tocante à causa de pedir, Júlio Cesar Goulart Lanes afirma que "muito embora a conceituação de *causa de pedir* seja tema de extremada complexidade, com certo grau de segurança, pode-se dizer que envolve o fato ou o conjunto de fatos sob o qual é designado um desejado efeito jurídico". LANES, Júlio Cesar Goulart. *Fato e direito no processo civil cooperativo*. São Paulo: Revista dos Tribunais, 2014, p. 132.

[184] Art. 517. As questões de fato, não propostas no juízo inferior, poderão ser suscitadas na apelação, se a parte provar que deixou de fazê-lo por motivo de força maior.

[185] APRIGLIANO, Ricardo de Carvalho. *A apelação e seus efeitos*. São Paulo: Atlas, 2003, p. 145.

[186] Júlio Cesar Goulart Lanes defendeu, em sua tese de doutoramento, a inseparabilidade entre as questões de fato e as questões de direito. Para aprofundamento do tema, vide LANES, Júlio Cesar Goulart. *Fato e direito no processo civil cooperativo*. São Paulo: Revista dos Tribunais, 2014.

atribuir outra qualificação jurídica aos fatos, desde que respeitada a causa de pedir invocada nas peças inicial e de defesa".[187]

O tribunal, em princípio, não deve avançar no exame das matérias não decididas ainda em primeiro grau, pois isso violaria o princípio do duplo grau de jurisdição. No entanto, essa ideia cede espaço à regra do § 3º do art. 515 do CPC, pela qual o tribunal, afastando questão preliminar em que se baseou o juízo *a quo* para extinguir o processo, fica autorizado a examinar, desde logo, o mérito da demanda, sem restituir o processo para novo julgamento pela primeira instância. Para tanto, é necessário que a causa esteja "madura" para julgamento, ou seja, que verse questão exclusivamente de direito e esteja em condições de imediato julgamento.[188] Tal dispositivo legal, inserido no CPC de 1973, pela Lei nº 10.352/2001, ampliou o efeito devolutivo da apelação.[189]

Nesse ponto, Luiz Guilherme Marinoni e Sergio Cruz Arenhart afirmam que

> somente se admite que o tribunal, afastando sentença terminativa, avance no exame do mérito quando esta apreciação não implique ofensa a garantias como as do acesso à justiça, do contraditório, da ampla defesa ou do devido processo legal. Somente, portanto, quando as partes não tiverem mais alegações ou provas a serem produzidas – e relevantes para influir no convencimento do Judiciário –, pode-se ter por cabível a aplicação do dispositivo em questão.[190]

---

[187] OLIVEIRA, Gleydson Kleber Lopes de. Novos contornos do efeito devolutivo do recurso de apelação. In: FUX, Luiz; NERY JUNIOR, Nelson; WAMBIER, Teresa Arruda Alvim (coords.). *Processo e Constituição*: estudos em homenagem ao professor José Carlos Barbosa Moreira. São Paulo: Revista dos Tribunais, 2006, p. 1001.

[188] Art. 515, § 3º, do CPC: Nos casos de extinção do processo sem julgamento do mérito (art. 267), o tribunal pode julgar desde logo a lide, se a causa versar questão exclusivamente de direito e estiver em condições de imediato julgamento. Corresponde, mais abrangente, no projeto do NCPC, o § 3º e 4º do art. 1.026: § 3º Se a causa estiver em condições de imediato julgamento, o tribunal deve decidir desde logo o mérito quando: I – reformar sentença fundada no art. 495; II – decretar a nulidade da sentença por não ser ela congruente com os limites do pedido ou da causa de pedir; III – constatar a omissão no exame de um dos pedidos, hipótese em que poderá julgá-lo; IV – decretar a nulidade de sentença por falta de fundamentação. § 4º Quando reformar sentença que reconheça a decadência ou a prescrição, o tribunal julgará o mérito, examinando as demais questões, sem determinar o retorno do processo ao juízo de primeiro grau.

[189] BARBOSA MOREIRA, José Carlos. *Comentários ao Código de Processo Civil*. 16. ed. v. 5. Rio de Janeiro: Forense, 2011, p. 430. No mesmo sentido: PORTO, Sérgio Gilberto; USTÁRROZ, Daniel. *Manual dos recursos cíveis*. 4. ed. Porto Alegre: Livraria do Advogado, 2013, p. 151; SILVA, Ovídio A. Baptista da. *Curso de processo civil*. 8. ed. v. 1, tomo 1. Rio de Janeiro: Forense, 2008, p. 334. Para Cassio Scarpinella Bueno, a hipótese do § 3º do art. 515 é inegavelmente relacionada ao efeito expansivo dos recursos, e não ao efeito devolutivo, na medida em que o dispositivo se ocupa das consequências do julgamento. E ressalta que entender tal dispositivo como manifestação do efeito devolutivo ou do efeito translativo seria sustentar que a aplicação do § 3º do art. 515 pressupõe, sempre e em qualquer caso, pedido do recorrente, o que não se admite. BUENO, Cassio Scarpinella. *Curso sistematizado de direito processual civil*. v. 5. 5. ed. São Paulo: Saraiva, 2014, p. 112. Já Fredie Didier Jr. e Leonardo Carneiro da Cunha entendem que "o julgamento do mérito diretamente pelo tribunal não é consequência do efeito devolutivo do recurso, até porque ele ocorre após o julgamento do recurso – é um outro efeito da apelação, já denominado *efeito desobstrutivo* do recurso". DIDIER JR., Fredie; CUNHA, Leonardo Carneiro da. *Curso de Direito Processual Civil*: meios de impugnação às decisões judiciais e processo nos tribunais. v. 3. 12. ed. Salvador: JusPodivm, 2014, p. 108. Grifo do autor.

[190] MARINONI, Luiz Guilherme; ARENHART, Sergio Cruz. *Processo de conhecimento*. 8. ed. v. 2. São Paulo: Revista dos Tribunais, 2010, p. 537.

Portanto, o tribunal não pode fazer uso da regra do § 3º do art. 515 do CPC se a causa exigir dilação probatória, sob pena de cerceamento de defesa. Contudo, quando já concluída a instrução probatória, poderá julgar desde logo o mérito. Admite-se, ainda, mesmo nos casos em que a questão não versar sobre matéria exclusivamente de direito, mas esteja com instrução probatória completa ou dela prescinda para o deslinde da controvérsia, a aplicação do § 3º do art. 515 do CPC.[191] Nesse sentido, Sérgio Gilberto Porto e Daniel Ustárroz evidenciam o problema hermenêutico decorrente da utilização da expressão "causa exclusivamente de direito" como requisito à aplicação do dispositivo. A sua interpretação deve se aproximar da figura do julgamento antecipado da lide, de forma que a grande exigência para a aplicação do § 3º deve ser o esgotamento da atividade instrutória do primeiro grau. Se, "mesmo versando sobre fatos e direito, já foram produzidas as provas suficientes para aclarar a matéria fática, não há razão para se retroceder na marcha processual".[192] Assim, "a nova regra tem a mesma abrangência e a finalidade prevista no art. 330, I, do CPC, podendo ser denominada de julgamento antecipado da lide em âmbito recursal".[193]

Embora o texto legal refira a aplicação do § 3º do art. 515 apenas nos casos em que a sentença extinguir o processo, sem julgamento de mérito, o julgamento pelo tribunal será possível também quando a sentença tenha apreciado o mérito, como no caso de reconhecimento da ocorrência de prescrição ou decadência. Nessa hipótese, afastando a prescrição ou decadência reconhecida pela sentença, poderá o tribunal adentrar no exame dos demais pedidos pertinentes ao mérito da demanda. Nesse ponto, cabe destacar que mesmo antes da Lei nº 10.352/2001, que introduziu o § 3º ao art. 515 do CPC, já se entendia pela possibilidade de o tribunal, ao desconsiderar, no exame do recurso, a ocorrência da prescrição ou decadência reconhecida na sentença, prosseguir o julgamento para acolher ou rejeitar o pedido do autor, desde que o processo estivesse

---

[191] NERY JUNIOR, Nelson. *Teoria geral dos recursos*. 7. ed. São Paulo: Revista dos Tribunais, 2014, p. 407. No mesmo sentido: ASSIS, Araken de. *Manual dos recursos*. 5. ed. São Paulo: Revista dos Tribunais, 2013, p. 435; DIDIER JR., Fredie; CUNHA, Leonardo Carneiro da. *Curso de Direito Processual Civil*: meios de impugnação às decisões judiciais e processo nos tribunais. v. 3. 12. ed. Salvador. JusPodivm, 2014, p. 111; DINAMARCO, Cândido Rangel. *Nova era do processo civil* 2. ed. São Paulo: Malheiros, 2007, p. 174. Nesse ponto, José Carlos Barbosa Moreira refere que "teria sido preferível que se adotasse aqui, com as devidas adaptações, a fórmula relativa ao julgamento antecipado da lide, constante do art. 330, nº I: 'quando a questão suscitada no recurso for unicamente de direito ou, sendo de direito e de fato, não houver necessidade de outras provas'". BARBOSA MOREIRA, José Carlos. *Comentários ao Código de Processo Civil*. 16. ed. v. 5. Rio de Janeiro: Forense, 2011, p. 431. Em sentido contrário APRIGLIANO, Ricardo de Carvalho. *A apelação e seus efeitos*. São Paulo: Atlas, 2003, p. 157.

[192] PORTO, Sérgio Gilberto; USTÁRROZ, Daniel. *Manual dos recursos cíveis*. 4. ed. Porto Alegre: Livraria do Advogado, 2013, p. 152.

[193] OLIVEIRA, Gleydson Kleber Lopes de. Novos contornos do efeito devolutivo do recurso de apelação. In: FUX, Luiz; NERY JUNIOR, Nelson; WAMBIER, Teresa Arruda Alvim (coords.). *Processo e Constituição*: estudos em homenagem ao professor José Carlos Barbosa Moreira. São Paulo: Revista dos Tribunais, 2006, p. 1007.

maduro para julgamento, com fulcro no § 2º do art. 515.[194] Este entendimento relativo à prescrição e decadência restou transportado, com a inclusão do § 3º, para os casos de sentença terminativa.[195]

Cumpre ressaltar que a exceção do § 3º do art. 515 do CPC, que demonstra o potencial alargamento do efeito devolutivo do recurso de apelação, não tem o condão de descaracterizar a constitucionalidade do duplo grau, muito embora seja reconhecido que tal previsão o mitiga em prol de outros princípios,[196] conforme verificado no item 1.3. Nessa linha, Araken de Assis afirma que "não se extrai do texto maior, explícita ou implicitamente, a obrigação de toda causa, nos seus mais variados aspectos, subordinar-se a duplo exame, nem há impedimento genérico à supressão de instância".[197] Conforme referido por José Roberto dos Santos Bedaque, a aplicação do § 3º do art. 515 "constitui escolha do sistema, que optou pela celeridade processual, em detrimento do duplo grau de jurisdição. Trata-se de preferência legítima do legislador, pois não implica ofensa ao devido processo constitucional".[198]

Ainda, a aplicação do § 3º do art. 515 pressupõe, logicamente, a admissibilidade da apelação, bem como a inexistência de vício de procedimento que caiba ao tribunal acolher, de ofício ou mediante requerimento do apelante.

No tocante à necessidade de requerimento expresso do apelante para a aplicação, pelo tribunal, do § 3º do art. 515, há divergência na doutrina. Araken de Assis entende que a aplicação do referido dispositivo legal depende da iniciativa da parte apelante,[199] e tão somente do apelante, não podendo o apelado se opor ao julgamento do mérito, e tampouco requerer o julgamento do mérito

---

[194] Nesse sentido, Eduardo Cambi, ao apreciar o efeito devolutivo da apelação e o duplo grau de jurisdição, antes da inclusão ao CPC do § 3º do art. 515, já afirmava a possibilidade de julgamento das demais questões de mérito quando afastado, pelo tribunal, o reconhecimento da prescrição ou decadência, desde que o processo apresentasse condições para se proceder a tal julgamento imediato. Essa possibilidade estava aliada ao princípio da economia processual e ao fato de que o duplo grau de jurisdição não pode servir para a consagração de um formalismo exacerbado. CAMBI, Eduardo. Efeito devolutivo da apelação e duplo grau de jurisdição. *Genesis*: Revista de Direito Processual Civil, Curitiba, n. 22, p. 675, out./dez. 2001.

[195] DIDIER JR., Fredie; CUNHA, Leonardo Carneiro da. *Curso de Direito Processual Civil*: meios de impugnação às decisões judiciais e processo nos tribunais. v. 3. 12. ed. Salvador: JusPODIVM, 2014, p. 107.

[196] PORTO, Sérgio Gilberto; USTÁRROZ, Daniel. *Manual dos recursos cíveis*. 4. ed. Porto Alegre: Livraria do Advogado, 2013, p. 151.

[197] ASSIS, Araken de. *Manual dos recursos*. 5. ed. São Paulo: Revista dos Tribunais, 2013, p. 434.

[198] BEDAQUE, José Roberto dos Santos. Apelação: questões sobre admissibilidade e efeitos. *Revista da Procuradoria Geral do Estado de São Paulo*, São Paulo, edição especial, p. 126, jan./dez. 2003.

[199] No mesmo sentido APRIGLIANO, Ricardo de Carvalho. *A apelação e seus efeitos*. São Paulo: Atlas, 2003, p. 158. Seguindo o mesmo entendimento, Fredie Didier Jr. e Leonardo Carneiro da Cunha afirmam que tendo em vista que "a delimitação 'daquilo-que-tem-de-ser-decidido' pelo órgão jurisdicional é, no ordenamento brasileiro, matéria adstrita ao princípio dispositivo e, pois, à provocação da parte interessada". Mas referem os autores no sentido de que "havendo requerimento expresso do apelante, e preenchidos os demais pressupostos legais, é *obrigatório* ao tribunal, aplicando o § 3º do art. 515 do CPC, já conhecer do mérito da demanda, ao prover a apelação interposta contra a sentença terminativa, a não ser que a matéria ainda reclame alguma providência ou prova a ser produzida no juízo singular". DIDIER JR., Fredie; CUNHA, Leonardo Carneiro da. *Curso de Direito Processual Civil*: meios de impugnação às decisões judiciais e processo nos tribunais. v. 3. 12. ed. Salvador: JusPodivm, 2014, p. 108/109.

no caso de omissão do apelante. Existindo pedido expresso do apelante, a oposição do apelado limita-se à inexistência dos requisitos expressos e implícitos do § 3º do art. 515. E o pedido do apelado não permite que o tribunal adentre no julgamento do mérito no caso da sentença ser terminativa, pois a sua atividade se subordina à iniciativa do apelante, e não do apelado, que não age, mas sim reage à prestação recursal.[200] O entendimento acerca da necessidade de requerimento expresso do apelante para a aplicação do § 3º se dá pelo fato de o *caput* do art. 515 exigir a efetiva impugnação para a devolução da matéria ao conhecimento do tribunal. Segundo Flávio Cheim Jorge, "devendo os parágrafos do art. 515 obediência ao *caput*, a melhor interpretação a que se chega é aquela em que somente se admite a incidência do julgamento do mérito (§ 3º) quando haja impugnação específica (*caput* do art. 515)".[201]

Por outro lado, parcela importante da doutrina defende a possibilidade de o tribunal examinar diretamente o mérito, independentemente de requerimento expresso do apelante, quando presentes os pressupostos exigidos pela regra.[202] Para tanto, é impositivo que o relator, desde que não iniciado o julgamento, intime as partes (e eventuais terceiros), dando-lhes ciência do seu propósito, permitindo que amplo e prévio contraditório seja exercido. Isso possibilita que as partes possam, se for o caso, buscar persuadir o tribunal a não aplicar o § 3º do art. 515, por não ser caso de sua incidência,[203] bem como evita a ocorrência de decisão surpresa.[204]

---

[200] ASSIS, Araken de. *Manual dos recursos*. 5. ed. São Paulo: Revista dos Tribunais, 2013, p. 434/436.

[201] JORGE, Flávio Cheim. *Teoria geral dos recursos cíveis*. 5. ed. São Paulo: Revista dos Tribunais, 2011, p. 308/309.

[202] Nesse sentido: OLIVEIRA, Gleydson Kleber Lopes de. Novos contornos do efeito devolutivo do recurso de apelação. In: FUX, Luiz; NERY JUNIOR, Nelson; WAMBIER, Teresa Arruda Alvim (coords.). *Processo e Constituição:* estudos em homenagem ao professor José Carlos Barbosa Moreira. São Paulo: Revista dos Tribunais, 2006, p. 1008; BEDAQUE, José Roberto dos Santos. Apelação: questões sobre admissibilidade e efeitos. *Revista da Procuradoria Geral do Estado de São Paulo*, São Paulo, edição especial, p. 124, jan./dez. 2003.

[203] BUENO, Cassio Scarpinella. *Curso sistematizado de direito processual civil*. v. 5. 5. ed. São Paulo: Saraiva, 2014, p. 113.

[204] Nesse sentido, Sérgio Gilberto Porto e Daniel Ustárroz defendem a possibilidade de dispensa do requerimento expresso da parte para a aplicação do § 3º do art. 515, desde que se tomem algumas cautelas. A primeira será atentar ao princípio do contraditório, sendo "recomendável que ambas as partes sejam inclusive ouvidas previamente à aplicação do § 3º, a fim de que possam eventualmente convencer o julgador, evitando-se assim o temível 'fator surpresa'". PORTO, Sérgio Gilberto; USTÁRROZ, Daniel. *Manual dos recursos cíveis*. 4. ed. Porto Alegre: Livraria do Advogado, 2013, p. 153. No que toca ao princípio do contraditório, relacionado à impossibilidade de prolação de decisão surpresa, e sob a ótica do processo cooperativo, Daniel Mitidiero afirma que "o formalismo processual cooperativo vai indelevelmente marcado pelo diálogo entre as pessoas do juízo. A necessidade de participação das partes no processo assinalada pelo direito fundamental ao contraditório, entendido como direito a influenciar a formação da decisão jurisdicional, outorga sustentação teórica a essa idéia. (...) Na quadra teórica do formalismo-valorativo, pois, o direito ao contraditório leva à previsão de um dever de debate entre o juiz e as partes a respeito do material recolhido ao longo do processo. (...) Exigir-se que o pronunciamento jurisdicional tenha apoio tão-somente em elementos sobre os quais as partes tenham tido oportunidade de se manifestar significa evitar a decisão-surpresa no processo. (...) No processo civil cooperativo, além da vedação à decisão-surpresa, é de rigor que o pronunciamento jurisdicional contenha uma apreciação completa das razões levantadas pelas partes para a solução da con-

Por fim, cumpre registrar que a aplicação do § 3º do art. 515 pode ensejar uma situação de *reformatio in pejus*, hipótese admitida nesse caso, de sorte que é lícito, ao tribunal, afastada a sentença terminativa, apreciar o mérito, decidindo de forma contrária aos interesses do recorrente.[205] Nesse ponto, Cândido Rangel Dinamarco ressalta inexistir qualquer infração à garantia constitucional do *due process*, na medida em que as regras do jogo são claras, e isso é fator de segurança das partes, capaz de evitar surpresas. Portanto, "o autor que apelar contra a sentença terminativa fá-lo-á com a consciência do risco que corre". E não se pode olvidar que o julgamento de mérito que o tribunal fizer nessa oportunidade "será o mesmo que faria se houvesse mandado o processo de volta ao primeiro grau, lá ele recebesse sentença, o autor apelasse contra esta e ele, tribunal, afinal voltasse a julgar o mérito". A incidência do § 3º do art. 515 nada mais é do que "um *atalho*, legitimado pela aptidão a acelerar os resultados do processo".[206]

1.4.3. Efeito suspensivo

O efeito suspensivo é aquele que impede a produção dos efeitos próprios do provimento judicial,[207] que retira, provisoriamente, a eficácia da decisão judicial.[208] Nas palavras de Nelson Nery Junior, o efeito suspensivo "é uma qualidade do recurso que adia a produção dos efeitos da decisão impugnada assim que interposto o recurso, qualidade essa que perdura até que transite em julgado a decisão sobre o recurso".[209] Enquanto o efeito devolutivo se funda no princípio dispositivo, o suspensivo baseia-se no princípio da segurança.[210]

O efeito suspensivo, então, impede que a decisão recorrida produza efeitos desde logo, impedindo a execução imediata da decisão. O efeito suspensivo é a regra do sistema recursal brasileiro, de forma que, se a lei for omissa, o recurso terá efeito suspensivo.

---

trovérsia". MITIDIERO, Daniel. *Colaboração no processo civil:* pressupostos sociais, lógicos e éticos. São Paulo: Revista dos Tribunais, 2009, p. 134/137.

[205] OLIVEIRA, Gleydson Kleber Lopes de. Novos contornos do efeito devolutivo do recurso de apelação. In: FUX, Luiz; NERY JUNIOR, Nelson; WAMBIER, Teresa Arruda Alvim (coords.). *Processo e Constituição:* estudos em homenagem ao professor José Carlos Barbosa Moreira. São Paulo: Revista dos Tribunais, 2006, p. 1008. No mesmo sentido BEDAQUE, José Roberto dos Santos. Apelação: questões sobre admissibilidade e efeitos. *Revista da Procuradoria Geral do Estado de São Paulo*, São Paulo, edição especial, p. 127, jan./dez. 2003.

[206] DINAMARCO, Cândido Rangel. *Nova era do processo civil*. 2. ed. São Paulo: Malheiros, 2007, p. 180/181. Grifo do autor.

[207] ASSIS, Araken de. *Manual dos recursos*. 5. ed. São Paulo: Revista dos Tribunais, 2013, p. 237.

[208] PORTO, Sérgio Gilberto; USTÁRROZ, Daniel. *Manual dos recursos cíveis*. 4. ed. Porto Alegre: Livraria do Advogado, 2013, p. 78. Para Eduardo Couture, o efeito suspensivo da apelação "vem a ser a supressão provisória dos efeitos da sentença, uma vez interposto o recurso de apelação". COUTURE, Eduardo J. *Fundamentos do direito processual civil*. Trad. Rubens Gomes de Souza. São Paulo: Saraiva, 1946.

[209] NERY JUNIOR, Nelson. *Teoria geral dos recursos*. 7. ed. São Paulo: Revista dos Tribunais, 2014, p. 427.

[210] JORGE, Flavio Cheim. *Teoria geral dos recursos cíveis*. 5. ed. São Paulo: Revista dos Tribunais, 2011, p. 332.

O efeito suspensivo pode ser oriundo de lei – *ope legis* –, como no caso da apelação, ou *ope iudicis*, quando agregado pelo juiz, de acordo com as peculiaridades do caso concreto. A justificativa para a previsão da possibilidade de atribuição *ope iudicis* do efeito suspensivo se dá pelo fato de que "o magistrado do caso concreto, melhor do que o legislador, que se ocupa de regrar hipóteses *abstratas*, tem melhores condições de avaliar os riscos processuais específicos" e, consequentemente, impedir a produção dos efeitos da decisão.[211]

No caso dos recursos que possuem efeito suspensivo *ope legis*, tal como a apelação, o provimento já nasce ineficaz. A condição suspensiva se opera mesmo antes da interposição do recurso. Isso porque a suspensividade respeita mais propriamente à recorribilidade, uma vez que o efeito suspensivo, na prática, tem início com a publicação da sentença e perdura, no mínimo, até que se escoe o prazo para a parte ou interessado recorrer.[212] Conforme lição de Nelson Nery Junior,

> o que ocorre durante o prazo que vai da publicação da decisão até o escoamento do termo para a interposição do recurso é a suspensão dos efeitos da sentença, não por incidência do efeito suspensivo do recurso, mas porque a eficácia imediata da decisão fica sob a *condição suspensiva* de não haver interposição de recurso que deva ser recebido no efeito suspensivo. Do contrário, a entender-se o início do efeito suspensivo apenas depois de efetivamente interposto o recurso, a decisão poderia produzir efeitos nesse prazo e tornar não efetivo o efeito suspensivo do recurso que vier a ser interposto. Essa *condição suspensiva*, portanto, se opera mesmo antes da interposição do recurso.[213]

Na mesma linha, ensina José Carlos Barbosa Moreira:

> A expressão "efeito suspensivo" é, de certo modo, equívoca, porque se presta a fazer supor que só com a interposição do recurso passem a ficar tolhidos os efeitos da decisão, como se até esse momento estivessem eles a manifestar-se normalmente. Na realidade, o contrário é que se verifica: mesmo antes de interposto o recurso, a decisão, pelo simples fato de estar-lhe sujeita, é ato ainda ineficaz, e a interposição apenas prolonga semelhante ineficácia, que cessaria se não se interpusesse o recurso.[214]

Ao contrário, para os recursos não dotados de efeito suspensivo, o provimento nasce eficaz, e a decisão, tão logo seja publicada, passa a produzir efeitos, ensejando inclusive sua execução provisória (arts. 475-O e 587 do CPC).[215]

---

[211] BUENO, Cassio Scarpinella. *Curso sistematizado de direito processual civil*. v. 5. 5. ed. São Paulo: Saraiva, 2014, p. 150. Grifo do autor.
[212] NERY JUNIOR, Nelson. *Teoria geral dos recursos*. 7. ed. São Paulo: Revista dos Tribunais, 2014, p. 427/428. No mesmo sentido, Araken de Assis ensina que "se o recurso ostenta efeito suspensivo *ex lege*, o provimento nasce – episódio marcado por sua publicação – desprovido de efeitos". ASSIS, Araken de. *Manual dos recursos*. 5. ed. São Paulo: Revista dos Tribunais, 2013, p. 269.
[213] NERY JUNIOR, loc. cit., p. 428. Grifo do autor.
[214] BARBOSA MOREIRA, José Carlos. *Comentários ao Código de Processo Civil*. 16. ed. v. 5. Rio de Janeiro: Forense, 2011, p. 258.
[215] NERY JUNIOR, loc. cit., p. 428.

No entanto, o efeito suspensivo pode ser atribuído *ope iudicis*, no ato da interposição ou posteriormente, ocasião em que cessam os efeitos do provimento, sendo que o efeito pode ser retirado por decisão ulterior.[216]

No caso da apelação, o art. 520 do CPC é expresso ao determinar que tal recurso é dotado de efeito suspensivo, ressalvadas as hipóteses específicas previstas de forma taxativa nos incisos do mesmo artigo e em dispositivos esparsos e de leis extravagantes.[217] Portanto, a sentença, via de regra, não produz efeitos enquanto pendente prazo para a interposição da apelação e após o seu oferecimento, não sendo possível promover a execução provisória da sentença.

Os casos excepcionais nos quais o recurso de apelação será recebido apenas no efeito devolutivo estão expressos nos incisos do art. 520 do CPC, sendo eles: (I) sentença que homologar a divisão ou a demarcação; (II) sentença que condenar à prestação de alimentos; (IV) sentença que decidir o processo cautelar; (V) sentença que rejeitar liminarmente embargos à execução ou julgá-los improcedentes; (VI) sentença que julgar procedente o pedido de instituição de arbitragem; e (VII) sentença que confirmar a antecipação dos efeitos da tutela. O inciso III foi revogado pela Lei nº 11.232/2005, uma vez que a decisão que julga a liquidação de sentença passou a ser recorrível por agravo de instrumento.

Cabe destacar que o legislador brasileiro não tomou como base o tipo de processo, o tipo de procedimento, nem a idoneidade do meio de prova em que a ação se funda para definir as hipóteses em que o efeito suspensivo seria suprimido. "A distinção entre as sentenças cujos recursos produzem ou não o efeito suspensivo se dá em função do objeto do processo. Dessa forma, pretendeu o legislador atribuir a determinadas situações práticas maior necessidade de produção imediata dos efeitos da sentença".[218]

A primeira hipótese em que o art. 520 retira expressamente o efeito suspensivo da apelação é o da sentença que homologar a divisão ou a demarcação. As chamadas "ação de divisão" e "ação de demarcação de terras particulares" são procedimentos especiais regulados pelos arts. 946 a 981 do CPC que visam a obrigar os condôminos a partilhar a coisa comum e a definir os limites de propriedade entre dois confinantes. São procedimentos que, na etapa cognitiva,

---

[216] ASSIS, Araken de. *Manual dos recursos*. 5. ed. São Paulo: Revista dos Tribunais, 2013, p. 269.

[217] Conforme ensinamento de Araken de Assis, "há efeitos que se produzem independentemente da suspensão decorrente da pendência do recurso. Às vezes, a lei agrega à resolução judicial impugnada efeitos ineslutáveis, que, por força dessa qualidade, jamais ficam inibidos pelo recurso. A designação apropriada para tal fenômeno é a de efeitos anexos. Também se usa a terminologia alternativa de efeitos 'secundários'. Exemplo clássico de efeito anexo, de atributo da sentença de mérito que acolhe o pedido e subsiste à interposição de apelação dotada de efeito suspensivo, reponta na hipoteca judiciária. O instituto recebe escassa aplicação na prática. É claro, porém, o art. 466, parágrafo único, III, ao atribuir semelhante eficácia ao provimento 'ainda quando o credor possa promover a execução provisória'. No contexto legislativo, o 'ainda quando' vale por 'embora', ou 'posto que': a sentença produz a hipoteca a despeito do recurso e, *a fortiori*, da possibilidade de executar o provimento". ASSIS, Araken de. *Manual dos recursos*. 5. ed. São Paulo: Revista dos Tribunais, 2013, p. 267.

[218] APRIGLIANO, Ricardo de Carvalho. *A apelação e seus efeitos*. São Paulo: Atlas, 2003, p. 201.

aceitam dois momentos diversos e subsequentes, complementares, antecedentes à etapa executiva. No primeiro, decide-se acerca da existência do direito de dividir ou de demarcar, e o segundo destina-se à homologação desta divisão ou demarcação. Ambos momentos são julgados por sentença, mas a subtração do efeito suspensivo se dá somente em relação ao apelo dirigido à segunda sentença homologatória.[219]

O segundo caso previsto é o da sentença que condena à prestação de alimentos. A ação de alimentos observa o procedimento especial regulado pela Lei nº 5.478/1968 e, nos casos em que o pedido for julgado procedente, a apelação não terá efeito suspensivo, admitindo-se como consequência a execução provisória. Questiona-se se a sentença que majora ou reduz a pensão alimentícia, ou que exonera o alimentante deste dever também fica sujeita ao inciso II do art. 520. O assunto não é pacífico, mas parcela importante da doutrina e da jurisprudência tem entendido que, nesses casos, a apelação será recebida apenas no efeito devolutivo.[220] Cabe destacar que tal dispositivo tem aplicação para quaisquer verbas alimentares, incluindo-se as que são devidas pelo reconhecimento da prática de ato ilícito (art. 948, II, do Código Civil), e não apenas

---

[219] BUENO, Cassio Scarpinella. *Curso sistematizado de direito processual civil*. v. 5. 5. ed. São Paulo: Saraiva, 2014, p. 142.

[220] BUENO, Cassio Scarpinella. *Curso sistematizado de direito processual civil*. v. 5. 5. ed. São Paulo: Saraiva, 2014, p. 142. Nesse sentido já decidiu o STJ, em acórdãos assim ementados: RECURSO ESPECIAL – AÇÃO DE EXONERAÇÃO DE ALIMENTOS – SENTENÇA – APELAÇÃO – CABIMENTO – EFEITO DEVOLUTIVO – REDAÇÃO EXPRESSA DO ART. 14, DA LEI 5478/73 – ESCÓLIO JURISPRUDENCIAL – RECURSO ESPECIAL PROVIDO. I – A apelação interposta contra sentença que julgar pedido de alimentos ou pedido de exoneração do encargo deve ser recebida apenas no efeito devolutivo. II – Recurso especial provido. (REsp 1280171/SP, Rel. Ministro MASSAMI UYEDA, TERCEIRA TURMA, julgado em 02/08/2012, DJe 15/08/2012); AGRAVO REGIMENTAL – RECURSO ESPECIAL – ALIMENTOS – EXONERAÇÃO – APELAÇÃO – EFEITO DEVOLUTIVO – DECISÃO AGRAVADA MANTIDA – IMPROVIMENTO. I – A jurisprudência desta Corte é pacífica no sentido de que a apelação deve ser recebida apenas no efeito devolutivo, quer tenha sido interposta contra sentença que determinou a majoração, redução ou exoneração de obrigação alimentícia. Precedentes. II – O Agravo não trouxe nenhum argumento novo capaz de modificar a conclusão alvitrada, a qual se mantém por seus próprios fundamentos. Agravo Regimental improvido. (AgRg no REsp 1138898/PR, Rel. Ministro SIDNEI BENETI, TERCEIRA TURMA, julgado em 17/11/2009, DJe 25/11/2009). Em sentido contrário, Fredie Didier Jr. e Leonardo Carneiro da Cunha sustentam que o inciso II do art. 520 não se aplica para o caso da sentença que majora ou diminui o valor da pensão. DIDIER JR., Fredie; CUNHA, Leonardo Carneiro da. *Curso de Direito Processual Civil*: meios de impugnação às decisões judiciais e processo nos tribunais. v. 3. 12. ed. Salvador: JusPODIVM, 2014, p. 117. Da mesma forma, José Carlos Barbosa Moreira sustenta não se aplicar o inciso II do art. 520 para a sentença que majorar ou reduzir a pensão, bem como à que exonera o alimentante, pois tal sentença não é condenatória, mas constitutiva. BARBOSA MOREIRA, José Carlos. *Comentários ao Código de Processo Civil*. 16. ed. v. 5. Rio de Janeiro: Forense, 2011, p. 469. Ricardo de Carvalho Aprigliano entende que também produz apenas o efeito devolutivo a sentença que majorar ou de alguma forma onerar o alimentante, pois é inequívoco que a norma tem objetivo tutelar o alimentando. Por outro lado, a sentença que reduzir os alimentos ou exonerar o alimentante de seu dever enseja apelação que deve ser recebida no duplo efeito. APRIGLIANO, Ricardo de Carvalho. *A apelação e seus efeitos*. São Paulo: Atlas, 2003, p. 204. Sérgio Gilberto Porto e Daniel Ustárroz, ao tratarem do assunto, afirmam que "a simples aplicação mecânica e analógica do inciso III do art. 520 para as ações de exoneração de alimentos não se mostra saudável ao sistema, pela inadequada simplificação de uma complexa realidade. Recomendável, portanto, a avaliação judicial das chances de êxito recursal, como medida de preservação do interesse das partes". Para eles, portanto, deveria competir ao magistrado eleger os efeitos em que recebe o recurso. PORTO, Sérgio Gilberto; USTÁRROZ, Daniel. *Manual dos recursos cíveis*. 4. ed. Porto Alegre: Livraria do Advogado, 2013, p. 138/139.

para aquelas decorrentes do direito de família. Isso porque, em quaisquer das situações, "faz-se presente a mesma finalidade nas regras de direito material a serem filtradas de igual forma pela regra processual: o credor da verba alimentar, independentemente do específico motivo de sua fixação, tem *necessidade* de seu recebimento imediato", o que justifica a subtração do efeito suspensivo da apelação.[221]

Também a sentença que julgar ação cautelar, antecedente ou incidente, quer acolhendo, quer rejeitando, será atacada por apelação não munida de efeito suspensivo. A disposição tem relação com a finalidade do processo cautelar de prevenção da tutela jurisdicional, aliado às situações de urgência. "A urgência das situações tuteladas pelo processo cautelar justifica não só a possibilidade de concessão de medidas liminares, mas também a necessidade de a sentença produzir efeitos desde logo".[222]

Não tem efeito suspensivo a apelação interposta contra a sentença que rejeitar liminarmente embargos à execução ou julgá-los improcedentes. Tal dispositivo restringe-se à hipótese de embargos à execução fundada em título extrajudicial, estando em total harmonia com o regramento desse tipo de execução, na qual os embargos à execução, via de regra, não têm o condão de suspender a execução (art. 739-A do CPC). Não poderia ser diferente no caso de rejeição liminar ou improcedência dos embargos. O dispositivo também tem aplicação para os embargos à adjudicação, à alienação e à arrematação, uma vez que para esses meios de oposição se aplicam as disposições dos embargos à execução (art. 746 do CPC).[223] Nesse sentido dispõe a Súmula 331 do STJ: "A apelação interposta contra sentença que julga embargos à arrematação tem efeito meramente devolutivo".

O inciso VI do art. 520 retira o efeito suspensivo da apelação interposta da sentença que julgar procedente o pedido de instituição de arbitragem. Esta regra foi introduzida pela Lei nº 9.307/1996, que disciplina o processo arbitral. O dispositivo refere-se ao julgamento do processo jurisdicional de que trata o art. 7º da referida legislação, que tem cabimento quando qualquer das partes signatárias da cláusula compromissória recusar-se a instituir a arbitragem. A tutela jurisdicional, nesse caso, é para que o contratante se sujeite à arbitragem. Julgado procedente o pedido, a sentença judicial fará as vezes do compromisso não firmado, e o recurso de apelação não terá efeito suspensivo, de forma que os efeitos daquela decisão – a instituição forçada de arbitragem – serão produ-

---

[221] BUENO, Cassio Scarpinella. *Curso sistematizado de direito processual civil.* v. 5. 5. ed. São Paulo: Saraiva, 2014, p. 143. Grifo do autor. Em sentido contrário APRIGLIANO, Ricardo de Carvalho. *A apelação e seus efeitos.* São Paulo: Atlas, 2003, p. 205.
[222] APRIGLIANO, Ricardo de Carvalho. *A apelação e seus efeitos.* São Paulo: Atlas, 2003, p. 206.
[223] ASSIS, Araken de. *Manual dos recursos.* 5. ed. São Paulo: Revista dos Tribunais, 2013, p. 449. Em sentido contrário, APRIGLIANO, loc. cit., p. 208.

zidos desde logo, devendo os árbitros iniciar seu trabalho independentemente do trânsito em julgado.[224]

Por último, terá efeito meramente devolutivo a apelação interposta contra sentença que confirmar a antecipação dos efeitos da tutela. O dispositivo, acrescentado pela Lei nº 10.352/2001, buscou compatibilizar flagrante incongruência contida no CPC desde a introdução do instituto da tutela antecipada: "a decisão que antecipava a tutela para os fins do art. 273 tinha mais força no plano material, exterior ao processo, que a sentença que a confirmava, embora ela, a decisão antecipatória da tutela, fosse proferida com base em cognição jurisdicional menos profunda que a da sentença".[225] Considerando que a sentença, porque sujeita a recurso munido de efeito suspensivo, tendia a ser ineficaz, sustando, por isto mesmo, os efeitos até então produzidos com base naquela decisão anterior, foi introduzido no ordenamento o inciso VII.

Ainda que a sentença não tenha expressamente feito referência à confirmação da antecipação de tutela, tendo julgado o pedido procedente, está *ipso facto* mantida a tutela antecipada, de forma que a apelação, nesse ponto, não será dotada de efeito suspensivo. A intenção desse dispositivo é de que "a tutela antecipada *continue a produzir efeitos*".[226] Quanto às demais partes da sentença, as regras do recebimento da apelação são as estipuladas no sistema.

Outrossim, entende-se que a apelação também não terá efeito suspensivo quando a tutela antecipada for concedida na própria sentença.[227] Contudo, no caso de concessão da tutela antecipada e, ao final, a sentença julgar o pedido improcedente, ou o processo extinto, está automaticamente revogada a medida antecipatória, aplicando-se, no particular, a mesma sistemática da Súmula 405 do STF.[228] Assim que o magistrado julgar a ação improcedente, a liminar, anteriormente concedida, considera-se revogada, porquanto não mais subsistem os requisitos para a sua concessão, ainda que não haja referência expressa à revogação.[229] O efeito suspensivo da apelação, nesses casos, não tem o condão

---

[224] BUENO, Cassio Scarpinella. *Curso sistematizado de direito processual civil*. v. 5. 5. ed. São Paulo: Saraiva, 2014, p. 146.

[225] Ibidem.

[226] NERY JUNIOR, Nelson. *Teoria geral dos recursos*. 7. ed. São Paulo: Revista dos Tribunais, 2014, p. 455/456. Grifos do autor.

[227] Idem, p. 456. No mesmo sentido: BUENO, Cassio Scarpinella. *Curso sistematizado de direito processual civil*. v. 5. 5. ed. São Paulo: Saraiva, 2014, p. 147; PORTO, Sérgio Gilberto; USTÁRROZ, Daniel. *Manual dos recursos cíveis*. 4. ed. Porto Alegre: Livraria do Advogado, 2013, p. 140; DIDIER JR., Fredie; CUNHA, Leonardo Carneiro da. *Curso de Direito Processual Civil*: meios de impugnação às decisões judiciais e processo nos tribunais. v. 3. 12. ed. Salvador: JusPodivm, 2014, p. 119; ASSIS, Araken de. *Manual dos recursos*. 5. ed. São Paulo: Revista dos Tribunais, 2013, p. 450.

[228] Súmula 405 STF. Denegado o mandado de segurança pela sentença, ou no julgamento do agravo, dela interposto, fica sem efeito a liminar concedida, retroagindo os efeitos da decisão contrária.

[229] OLIVEIRA, Gleydson Kleber Lopes de. *Apelação no direito processual civil*. São Paulo: Revista dos Tribunais, 2009, p. 228.

de restaurar a tutela antecipada anteriormente concedida.[230] E a sentença tem o condão de sustar os efeitos da decisão liminar, haja vista que a cognição exauriente da sentença deve prevalecer, em qualquer caso, sobre a cognição sumária da decisão antecipatória.

A apelação também não terá efeito suspensivo quando interposta contra sentença que decreta a interdição (art. 1184 do CPC) e em outros casos previstos em legislação extravagante, tais como os recursos interpostos nas ações de despejo (qualquer que seja o fundamento), consignação em pagamento de aluguel e encargos da locação, revisional de aluguel e renovatória de locação, ressalvados os casos de locação regulados pelo Código Civil e por leis especiais (art. 58, V, da Lei nº 8.245/91); a apelação interposta contra a sentença que concede o benefício da assistência judiciária gratuita no procedimento próprio (art. 17 da Lei nº 1.060/50); sentença que concede o mandado de segurança, salvo nos casos em que for vedada a concessão da medida liminar (art. 14, § 3º, da Lei nº 12.016/2009), entre outros.

Nos casos excepcionais em que a apelação não possui efeito suspensivo, o efeito poderá ser concedido pelo magistrado, a requerimento do recorrente, nos casos que possam resultar lesão grave e de difícil reparação, sendo relevante a fundamentação,[231] conforme disciplina o parágrafo único do art. 558 do CPC, que estende a regra do agravo de instrumento às hipóteses do art. 520. Trata-se de hipótese de concessão *ope iudicis* do efeito suspensivo da apelação, em contraposição aos casos em que o efeito suspensivo é concedido *ope legis*.

O disposto no parágrafo único do art. 558 do CPC aplica-se não somente aos casos do art. 520 do CPC, mas também a todos os outros em que a apelação seja desprovida de efeito suspensivo.[232] Havendo omissão na decisão do juiz no tocante aos efeitos em que a apelação é recebida, subentende-se que o apelo foi recebido no duplo efeito.[233] Mas, se realizado o pedido de concessão

---

[230] DIDIER JR., Fredie; CUNHA, Leonardo Carneiro da. *Curso de Direito Processual Civil:* meios de impugnação às decisões judiciais e processo nos tribunais. v. 3. 12. ed. Salvador: JusPodivm, 2014, p. 119. No mesmo sentido APRIGLIANO, Ricardo de Carvalho. *A apelação e seus efeitos.* São Paulo: Atlas, 2003, p. 255. Em sentido contrário, Cassio Scarpinella Bueno entende que, no caso da sentença ser proferida em sentido oposto ao da decisão anterior antecipatória da tutela, o efeito suspensivo da apelação, que incide por força do *caput* do art. 520, tem o condão de impedir a efetiva revogação da tutela antecipada pela sentença. BUENO, Cassio Scarpinella. *Curso sistematizado de direito processual civil.* v. 5. 5. ed. São Paulo: Saraiva, 2014, p. 148.

[231] As hipóteses de prisão civil, adjudicação, remição de bens e levantamento de dinheiro sem caução idônea, relacionadas no *caput* do art. 558, são matérias que normalmente se decidem por decisão interlocutória, impugnáveis mediante agravo, razão pela qual não se aplicam para a atribuição de efeito suspensivo ao recurso de apelação. BARBOSA MOREIRA, José Carlos. *Comentários ao Código de Processo Civil.* 16. ed. v. 5. Rio de Janeiro: Forense, 2011, p. 693.

[232] DIDIER JR.; CUNHA, loc. cit., p. 121. ASSIS, Araken de. *Manual dos recursos.* 5. ed. São Paulo: Revista dos Tribunais, 2013, p. 463.

[233] ASSIS, loc. cit., p. 445. Em sentido contrário, Ricardo Aprigliano afirma que "produz-se o efeito devolutivo de qualquer forma, mesmo sem declaração judicial, posto que é da essência do recurso. Por sua vez, o efeito suspensivo, responsável pela impossibilidade de produção imediata de efeitos pela sentença até julgamento final do recurso, não é produzido automaticamente, dependendo de expressa decisão que o atribua à apelação". APRIGLIANO, loc. cit., p. 47/48.

do efeito suspensivo, o juiz de primeiro grau receber a apelação apenas no efeito devolutivo, poderá o apelante interpor agravo de instrumento, conforme previsão do art. 522, *caput* do CPC, buscando a obtenção do efeito suspensivo no tribunal.[234]

A concessão *ope iudicis* do efeito suspensivo é pautada por dois critérios fundamentais: a probabilidade de provimento do recurso e o risco de dano irreparável decorrente do imediato cumprimento da sentença. Esses fatores devem ser considerados no juízo de conveniência exercitado pelo magistrado para atribuir ou não o efeito suspensivo.[235]

Conforme Elaine Harzheim Macedo, a expressão lesão grave e de difícil reparação possui conceituação vaga, não encontrando previsão no abstrato, de forma que configura questão de fato, e não de direito, que deverá ser aferida pelo intérprete à luz das peculiaridades do caso concreto.[236]

Então, para o órgão judiciário outorgar efeito suspensivo ao recurso, impõe-se a observância dos dois requisitos do art. 558, os quais se combinam em graus diferentes: "quanto mais forte o receio de dano, tão menos importante se revelará a possibilidade de êxito; quanto mais fundado se mostre o recurso, tão menos necessário o receio de dano".[237]

Frise-se que o efeito suspensivo excepcional da apelação, nesses casos, somente poderá ser atribuído pelo juiz mediante requerimento da parte, sendo defeso a concessão de ofício pelo magistrado.[238]

Portanto, nos casos em que a sentença se enquadrar na regra geral do *caput* do art. 520 (critério *ope legis*), o juiz receberá a apelação, no duplo efeito, por decisão proferida de ofício. No entanto, nos casos em que a apelação não detém efeito suspensivo, seja por se enquadrar nas hipóteses dos incisos do art. 520, seja por determinação constante em legislação extravagante, o juiz somente poderá receber a apelação no efeito suspensivo se a parte assim o requerer (critério *ope iudicis*), preenchidos os pressupostos da verossimilhança das alegações e do perigo.

Ao contrário da possibilidade de atribuição de efeito suspensivo *ope iudicis*, é vedado ao magistrado retirar o efeito suspensivo legalmente previsto,

---

[234] Considerando-se que a apelação é interposta perante o primeiro grau, entende-se que compete ao juiz de primeira instância a apreciação do efeito suspensivo. No caso em que o efeito não seja concedido, caberá agravo de instrumento, sendo o pedido reexaminado pelo tribunal. Em sentido contrário, entendendo que a apreciação do pedido de atribuição de efeito suspensivo à apelação compete exclusivamente ao relator, no tribunal: ASSIS, Araken de. *Manual dos recursos*. 5. ed. São Paulo: Revista dos Tribunais, 2013, p. 463; BARBOSA MOREIRA, José Carlos. *Comentários ao Código de Processo Civil*. 16. ed. v. 5. Rio de Janeiro: Forense, 2011, p. 694.

[235] PORTO, Sérgio Gilberto; USTÁRROZ, Daniel. *Manual dos recursos cíveis*. 4. ed. Porto Alegre: Livraria do Advogado, 2013, p. 80.

[236] MACEDO, Elaine Harzheim. Cláusula de lesão grave e de difícil reparação no agravo de instrumento. *Revista da Ajuris*: Associação dos Juízes do Rio Grande do Sul, Porto Alegre, n. 101, p. 103, mar./2006.

[237] ASSIS, loc. cit., p. 279.

[238] NERY JUNIOR, Nelson. *Teoria geral dos recursos*. 7. ed. São Paulo: Revista dos Tribunais, 2014, p. 436.

desimportando as circunstâncias do caso concreto. Só lhe cabe conceder o efeito suspensivo, nos casos em que a lei o retirou, sempre que existir autorização legal expressa e sob determinadas condições.[239]

No caso da apelação ser parcial (art. 505), questiona-se sobre a extensão do efeito suspensivo da apelação, se alcança apenas a parte da decisão objeto de impugnação, permitindo a execução da parte não impugnada, ou se o efeito suspensivo se estenderia à totalidade da sentença, impedindo também a eficácia do capítulo[240] não impugnado pela parte apelante.

O melhor entendimento é pela possibilidade de execução definitiva da parte da sentença já transitada em julgado, em se tratando de recurso parcial. Nessa linha, Araken de Assis afirma que "o efeito suspensivo tem a extensão do efeito devolutivo. A transferência predetermina o alcance máximo da suspensão".[241] Para tanto, Nelson Nery Junior aponta a necessidade de preenchimento de certas condições, quais sejam: (i) cindibilidade dos capítulos da sentença; (ii) autonomia entre a parte da decisão que se pretende executar e a parte objeto da apelação parcial; e (iii) existência de litisconsórcio não unitário ou diversidade de interesses entre os litisconsortes, quando se tratar de recurso interposto por apenas um deles.[242]

Portanto, o capítulo de mérito da sentença não impugnado no recurso de apelação, por transitar em julgado, enseja a execução definitiva. Assim, no que

---

[239] ASSIS, Araken de. *Manual dos recursos*. 5. ed. São Paulo: Revista dos Tribunais, 2013, p. 175. Considerando que o sistema é *ope legis*, não cabe ao órgão judiciário autorizar a execução provisória fora dos casos legais. ASSIS, Araken de. *Manual da Execução*. 13. ed. São Paulo: Revista dos Tribunais, 2010, p. 363. Em sentido contrário, Cassio Scarpinella Bueno entende que o juiz pode retirar o efeito suspensivo de recurso que o tem, na medida em que "é fundamental admitir que, no atual sistema processual civil, rente ao 'modelo constitucional do direito processual civil', o magistrado pode, consoante as características de cada caso concreto, dar executividade imediata à apelação *retirando*, por ato seu, *ope judicis*, portanto, o efeito suspensivo da apelação". BUENO, Cassio Scarpinella. *Curso sistematizado de direito processual civil*. v. 5. 5. ed. São Paulo: Saraiva, 2014, p. 151. Grifo do autor.

[240] No tocante aos capítulos da sentença, destaca-se a obra de Cândido Rangel Dinamarco específica sobre o tema. Para o referido autor, os capítulos da sentença podem ser definidos como "*unidades autônomas do decisório da sentença*. E no isolamento dos diversos segmentos do decisório que residem critérios aptos a orientar diretamente a solução dos diversos problemas já arrolados, quer no tocante aos recursos, quer em todas as demais áreas de relevância". E no tocante ao recurso integral e recurso parcial, destaca que "recurso *integral* é o que contém a impugnação de toda a decisão, em todos seus capítulos, e portanto opera a devolução de toda a matéria decidida; *parcial*, o que se refere somente a um, ou alguns dos capítulos de uma sentença, deixando sem impugnação o outro ou outros". DINAMARCO, Cândido Rangel. *Capítulos de sentença*. 2. ed. São Paulo: Malheiros, 2006, p. 35 e 98. Grifos do autor.

[241] ASSIS, loc. cit., p. 270.

[242] No tocante ao requisito da autonomia, exemplifica o autor de forma elucidativa: "se a parte recorreu objetivando a improcedência do pedido de indenização a que fora condenada pela sentença, deixando de impugnar os honorários de advogado, não se pode dizer que o capítulo relativo à verba honorária transitou em julgado e, portanto, não foi alcançado pelo efeito suspensivo, podendo ser executado provisoriamente. Isso porque a parte da sentença relativa aos honorários não é autônoma em relação à condenação no principal: improcedente esta, *ipso facto* a decisão sobre os honorários também se modificará". NERY JUNIOR, Nelson. *Teoria geral dos recursos*. 7. ed. São Paulo: Revista dos Tribunais, 2014, p. 434/435.

se refere à atribuição dos efeitos da apelação, sobretudo o suspensivo, compete ao juiz analisar, de forma autônoma, cada capítulo da sentença.[243]

Da mesma forma, no caso da sentença julgar ações conexas, ou pedidos cumulados, para os quais a lei processual estipula regimes diversos de efeitos dos recursos (suspensivo e devolutivo para uma, apenas devolutivo para outra), muito embora a decisão seja incindível para efeitos de se identificar o recurso contra ela cabível, entende-se que o recurso efetivamente interposto deva ser recebido em efeitos diferentes quanto aos capítulos que compõem a sentença. Deve o juiz receber a apelação, único recurso cabível contra a sentença, mas dar efeito suspensivo à parte da sentença que o comportar, e dar efeito meramente devolutivo ao capítulo da sentença que assim o reclamar. "A cisão do julgamento em capítulos, portanto, somente pode ser considerada para se atribuírem os efeitos suspensivo e devolutivo ao recurso interposto contra a decisão judicial".[244] É o caso, por exemplo, da sentença que julga a ação cautelar juntamente com a principal e da sentença que julga ação de alimentos com ação de separação judicial, entre outros.[245]

Nessa linha, é firme a jurisprudência do STJ no sentido de que, nos casos de cumulação de ações ou de ações conexas, julgadas por meio de sentença única, cindir-se-ão os efeitos das apelações interpostas contra cada capítulo da sentença.[246] Portanto, é possível que a apelação seja recebida apenas no efeito

---

[243] OLIVEIRA, Gleydson Kleber Lopes de. *Apelação no direito processual civil*. São Paulo: Revista dos Tribunais, 2009, p. 240/241.

[244] NERY JUNIOR, Nelson. *Teoria geral dos recursos*. 7. ed. São Paulo: Revista dos Tribunais, 2014, p. 439/440. No mesmo sentido BUENO, Cassio Scarpinella. *Curso sistematizado de direito processual civil*. v. 5. 5. ed. São Paulo: Saraiva, 2014, p. 144.

[245] Nessa linha, Cândido Rangel Dinamarco aduz que "pode haver diferenças no trato de um recurso, quando a sentença apelada contém capítulos sobre matéria sujeita a apelação dotada de efeito suspensivo e matéria sujeita a apelação de eficácia exclusivamente devolutiva. Essa distinção pode suceder até mesmo entre dois ou mais capítulos *de meritis*, como no caso de cúmulo entre pedidos de separação judicial e de condenação por alimentos: a apelação terá somente efeito devolutivo em relação ao capítulo dos alimentos (art. 520, inc. II), mas será suspensiva no tocante ao que contém o julgamento da separação (art. 520, *caput*). DINAMARCO, Cândido Rangel. *Capítulos de sentença*. 2. ed. São Paulo: Malheiros, 2006, p. 116.

[246] LOCAÇÃO. PROCESSUAL CIVIL. AÇÕES DE DESPEJO POR FALTA DE PAGAMENTO, CONSIGNATÓRIA DE ALUGUEL E ANULATÓRIA DE CLÁUSULA CONTRATUAL. CONEXÃO. DECISÃO POR ÚNICA SENTENÇA, EM SIMULTANEUS PROCESSUS. APELAÇÃO. EFEITOS. EXTENSÃO DO DUPLO EFEITO RECLAMADO POR UMA DAS AÇÕES ÀS DEMAIS. IMPOSSIBILIDADE. I – Assentada jurisprudência desta Corte no sentido de que, em casos de cumulação de ações ou de ações conexas, ainda que julgadas numa única sentença, hão que ser cindidos os efeitos das apelações interpostas contra cada capítulo da sentença. II – Assim, preceituando o art. 58, inciso V, da Lei n° 8.245/91, que as apelações nas ações locatícias não têm efeito suspensivo, não se pode afastar essa norma processual específica, para estender a regra geral do duplo efeito (da ação anulatória) aos apelos dirigidos contra os capítulos da sentença que julgou as ações de despejo e consignatória de aluguel, ainda que se trate de ações conexas. Precedentes. Recurso conhecido e provido. (REsp 439849/SP, Rel. Ministro FELIX FISCHER, QUINTA TURMA, julgado em 27/08/2002, DJ 30/09/2002, p. 285); Causas julgadas simultaneamente. Apelação. Efeitos. Se a apelação relativa a uma das causas deve ser recebida apenas no efeito devolutivo, não se há de emprestar-lhe duplo efeito, em virtude de ser esse o próprio para a outra causa, julgada na mesma sentença. (REsp 162242/SP, Rel. Ministro EDUARDO RIBEIRO, TERCEIRA TURMA, julgado em 01/06/2000, DJ 28/08/2000, p. 75)

devolutivo, em relação a um capítulo, e em ambos os efeitos, em relação a outro. É o caso, também, do inciso VII do art. 520 do CPC, uma vez que somente em relação ao capítulo da sentença em que se confirmou/concedeu a tutela antecipada é que será aplicado o referido dispositivo legal.[247]

Realizada a análise dos principais efeitos dos recursos – devolutivo e suspensivo –, principal objeto de estudo neste trabalho, cumpre destacar, por fim, que embora tais efeitos apareçam, na prática forense, comumente lado a lado, considerando as corriqueiras decisões "recebo o recurso no duplo efeito" ou "em ambos os efeitos", um não se opõe ao outro e cada um, como demonstrado, tem uma nítida função dentro do processo. A ausência de um desses efeitos não implica a existência do outro, pois o efeito devolutivo não se contrapõe ao efeito suspensivo e vice-versa.[248]

1.4.4. Efeito translativo

O efeito translativo dos recursos translada ao conhecimento do tribunal toda a matéria de ordem pública e toda aquela que a lei expressamente indica como passível de cognição de ofício, independentemente de requerimento por parte do apelante ou apelado.

Isso porque as questões de ordem pública devem ser conhecidas de ofício pelo juiz, a qualquer tempo ou grau de jurisdição, uma vez que sobre elas não se opera a preclusão. Ocorre nos casos, por exemplo, dos artigos 267, § 3º, e 301, § 4º, do CPC.

Conforme visto, pelo efeito devolutivo, inerente a todos recursos, o tribunal fica limitado a examinar a matéria efetivamente impugnada pelo recorrente. Contudo, tal diretriz sofre mitigação quando se está diante de questões de ordem pública sobre as quais a lei impõe a apreciação de ofício.

Então, da mesma forma que o efeito devolutivo, o efeito translativo também diz respeito à cognição do tribunal sobre a causa. Mas em sentido diametralmente contrário, enquanto o efeito devolutivo depende de expressa manifestação da parte, já que somente se devolve ao conhecimento do tribunal a matéria impugnada, o efeito translativo se opera ainda que sem expressa manifestação das partes. As questões de ordem pública, portanto, não se submetem ao efeito devolutivo.[249]

---

[247] DIDIER JR., Fredie; CUNHA, Leonardo Carneiro da. *Curso de Direito Processual Civil:* meios de impugnação às decisões judiciais e processo nos tribunais. v. 3. 12. ed. Salvador: JusPodivm, 2014, p. 119.

[248] BUENO, Cassio Scarpinella. *Execução provisória e antecipação da tutela:* dinâmica do efeito suspensivo da apelação e da execução provisória: conserto para a efetividade do processo. São Paulo: Saraiva, 1999, p. 36.

[249] MARINONI, Luiz Guilherme; ARENHART, Sergio Cruz. *Processo de conhecimento.* 8. ed. v. 2. São Paulo: Revista dos Tribunais, 2010, p. 528.

Assim, o poder dado pela lei ao juiz para, na instância recursal, examinar de ofício as questões de ordem pública não ventiladas pelas partes não se insere no conceito de efeito devolutivo em sentido estrito, porquanto se relaciona ao princípio inquisitório, e não à sua antítese, que é o princípio dispositivo, do qual é corolário o efeito devolutivo dos recursos.[250] Enquanto o efeito devolutivo é projeção, na fase recursal, do princípio do dispositivo, o efeito translativo é projeção do princípio inquisitório.[251]

Por força do efeito translativo da apelação, é lícito ao tribunal, por exemplo, extinguir o processo sem resolução de mérito, em julgamento de apelação contra sentença de mérito interposta exclusivamente pelo autor. Conforme lição de Nelson Nery Junior,

> há, em certa medida, reforma para pior, mas permitida pela lei, pois o exame das condições da ação é matéria de ordem pública a respeito da qual o tribunal deve pronunciar-se *ex officio*, independentemente de pedido ou requerimento da parte ou interessado (CPC 267, VI, e § 3º). Dizemos em certa medida porque, na verdade, nem se poderia falar de *reformatio in pejus*, instituto que somente se coaduna com o princípio dispositivo, que não é o caso das questões de ordem pública transferidas ao exame do tribunal destinatário por força do efeito translativo do recurso.[252]

Assim, a interposição do recurso, por qualquer das partes, adia o trânsito em julgado e permite a apreciação pelo tribunal, de ofício, das matérias de ordem pública, desde que preenchidos os seus requisitos de admissibilidade. O efeito translativo reflete a possibilidade de que, "ao apreciar determinado recurso, a Corte decida fora de seus limites iniciais, proferindo, então, decisão diversa da esperada pelo recorrente".[253]

A atuação oficiosa do tribunal, em tais circunstâncias, não obstante ser autorizada pelo efeito translativo do recurso, deve atender ao princípio constitucional do contraditório, por meio da intimação das partes acerca da questão

---

[250] NERY JUNIOR, Nelson. *Teoria geral dos recursos*. 7. ed. São Paulo: Revista dos Tribunais, 2014, p. 462. Araken de Assis, ao contrário, situa o efeito translativo dos recursos no âmbito da profundidade do efeito devolutivo, salientando que "dele não se destaca de forma autônoma", na medida em que a profundidade da devolução em larga medida permite a atuação *ex officio* do órgão judiciário. ASSIS, Araken de. *Manual dos recursos*. 5. ed. São Paulo: Revista dos Tribunais, 2013, p. 253/254. Também nesse sentido de que o efeito translativo é decorrência do efeito devolutivo: PINTO, Nelson Luiz. *Manual dos recursos cíveis*. 2. ed. São Paulo: Malheiros, 2000, p. 36; PANTOJA, Fernanda Medina. *Apelação Cível*: novas perspectivas para um antigo recurso: um estudo crítico de direito nacional e comparado. Curitiba: Juruá, 2010, p. 49.

[251] BUENO, Cassio Scarpinella. *Curso sistematizado de direito processual civil*. v. 5. 5. ed. São Paulo: Saraiva, 2014, p. 109. No mesmo sentido: OLIVEIRA, Gleydson Kleber Lopes de. Novos contornos do efeito devolutivo do recurso de apelação. In: FUX, Luiz; NERY JUNIOR, Nelson; WAMBIER, Teresa Arruda Alvim (coords.). *Processo e Constituição*: estudos em homenagem ao professor José Carlos Barbosa Moreira. São Paulo: Revista dos Tribunais, 2006, p. 1005. O princípio inquisitório é excepcional, de forma que somente ocorrerá o efeito translativo nas hipóteses determinadas em lei. MEDINA, José Miguel Garcia; WAMBIER, Teresa Arruda Alvim. *Recursos e ações autônomas de impugnação*. 2. tir. São Paulo: Revista dos Tribunais, 2008, p. 106.

[252] NERY JUNIOR, loc. cit., p. 462/463.

[253] PORTO, Sérgio Gilberto; USTÁRROZ, Daniel. *Manual dos recursos cíveis*. 4. ed. Porto Alegre: Livraria do Advogado, 2013, p. 85.

suscitada de ofício pelo órgão julgador. Conforme referido por Sérgio Gilberto Porto e Daniel Ustárroz, do contrário,

> inexistindo debate prévio sobre a matéria, a tomada de decisão surpreenderia o recorrente e violaria a dimensão metodológica do contraditório, que preza a colaboração dos interessados na formação do provimento jurisdicional. Também as partes devem ser ouvidas sobre o novo enfoque trazido pelo órgão judicial, a fim de iluminar o *thema decidendum* com informações e pontos de vista diversos. Daí a conveniência do agir cauteloso do magistrado, facultando-se a colaboração dos interessados antes de deliberar quanto à solução ao caso concreto, em prol da efetivação dos direitos e expectativas das partes.[254]

Consequência análoga à provocada pelo efeito translativo do recurso ocorre com o reexame necessário, previsto no art. 475 do CPC que exige o duplo grau obrigatório. Nesse caso também se verifica a manifestação do princípio inquisitório, não havendo que se falar em efeito devolutivo da remessa necessária. A sentença fica condicionada ao seu reexame pelo tribunal, de forma que a sentença como um todo fica submetida ao reexame, sendo lícito ao tribunal modificar a sentença completamente, reformando-a ou anulando-a, total ou parcialmente. Aqui também se mostra impertinente falar-se em *reformatio in pejus*.[255]

1.4.5. Outros efeitos

O presente trabalho tem como propósito o estudo dos principais efeitos do recurso de apelação, em especial os efeitos devolutivo e suspensivo, sendo abordado, também, o efeito translativo.

Não obstante, não se pode deixar de referir, ainda que de forma muito breve, haja vista não ser o objeto deste trabalho, a existência de outros efeitos atinentes ao recurso de apelação, quais sejam os efeitos obstativo, substitutivo, expansivo, regressivo e diferido.

O efeito obstativo, inerente a todas as modalidades recursais, é o efeito pelo qual o recurso obsta a ocorrência da preclusão e da coisa julgada. Conforme Martha Rosinha, "o efeito obstativo não se confunde com o efeito suspensivo, eis que este diz respeito à eficácia da decisão, enquanto o efeito obstativo com a formação da coisa julgada". Assim, "ainda em caso de recurso não dotado

---

[254] PORTO, Sérgio Gilberto; USTÁRROZ, Daniel. *Manual dos recursos cíveis*. 4. ed. Porto Alegre: Livraria do Advogado, 2013, p. 87. No mesmo sentido, Cassio Scarpinella Bueno ressalta que "a aplicação do 'efeito translativo' não afasta, contudo, que o órgão *ad quem*, constatando a possibilidade de sua atuação oficiosa, determine a oitiva das partes e de eventuais terceiros para que se manifestem *previamente* sobre a questão a ser enfrentada. Trata-se de providência inafastável à luz do 'modelo constitucional do processo civil'". BUENO, Cassio Scarpinella. *Curso sistematizado de direito processual civil*. v. 5. 5. ed. São Paulo: Saraiva, 2014, p. 110. Grifo do autor.

[255] NERY JUNIOR, Nelson. *Teoria geral dos recursos*. 7. ed. São Paulo: Revista dos Tribunais, 2014, p. 464.

de efeito suspensivo, haverá efeito obstativo impedindo a formação da coisa julgada".[256]

O efeito substitutivo, também presente em todos os recursos,[257] é regulado no art. 512 do CPC[258] e diz respeito à substituição da sentença ou da decisão recorrida pelo julgamento proferido no tribunal, no que tiver sido objeto de recurso. A decisão do juízo *ad quem* substitui a decisão recorrida. Assim, ainda que a decisão do tribunal confirme a decisão do juízo *a quo*, sem alterar a sua essência, uma vez julgado o recurso, não mais existirá a decisão recorrida, mas apenas a do órgão *ad quem*. Cabe destacar que não se produz o efeito substitutivo quando o recurso não for conhecido e quando o julgamento do recurso implicar na cassação da decisão, para que outra seja proferida.

O efeito expansivo tem relação com a projeção da decisão proferida no julgamento do recurso "frente pessoas alheias ao procedimento recursal ou atos processuais não diretamente impugnados".[259] Assim, o efeito expansivo autoriza que o provimento judicial atinja outros atos processuais (eventualmente até de outro processo), e não apenas a decisão impugnada no recurso (efeito expansivo objetivo), ou mesmo pessoas alheias ao recurso e eventualmente à causa (efeito expansivo subjetivo).[260] Como exemplo, a apelação possui efeito expansivo subjetivo na hipótese do art. 509 do CPC, pela qual "o recurso interposto por um dos litisconsortes a todos aproveita, salvo se distintos ou opostos os seus interesses" e seu parágrafo único no sentido de que "havendo solidariedade passiva, o recurso interposto por um devedor aproveitará aos outros, quando as defesas opostas ao credor lhes forem comuns".

Portanto, ocorre o efeito expansivo quando o julgamento do recurso ensejar decisão mais abrangente do que o mérito do recurso.[261]

O efeito regressivo diz respeito ao juízo de retratação, ou seja, ocorre quando se possibilita o reexame pelo próprio julgador que emitiu o provimento recorrido.[262] No que toca ao recurso de apelação, o juízo prolator da sentença pode dela se retratar em duas oportunidades: no caso de indeferimento da petição inicial (art. 296 do CPC)[263] e na hipótese de sentença liminar de total

---

[256] ROSINHA, Martha. *Os efeitos dos recursos*: atualizado com o Projeto do Novo Código de Processo Civil. Porto Alegre: Livraria do Advogado, 2012, p. 60.
[257] NERY JUNIOR, Nelson. *Teoria geral dos recursos*. 7. ed. São Paulo: Revista dos Tribunais, 2014, p. 467.
[258] Art. 512. O julgamento proferido pelo tribunal substituirá a sentença ou a decisão recorrida no que tiver sido objeto de recurso.
[259] PORTO, Sérgio Gilberto; USTÁRROZ, Daniel. *Manual dos recursos cíveis*. 4. ed. Porto Alegre: Livraria do Advogado, 2013, p. 83.
[260] Idem, p. 83/84.
[261] NERY JUNIOR, loc. cit., p. 456.
[262] ROSINHA, loc. cit., p. 105.
[263] Art. 296. Indeferida a petição inicial, o autor poderá apelar, facultado ao juiz, no prazo de 48 (quarenta e oito) horas, reformar sua decisão. Parágrafo único. Não sendo reformada a decisão, os autos serão imediatamente encaminhados ao tribunal competente.

improcedência (art. 285-A do CPC).²⁶⁴ Em ambos os casos, o recurso de apelação do autor possui efeito regressivo, vez que autoriza o juízo prolator da sentença a proceder ao juízo de retratação.²⁶⁵

Por fim, o efeito diferido se dá quando, "para a apreciação de um recurso, for necessário o recebimento de outro".²⁶⁶ Isso ocorre, por exemplo, com o recurso adesivo previsto no art. 500 do CPC,²⁶⁷ tendo em vista que o recurso adesivo é subordinado ao recurso principal, de forma que só será conhecido diante de juízo positivo de admissibilidade do recurso principal. Portanto, o juízo de admissibilidade definitivo do recurso adesivo "fica *diferido*, isto é, *postergado* para momento procedimental futuro, quando declarado admissível o outro recurso, o chamado 'principal'".²⁶⁸

---

²⁶⁴ Art. 285-A. Quando a matéria controvertida for unicamente de direito e no juízo já houver sido proferida sentença de total improcedência em outros casos idênticos, poderá ser dispensada a citação e proferida sentença, reproduzindo-se o teor da anteriormente prolatada. § 1º Se o autor apelar, é facultado ao juiz decidir, no prazo de 5 (cinco) dias, não manter a sentença e determinar o prosseguimento da ação. § 2º Caso seja mantida a sentença, será ordenada a citação do réu para responder ao recurso.

²⁶⁵ OLIVEIRA, Gleydson Kleber Lopes de. *Apelação no direito processual civil*. São Paulo: Revista dos Tribunais, 2009, p. 255/256.

²⁶⁶ ROSINHA, Martha. *Os efeitos dos recursos*: atualizado com o Projeto do Novo Código de Processo Civil. Porto Alegre: Livraria do Advogado, 2012, p. 106.

²⁶⁷ Art. 500. Cada parte interporá o recurso, independentemente, no prazo e observadas as exigências legais. Sendo, porém, vencidos autor e réu, ao recurso interposto por qualquer deles poderá aderir a outra parte. O recurso adesivo fica subordinado ao recurso principal e se rege pelas disposições seguintes: I – será interposto perante a autoridade competente para admitir o recurso principal, no prazo de que a parte dispõe para responder; II – será admissível na apelação, nos embargos infringentes, no recurso extraordinário e no recurso especial; III – não será conhecido, se houver desistência do recurso principal, ou se for ele declarado inadmissível ou deserto. Parágrafo único. Ao recurso adesivo se aplicam as mesmas regras do recurso independente, quanto às condições de admissibilidade, preparo e julgamento no tribunal superior.

²⁶⁸ BUENO, Cassio Scarpinella. *Curso sistematizado de direito processual civil*. v. 5. 5. ed. São Paulo: Saraiva, 2014, p. 106. Grifos do autor.

2. Propostas de modificações legislativas: o novo Código de Processo Civil

Realizada a análise da origem, cabimento e efeitos da apelação cível no Código de Processo Civil de 1973, cumpre, neste momento, debruçar-se sobre as propostas de modificações legislativas existentes hodiernamente no que pertine ao tema objeto de estudo neste trabalho.

Passados mais de trinta anos de vigência do Código de Processo Civil de 1973, em uma época em que as preocupações dos estudiosos do Direito estão voltadas, sobretudo, à efetividade na prestação da tutela jurisdicional,[269] a fim de que se obtenha um processo adequado e tempestivo, no ano de 2010 iniciou-se a tramitação, no Congresso Nacional, do Projeto de Lei nº 8.046/2010, com proposição originária no Senado pelo Projeto de Lei nº 166/2010, visando à promulgação de um novo Código de Processo Civil.

A tramitação do projeto do NCPC foi encerrada em dezembro de 2014, mediante aprovação pelo Senado Federal, conforme será verificado no item 2.2.2 *infra*, tendo sido o projeto sancionado pela Presidência da República no dia 16 de março de 2015 e convertido na Lei nº 13.105/2015.

Neste cenário, considerando que o Novo CPC traz alterações no sistema recursal, prometendo dar maior efetividade à prestação jurisdicional, as mudanças realizadas no tocante ao recurso de apelação, especialmente no que se refere às suas hipóteses de cabimento e efeitos, ou mesmo à ausência de alterações, serão agora analisadas.

Contudo, não se pode olvidar que, muito antes do início da tramitação do projeto do NCPC, tramitavam, no Congresso Nacional, outras propostas legislativas referentes ao recurso de apelação, as quais serão objeto de exame a seguir.

---

[269] José Carlos Barbosa Moreira, procurando oferecer um conceito de efetividade, afirma que "efetivo é sinônimo de eficiente". Acrescenta que a efetividade consiste "na aptidão para desempenhar, do melhor modo possível, a função própria do processo. Ou, noutras palavras, talvez equivalentes, para atingir da maneira mais perfeita o seu fim específico". BARBOSA MOREIRA, José Carlos. A efetividade do processo de conhecimento. *Revista de Processo*, São Paulo, n. 74, p. 128, 1994.

2.1. PROJETOS DE LEI PARA ALTERAÇÃO DO ART. 520 DO CPC DE 1973

O tema referente ao efeito suspensivo do recurso de apelação, regra geral esculpida no art. 520 do CPC de 1973, há muito tem sido objeto de debate no Congresso Nacional. Discute-se a conveniência ou não de conferir à apelação apenas o efeito devolutivo, tornando-se regra a possibilidade de execução provisória da sentença.

Athos Gusmão Carneiro e Sálvio de Figueiredo Teixeira elaboraram anteprojeto de lei, que culminou na promulgação da Lei nº 10.352/2001, que previa originalmente a mudança da regra geral do efeito suspensivo da apelação, passando a sentença a produzir imediatamente seus efeitos. O efeito suspensivo poderia ser atribuído pelo juiz de acordo com as peculiaridades do caso concreto. Naquela ocasião foi proposta a seguinte redação para o art. 520 do CPC:

> Art. 520. A apelação terá somente efeito devolutivo, ressalvadas as causas relativas ao estado e à capacidade das pessoas e as sujeitas ao duplo grau de jurisdição (art. 476).
>
> Parágrafo único. Havendo perigo de lesão grave e de difícil reparação e sendo relevante a fundamentação, poderá o juiz, a requerimento do apelante, atribuir à apelação, total ou parcialmente, também o efeito suspensivo.

Não obstante, a redação original do anteprojeto não subsistiu e, no que se refere aos efeitos da apelação, a Lei nº 10.352/2001 tão somente acrescentou o inciso VII ao art. 520 do CPC de 1973, a fim de conferir executividade imediata às sentenças que confirmam a antecipação dos efeitos da tutela.

Conforme referido por Ricardo de Carvalho Aprigliano, os autores do anteprojeto justificaram a opção pela manutenção da regra geral do efeito suspensivo da apelação da seguinte forma:

> Respeitáveis objeções conduziram à manutenção, como regra geral, da sistemática do duplo efeito, de longa tradição, pelo menos no estágio atual das reformas do Código e enquanto não se dispõe de estatísticas precisas a respeito do número percentual de apelações que são total ou parcialmente providas.[270]

Contudo, o tema referente ao efeito suspensivo da apelação permaneceu vivo nas discussões travadas na doutrina e no Congresso Nacional. No ano de 2004, foi apresentado, pela Câmara dos Deputados, o Projeto de Lei nº 3.605 (doravante simplesmente "PL 3.605/04"), com a intenção de modificar o teor do art. 520 do CPC de 1973 e conferir-se efeito meramente devolutivo à apelação, ressalvadas as hipóteses que menciona.[271]

---

[270] APRIGLIANO, Ricardo de Carvalho. Os efeitos da apelação e a reforma processual. In: COSTA, Hélio Rubens Batista Ribeiro; RIBEIRO, José Horácio Halfeld Rezende; DINAMARCO, Pedro da Silva (coords.). *A nova etapa da reforma do Código de Processo Civil*. São Paulo: Saraiva, 2002, p. 265.
[271] Projeto de Lei nº 3.605/2004. Disponível em: <http://www.camara.gov.br/proposicoesWeb/prop_mo strarintegra?codteor=220162&filename=PL+3605/2004>. Acesso em: 16 out. 2014.

Pelo PL 3.605/04, o art. 520 passaria a ter a seguinte redação: "A apelação terá somente efeito devolutivo, podendo o Juiz dar-lhe efeito suspensivo para evitar dano irreparável à parte".

A justificação encartada ao PL 3.605/04 deu ênfase à preocupação dos processualistas de dotar o Poder Judiciário de mecanismos que confiram mais efetividade às decisões judiciais. E, para sustentar a necessidade de inversão da regra dos efeitos da apelação, trouxe à baila o fato de ser mais fácil alcançar a efetividade de uma decisão interlocutória, que antecipa os efeitos da tutela, do que de uma sentença que concede a mesma tutela, aliado ao grande número de recursos protelatórios, os quais diminuiriam em função da possibilidade de execução imediata da sentença.

Assim constou na justificativa do PL 3.605/04, de lavra do Deputado Colbert Martins:

> De fato, as recentes reformas contribuíram muito para a efetividade das decisões judiciais. Todavia, verifica-se no sistema atual uma incoerência que deve ser corrigida. É mais fácil alcançar a efetividade de uma decisão interlocutória que antecipa os efeitos da tutela do que a de uma sentença que concede essa mesma tutela, agora em sede de cognição plena e exauriente. Isso porque aquela é atacada via recurso de agravo, que de regra não tem efeito suspensivo, ao passo que a última desafia apelação, onde a regra é inversa, ou seja, o recurso é recebido em ambos os efeitos.
> A Lei nº 10.352, de 26 de dezembro de 2001, inseriu o inciso VII no art. 520 do Código de Processo Civil – CPC, determinando que a apelação será recebida só no efeito devolutivo quando interposta de sentença que "confirmar a antecipação dos efeitos da tutela". Mas e se a antecipação não foi concedida no curso da demanda? Para amenizar o problema, doutrina e jurisprudência vêm admitindo a antecipação dos efeitos da tutela na sentença, afastando-se, no momento do recebimento da apelação, o efeito suspensivo com relação a essa parte do *decisum*. Mas, ainda assim, o problema não foi solucionado. Isso porque a antecipação, ainda que concedida na sentença, onde já se evidencia a certeza jurídica, pressupõe a verificação do fundado receio de dano irreparável ou de difícil reparação.
> Verifica-se, então, a seguinte incoerência: a *efetivação* de uma decisão interlocutória antecipatória *só será suspensa* em razão de recurso quando restar evidenciado o risco de dano para a parte contrária ao beneficiário (CPC, arts. 527, III e 558, *caput*), ao passo que a *efetivação* da tutela concedida na sentença será suspensa como regra, salvo se houver antecipação dos seus efeitos, mas desde que haja risco de dano para o beneficiário.
> Bem de se ver, pois, que a efetivação de uma tutela concedida em sede de cognição sumária é mais fácil de ser alcançada do que aquela concedida após cognição plena e exauriente.
> Mas não é só. Outro problema do sistema é o grande número de recursos que, como se não bastasse, são utilizados indiscriminadamente, no mais das vezes apenas para procrastinar o feito, estando ausente o inconformismo que deveria ser pressuposto de todo e qualquer recurso.
> A par das propostas de alteração do sistema recursal, cremos que a possibilidade de efetivação das sentenças de primeiro grau, independentemente de eventual revisão,

em muito contribuiria para a diminuição dos recursos meramente protelatórios. Afinal, se a execução imediata da sentença passar a ser regra, o interesse recursal protelatório diminuirá, principalmente diante das novas regras da execução provisória.

Portanto, o que se pretende, com a alteração proposta, é sugerir uma inversão na regra dos efeitos da apelação, conforme previsto atualmente no art. 520 do Código de Processo Civil, ou seja, o recurso deve ser recebido apenas no efeito devolutivo, salvo nos casos de dano irreparável ou de difícil reparação.

O PL 3.605/04 foi aprovado, por unanimidade, pela Comissão de Constituição e Justiça e de Cidadania da Câmara dos Deputados, no dia 17.03.2005, ocasião em que foi remetido ao Senado Federal para apreciação.

O Senado Federal apresentou, em 20.12.2006, Emendas ao PL 3.605/04 (EMS 3.605/2004),[272] sugerindo a seguinte redação para o art. 520 do CPC:

Art. 520. A apelação será recebida no efeito devolutivo, devendo, no entanto, ser recebida também no efeito suspensivo quando disposição expressa de lei assim o determinar, ou quando interposta de sentença:
I – proferida em ação relativa ao estado ou capacidade da pessoa;
II – diretamente conducente à alteração em registro público;
III – cujo cumprimento necessariamente produza conseqüências práticas irreversíveis;
IV – que substitua declaração de vontade;
V – sujeita a reexame necessário.

Verifica-se que as emendas do Senado inovam ao estabelecerem um rol de hipóteses em que o recurso de apelação deveria ser recebido também no efeito suspensivo, embora tenha o Senado Federal acolhido a sugestão da Câmara dos Deputados de que, em regra, a apelação seria dotada apenas de efeito devolutivo. Ou seja, as emendas estabelecem as situações em que o efeito suspensivo necessariamente deveria ser atribuído pelo magistrado ao recurso de apelação.

As emendas do Senado retornaram à Câmara e, em março de 2007, a Comissão de Constituição e Justiça e de Cidadania emitiu parecer pela aprovação da EMS 3.605/2004.

Cassio Scarpinella Bueno, ao analisar o PL 3.605/04, aduz que "a proposta é mais do que justificável, máxime em um Código de Processo Civil que, desde a Lei 8.952/94, autoriza a 'antecipação da tutela' quando presentes os pressupostos autorizadores do art. 273".[273] E conclui no sentido de que

---

[272] EMS 3.605/2004. Disponível em: <http://www.camara.gov.br/proposicoesWeb/prop_mostrarintegra?codteor=431780&filename=EMS+3605/2004+%3D%3E+PL+3605/2004>. Acesso em: 17 out. 2014.
[273] BUENO, Cassio Scarpinella. Prelúdio e fuga sobre a proposta de alteração do art. 520 do CPC (Projeto de Lei 3.605/2004). In: MEDINA, José Miguel Garcia *et al* (coord.). *Os poderes do juiz e o controle das decisões judiciais*: estudos em homenagem à Professora Teresa Arruda Alvim Wambier. 2 tir. São Paulo: Revista dos Tribunais, 2008, p. 359.

a proposta de alteração do art. 520 é prova segura de que a tendência do sistema recursal é a de se adequar a um pensamento de maior efetividade do processo, prestigiando, por isso mesmo, o primeiro grau de jurisdição pelo reconhecimento, de pronto, da eficácia de suas próprias decisões, sem necessidade de prévia confirmação pelo tribunal competente em sede recursal.[274]

Em outubro de 2011, foi determinado o apensamento do PL 3.605/04, bem como de todos os projetos de lei em trâmite referentes a alterações do Código de Processo Civil, ao Projeto de Lei nº 8.046/2010 que visa à promulgação de um Novo CPC.

Assim, ainda que tenha iniciado a sua tramitação no ano de 2004, recebendo aprovação tanto pela Câmara dos Deputados quanto pelo Senado Federal, o prosseguimento do PL 3.605/04 foi interrompido diante da tramitação do projeto do NCPC, que poderia vir a alterar não apenas o seu art. 520, mas sim todo o CPC de 1973.

2.2. O NOVO CPC

2.2.1. A criação de uma Comissão de Juristas e o Anteprojeto do novo CPC

Em setembro de 2009, o Presidente do Senado Federal, Senador José Sarney, nomeou uma Comissão de Juristas, presidida pelo Ministro Luiz Fux, àquela época Ministro do Superior Tribunal de Justiça, e atualmente do Supremo Tribunal Federal, encarregada de elaborar o anteprojeto do Novo Código de Processo Civil.

A Comissão foi composta pelos seguintes juristas: Luiz Fux (Presidente), Teresa Arruda Alvim Wambier (Relatora), Adroaldo Furtado Fabrício, Benedito Cerezzo Pereira Filho, Bruno Dantas, Elpídio Donizetti Nunes, Humberto Theodoro Júnior, Jansen Fialho de Almeida, José Miguel Garcia Medina, José Roberto dos Santos Bedaque, Marcus Vinícius Furtado Coelho e Paulo Cezar Pinheiro Carneiro.[275]

---

[274] BUENO, Cassio Scarpinella. Prelúdio e fuga sobre a proposta de alteração do art. 520 do CPC (Projeto de Lei 3.605/2004). In: MEDINA, José Miguel Garcia et al (coord.). *Os poderes do juiz e o controle das decisões judiciais*: estudos em homenagem à Professora Teresa Arruda Alvim Wambier. 2 tir. São Paulo: Revista dos Tribunais, 2008, p. 364.

[275] No tocante à escolha da Comissão de Juristas, Marco Félix Jobim, ao analisar o projeto do NCPC à luz do princípio da duração razoável do processo, norte perseguido na condução dos trabalhos do projeto, defende que "a Comissão escolhida para a elaboração do novo Código de Processo Civil brasileiro, em que pese à excepcional qualificação de seus membros, não era a que melhor espelhava o momento atual de quebra de paradigmas pela inserção no ordenamento jurídico da regulamentação infraconstitucional do direito fundamental à duração razoável do processo". JOBIM, Marco Félix. A tempestividade do processo no projeto de lei do novo Código de Processo Civil brasileiro e a comissão de juristas nomeada para sua elaboração: quem

Segundo exposto pelo Senador José Sarney, a Comissão trabalhou com o objetivo de "atender aos anseios dos cidadãos no sentido de garantir um novo Código de Processo Civil que privilegie a simplicidade da linguagem e da ação processual, a celeridade do processo e a efetividade do resultado da ação".[276] A iniciativa de elaboração de um novo Código tem como fundamento, dentre outros, "o enfrentamento da chamada morosidade da prestação jurisdicional".[277]

A Comissão realizou diversas audiências públicas em todo o país, onde foram colhidas inúmeras sugestões e, no ano de 2010, apresentou o Anteprojeto do Novo Código de Processo Civil (doravante simplesmente 'Anteprojeto').[278]

O Ministro Luiz Fux, ao apresentar o Anteprojeto ao Senado Federal, ressaltou que o desafio da Comissão foi "resgatar a crença no judiciário e tornar realidade a promessa constitucional de uma justiça pronta e célere".[279] E a Exposição de Motivos apresentada pela Comissão destacou que "o novo Código de Processo Civil tem o potencial de gerar um processo mais célere, mais justo, porque mais rente às necessidades sociais e muito menos complexo".[280]

No que toca ao sistema recursal, refere a Exposição de Motivos ter sido este "bastante simplificado", sem que tal simplificação signifique restrição ao direito de defesa, mas sim um maior rendimento a cada processo individualmente considerado.[281]

Foi neste ambiente de busca de um processo mais efetivo, tempestivo e adequado que nasceu o projeto do novo Código de Processo Civil.

2.2.2. A tramitação do projeto do novo Código de Processo Civil no Congresso Nacional: do Anteprojeto à aprovação

Conforme visto, o projeto do NCPC vem sendo estudado e debatido pelos operadores do Direito desde o ano de 2010, ocasião em que a Comissão de Juristas apresentou ao Senado Federal o Anteprojeto, que culminou no Projeto de Lei do Senado nº 166/2010, posteriormente convertido em Projeto de

---

ficou de fora? *Revista Eletrônica de Direito Processual* – REDP. v. VI. Periódico da Pós-Graduação Stricto Sensu em Direito Processual da UERJ. Disponível em: <www.redp.com.br>, p. 129. Acesso em: 10 nov. 2014.

[276] Disponível em: <http://www.senado.gov.br/senado/novocpc/pdf/Anteprojeto.pdf>, p. 3. Acesso em 16 out. 2014.

[277] PORTO, Sérgio Gilberto. Comentários aos artigos 1º a 12. In: MACEDO, Elaine Harzheim (coord.). *Comentários ao Projeto de Lei n. 8.046/2010*: proposta de um novo Código de Processo Civil. Porto Alegre: EDIPUCRS, 2013, p. 23. Disponível em: <http:www.pucrs.br/edipucrs>. Acesso em: 25 nov. 2014.

[278] Anteprojeto disponível em: <http://www.senado.gov.br/senado/novocpc/pdf/Anteprojeto.pdf>. Acesso em: 16 out. 2014.

[279] Disponível em: <http://www.senado.gov.br/senado/novocpc/pdf/Anteprojeto.pdf>, p. 7. Acesso em: 16 out. 2014.

[280] Idem, p. 14. Acesso em: 16 out. 2014.

[281] Idem, p. 26. Acesso em: 16 out. 2014.

Lei nº 8.046/2010 na Câmara dos Deputados (doravante simplesmente 'PLS 166/10').[282]

Na Câmara dos Deputados foi constituída Comissão Especial para emitir parecer sobre o PLS 166/10 e, a partir de então, se sucederam diversas propostas de alterações do texto original.

Em setembro de 2012, o então Relator-Geral Deputado Sérgio Barradas Carneiro apresentou o seu parecer (doravante simplesmente 'Relatório Sérgio Barradas Carneiro'),[283] o qual restou alterado pelo Deputado Paulo Teixeira no Substitutivo Preliminar apresentado no dia 20.03.2013 (doravante simplesmente 'Substitutivo Preliminar Paulo Teixeira')[284] e no seu Relatório apresentado no dia 8 de maio de 2013 (doravante simplesmente 'Relatório Paulo Teixeira').[285]

O Relatório Paulo Teixeira foi aprovado pela Comissão Especial responsável pelo projeto do NCPC na Câmara dos Deputados no dia 17 de julho de 2013 (doravante simplesmente 'Substitutivo Comissão').[286]

Depois de cerca de seis meses de discussões no Plenário, no dia 26.03.2014 foi concluída a votação do NCPC pela Câmara dos Deputados, com aprovação da redação final (doravante simplesmente 'Substitutivo da Câmara').[287] Diante disso, o texto foi enviado ao Senado Federal, em atenção ao art. 65, parágrafo único, da Constituição Federal, segundo o qual o projeto de lei aprovado por uma Casa será revisto pela outra e, sendo emendado, voltará à Casa iniciadora.

No Senado Federal, foi criada uma Comissão Temporária especialmente para o exame do Substitutivo da Câmara e elaboração de parecer, sendo nomeado como Relator o Senador Federal Vital do Rêgo. Na análise do Senado foi observado o disposto no art. 285 do Regimento Interno, no sentido de que "a emenda da Câmara a projeto do Senado não é suscetível de modificação por meio de subemenda", de forma que compete ao Senado Federal tão somente: (i) rejeitar o texto do Substitutivo da Câmara, restabelecendo texto correlato do PLS 166/10; (ii) suprimir texto do Substitutivo da Câmara sem texto correlato do PLS 166/10; (iii) restabelecer texto do PLS 166/10 que não tenha texto correlato no Substitutivo da Câmara; ou (iv) promover modificações meramente

---

[282] Disponível em: <http://www.camara.gov.br/proposicoesWeb/prop_mostrarintegra;jsessionid=D4E96C3311DA63E0CA82C8124D22516B.proposicoesWeb1?codteor=831805&filename=PL+8046/2010>. Acesso em: 16 out. 2014

[283] Disponível em: <http://s.conjur.com.br/dl/relatorio-cpc-sergio-barradas.pdf>. Acesso em: 16 out. 2014.

[284] Disponível em: <http://www2.camara.leg.br/atividade-legislativa/comissoes/comissoes-temporarias/especiais/54a-legislatura/8046-10-codigo-de-processo-civil/arquivos/substitutivo-preliminar-do-deputado-paulo-teixeira>. Acesso em: 16 out. 2014

[285] Disponível em: <http://www2.camara.leg.br/atividade-legislativa/comissoes/comissoes-temporarias/especiais/54a-legislatura/8046-10-codigo-de-processo-civil/arquivos/parecer-do-relator-geral-paulo-teixeira-08-05-2013>. Acesso em: 16 out. 2014.

[286] Disponível em: < http://pauloteixeira13.com.br/wp-content/uploads/2013/07/Substitutivo-ADOTADO-versao-FINAL.pdf >. Acesso em: 16 out. 2014.

[287] Disponível em: <http://www.camara.gov.br/proposicoesWeb/prop_mostrarintegra?codteor=1246935&filename=Tramitacao-PL+8046/2010>. Acesso em: 16 out. 2014.

redacionais. Destaca-se que nenhuma das alterações pode trazer inovações ao texto final, a fim de evitar afronta ao *caput* do art. 65 da Constituição Federal.[288]

No dia 16.12.2014, foi aprovado o texto base do projeto do NCPC e, no dia seguinte, restou concluída a votação dos destaques.

Portanto, no dia 17.12.2014, foi aprovado, pelo Senado Federal, o Novo CPC. E no dia 16.03.2015, o Novo CPC foi sancionado pela Presidência da República, mediante a promulgação da Lei nº 13.105, de 16 de março de 2015, publicada no Diário Oficial da União em 17.03.2015.[289] Restou determinada no art. 1.045 a *vacacio legis* de um ano, de forma que o novo Código entrará em vigor em 17.03.2016.

Diante das inúmeras modificações ocorridas no texto do projeto, desde a apresentação de seu Anteprojeto pelo Senado Federal até a aprovação pela Câmara dos Deputados e pelo Senado Federal, por vezes, quando relevante, irá ser mencionada a redação contida nos textos anteriores no tocante ao tema objeto deste estudo, considerando que diversas foram as alterações referentes ao recurso de apelação se comparados os textos apresentados até a aprovação final do Novo CPC.

2.2.3. As modificações no tocante à apelação cível

2.2.3.1. Cabimento

No Novo CPC, o recurso de apelação é cabível para atacar não apenas a sentença, mas também para impugnar todas as questões decididas antes da sentença que não comportarem a interposição de agravo de instrumento.

Assim dispõe o art. 1.009 e seus parágrafos do Novo CPC:

Art. 1009. Da sentença cabe apelação.

§ 1º As questões resolvidas na fase de conhecimento, se a decisão a seu respeito não comportar agravo de instrumento, não são cobertas pela preclusão e devem ser suscitadas em preliminar de apelação, eventualmente interposta contra a decisão final, ou nas contrarrazões.

§ 2º Se as questões referidas no § 1º forem suscitadas em contrarrazões, o recorrente será intimado para, em 15 (quinze) dias, manifestar-se a respeito delas.

§ 3º O disposto no *caput* deste artigo aplica-se mesmo quando as questões mencionadas no art. 1.015 integrarem capítulo da sentença.

---

[288] Conforme Parecer nº 956/2014 da Comissão Temporária do Código de Processo Civil. Disponível em: <http://www.senado.gov.br/atividade/materia/getPDF.asp?t=159354&tp=1>, p. 19/20. Acesso em: 01 jan. 2015.

[289] Disponível em: <http://www.planalto.gov.br/CCIVIL_03/_Ato2015-2018/2015/Lei/L13105.htm>. Acesso em: 23 abr. 2015.

O *caput* do art. 1.009, no mesmo sentido do art. 513 do CPC de 1973,[290] dispõe que "da sentença cabe apelação".

Então, no Novo CPC, qualquer tipo de sentença, tenha ou não apreciado o mérito, proferida em qualquer espécie de procedimento ou processo, comporta a interposição de recurso de apelação.

Contudo, a decisão judicial deve se enquadrar no conceito de sentença para desafiar a interposição de apelação. Neste ponto se verifica a ocorrência de alteração, ou melhor, de aperfeiçoamento da redação do conceito de sentença esculpido no § 1º do art. 162 do CPC de 1973.

Conforme visto no item 1.4.1 *supra*, o conceito de sentença sofreu alterações desde a entrada em vigor do CPC de 1973. Em sua redação originária do § 1º do art. 162, sentença era o ato pelo qual o juiz punha termo ao processo, decidindo ou não o mérito da causa. O conceito de sentença baseava-se "em critério puramente topológico",[291] tendo importância apenas que a decisão colocasse fim ao processo no primeiro grau de jurisdição, desconsiderado o conteúdo da decisão.

A Lei nº 11.232/2005 deu nova redação ao referido dispositivo legal, dispondo que "sentença é o ato do juiz que implica alguma das situações previstas nos arts. 267 e 269 desta Lei", adotando, então, o critério do conteúdo do ato decisório.

E neste momento instaurou-se uma celeuma na doutrina sobre o novo conceito de sentença e do recurso que desafiaria, haja vista a possibilidade de ocorrência de prolação de sentenças no curso do processo, sem o encerramento do procedimento.

Não obstante, ainda que a redação dada pela Lei nº 11.232/2005 desconsiderasse o momento da prolação da sentença, a doutrina consolidou o entendimento majoritário de que sentença é o ato judicial que tem aptidão para encerrar o processo, não havendo que se cogitar em sentenças parciais de mérito e de interposição de apelação por instrumento, uma vez que não compatíveis com a sistemática recursal vigente.

Nessa linha de entendimento, o Novo CPC, e também os textos que lhe antecederam,[292] reformulou o conceito de sentença. De acordo com o teor do § 1º do art. 203 do Novo CPC, "ressalvadas as disposições expressas dos procedimentos especiais, sentença é o pronunciamento por meio do qual o juiz, com

---

[290] Art. 513 do CPC. Da sentença caberá apelação (art. 267 e 269).
[291] BARBOSA MOREIRA, José Carlos. A nova definição de sentença (Lei nº 11.232). *Revista Dialética de Direito Processual*, São Paulo, n. 39, p. 78, junho 2006.
[292] Todos os textos anteriores referentes ao projeto do NCPC traziam um conceito de sentença idêntico ou muito semelhante ao adotado pelo Novo CPC.

fundamento nos arts. 485 e 487,[293] põe fim à fase cognitiva do procedimento comum, bem como extingue a execução".

Verifica-se que o Novo CPC encerra a controvérsia instalada relacionada ao conceito de sentença dado pela Lei nº 11.232/2005. É acolhido o entendimento majoritário da doutrina de que sentença é o ato judicial que põe fim ao processo ou a alguma de suas fases. A nova redação do Novo CPC não abre mais margem a discussões: a sentença é o ato judicial que, resolvendo ou não o mérito, põe fim à fase cognitiva do procedimento comum e à execução.

Assim, a fim de definir sentença, o Novo CPC alia o critério topológico do Código Buzaid, referindo que a sentença coloca fim à fase cognitiva do procedimento comum e à execução, ao critério do conteúdo do ato decisório adotado pelo CPC reformado em 2005. Não há mais espaço, portanto, para se cogitar da interposição de apelação, ou de apelação por instrumento, da decisão que, no curso da demanda, enfrenta o mérito. Tais decisões, ainda que tenham o condão de extinguir o processo em relação a um dos litisconsortes, por exemplo, ou no tocante a um dos pedidos do autor, serão qualificadas como decisões interlocutórias, por não culminarem no encerramento da demanda, e desafiarão a interposição de agravo de instrumento.

Na redação do § 2º do art. 203 do Novo CPC, "decisão interlocutória é todo pronunciamento judicial de natureza decisória que não se enquadre no § 1º". O art. 1.015, II, por sua vez, prevê expressamente o cabimento de agravo de instrumento contra decisão interlocutória que versar sobre o mérito do processo. E, para espancar qualquer dúvida, o Novo CPC inseriu ao Código uma seção cujo título é "do julgamento antecipado parcial do mérito", nos seguintes termos:

Do Julgamento Antecipado Parcial do Mérito

Art. 356. O juiz decidirá parcialmente o mérito quando um ou mais dos pedidos formulados ou parcela deles:

I – mostrar-se incontroverso;

II – estiver em condições de imediato julgamento, nos termos do art. 355.

§ 1º A decisão que julgar parcialmente o mérito poderá reconhecer a existência de obrigação líquida ou ilíquida.

§ 2º A parte poderá liquidar ou executar, desde logo, a obrigação reconhecida na decisão que julgar parcialmente o mérito, independentemente de caução, ainda que haja recurso contra essa interposto.

§ 3º Na hipótese do § 2º, se houver trânsito em julgado da decisão, a execução será definitiva.

---

[293] Os artigos 485 e 487 do Novo CPC são aqueles que dispõem acerca das decisões que não resolvem o mérito e daquelas que resolvem o mérito, respectivamente, com equivalência, salvo algumas modificações, aos artigos 267 e 269 do CPC de 1973.

§ 4º A liquidação e o cumprimento da decisão que julgar parcialmente o mérito poderão ser processados em autos suplementares, a requerimento da parte ou a critério do juiz.

§ 5º A decisão proferida com base neste artigo é impugnável por agravo de instrumento.[294]

Portanto, o Novo CPC admite expressamente o julgamento antecipado parcial do mérito e qualifica tal decisão como interlocutória de mérito, e não sentença parcial de mérito, impugnável por agravo de instrumento, por não encerrar o processo.[295]

Verifica-se, então, que o legislador do Novo CPC preocupou-se, ao reformular o conceito de sentença, com a pertinência do recurso a ser interposto pela parte interessada e que sofreu decaimento.

O § 1º do art. 1.009 do Novo CPC inova em relação ao CPC de 1973 ao ampliar as hipóteses de cabimento do recurso de apelação. A apelação passa a ser o recurso cabível para atacar as decisões interlocutórias proferidas antes da sentença que não comportarem a interposição de agravo de instrumento.[296]

Assim, importante inovação do Novo CPC é a extinção do recurso de agravo retido, com a instituição da regra de inexistência de preclusão das questões decididas antes da sentença por decisões interlocutórias, que poderão ser levantadas preliminarmente nas razões ou contrarrazões da apelação. Observe-se que o Novo CPC racionalizou o procedimento de impugnação das decisões em primeiro grau, atribuindo tal função exclusivamente à apelação. Em consequência dessa inovação, as possibilidades de cabimento do agravo de instrumento foram reduzidas, o agravo retido foi eliminado e o regime de preclusões remodelado.

---

[294] No mesmo sentido, o art. 354 e seu parágrafo único dispõem que "ocorrendo qualquer das hipóteses previstas nos arts. 485 e 487, incisos II e III, o juiz proferirá sentença" e "a decisão a que se refere o caput pode dizer respeito a apenas parcela do processo, caso em que será impugnável por agravo de instrumento".

[295] No tocante ao conceito de sentença, destaca-se que no processo civil italiano, considera-se sentença "o provimento judicial que, encerrando ou não o processo, decida questão de jurisdição ou de competência; questão prejudicial atinente ao processo ou preliminar de mérito; decida o mérito da causa; ou julgue a lide em relação a um dos litisconsortes facultativos, determinando o prosseguimento do processo separadamente em relação aos demais. Tais hipóteses encontram-se taxativamente elencadas no art. 279 do *Codice*". Assim, a sentença, no processo civil italiano, diferente do sistema processual brasileiro, abarca também as decisões de mérito proferidas no curso do processo. Em razão disso, as sentenças no direito italiano comportam uma subdivisão. Uma sentença é definitiva quando, independentemente de ter conteúdo de mérito ou processual, encerra um processo em um determinado grau perante um determinado juiz. Já as sentenças não definitivas são aquelas que não têm o condão de extinguir o processo. Quanto à forma de impugnação, as sentenças não definitivas podem ser impugnadas de forma imediata, no prazo normal para impugnação, ou diferida, juntamente com o recurso contra a sentença definitiva, desde que formulada prévia reserva. A apelação diferida se assemelha ao agravo retido do processo civil brasileiro, enquanto o apelo imediato se aproxima do agravo de instrumento. PANTOJA, Fernanda Medina. *Apelação Cível*: novas perspectivas para um antigo recurso: um estudo crítico de direito nacional e comparado. Curitiba: Juruá, 2010, p. 120/121.

[296] Cabe destacar que as hipóteses de cabimento do agravo de instrumento estão previstas no art. 1.015 do Novo CPC em rol taxativo, sendo abandonada a ideia do CPC de 1973 de cabimento de agravo de instrumento contra as decisões suscetíveis de causar à parte lesão grave e de difícil reparação.

Por conta da proposta de supressão do recurso de agravo retido, o Novo CPC prevê que as questões resolvidas na fase cognitiva, que não comportem a interposição de agravo de instrumento, não ficam cobertas pela preclusão e devem ser suscitadas em preliminar de apelação ou de contrarrazões. O Novo CPC propõe a alteração, portanto, do regime das preclusões. Conforme referido na Exposição de Motivos do Anteprojeto do Novo CPC, propõe-se modificar apenas o momento da impugnação, pois o momento de julgamento permanece o mesmo.[297]

Então, todas as questões resolvidas na fase de conhecimento que não desafiarem agravo de instrumento deverão ser impugnadas tão somente em apelação ou contrarrazões de apelação. No caso de tais questões serem suscitadas nas contrarrazões de apelação, "o recorrente será intimado para, em 15 (quinze) dias, manifestar-se a respeito delas" (§ 2º do art. 1.009).

Há, portanto, alteração do regime da preclusão temporal, uma vez que, à exceção das hipóteses expressamente previstas no art. 1015 do Novo CPC (hipóteses de cabimento de agravo de instrumento),[298] as decisões interlocutórias não serão recorríveis de imediato, mas apenas quando for interposto o recurso de apelação. Com isso, ocorrerá a ampliação do efeito devolutivo da apelação, por não estarem sujeitas à preclusão as questões resolvidas na fase cognitiva.[299]

O § 3º do art. 1.009 determina, ainda, o cabimento do recurso de apelação para atacar as questões mencionadas no art. 1.015 (hipóteses de cabimento de agravo de instrumento) que integrarem capítulo da sentença. Assim, na mesma linha do Código de Processo Civil de 1973, o Novo CPC adota o princípio da singularidade, também conhecido como princípio da unirrecorribilidade ou unicidade, determinando que contra a sentença exista um único recurso adequado, qual seja o recurso de apelação.

Portanto, o Novo CPC, por um lado, mantém o cabimento do recurso de apelação em relação a qualquer tipo de sentença, e, por outro, amplia as hipó-

---

[297] Disponível em: <http://www.senado.gov.br/senado/novocpc/pdf/Anteprojeto.pdf>, p. 27. Acesso em: 27 out. 2012.

[298] Assim dispõe o art. 1.015 do Novo CPC: Art. 1.015. Cabe agravo de instrumento contra as decisões interlocutórias que versarem sobre: I – tutelas provisórias; II – mérito do processo; III – rejeição da alegação de convenção de arbitragem; IV – incidente de desconsideração da personalidade jurídica; V – rejeição do pedido de gratuidade da justiça ou acolhimento do pedido de sua revogação; VI – exibição ou posse de documento ou coisa; VII – exclusão de litisconsorte; VIII – rejeição do pedido de limitação do litisconsórcio; IX – admissão ou inadmissão de intervenção de terceiros; X – concessão, modificação ou revogação do efeito suspensivo aos embargos à execução; XI – redistribuição do ônus da prova nos termos do art. 373, § 1º; XII – (VETADO); XIII – outros casos expressamente referidos em lei. Parágrafo único. Também caberá agravo de instrumento contra decisões interlocutórias proferidas na fase de liquidação de sentença ou de cumprimento de sentença, no processo de execução e no processo de inventário.

[299] ARAÚJO, José Henrique Mouta. Decisão interlocutória de mérito no projeto do novo CPC: reflexões necessárias. In: DIDIER JR., Fredie; MOUTA, José Henrique; KLIPPEL, Rodrigo (coords.). *O projeto do novo Código de Processo Civil:* estudos em homenagem ao Professor José de Albuquerque Rocha. Salvador: Jus Podivm, 2011, p. 225.

teses de cabimento da apelação, haja vista que é a apelação o recurso próprio para atacar as questões decididas antes da sentença que não comportarem a interposição de agravo de instrumento.

2.2.3.2. Efeito devolutivo

Da análise do Novo CPC, verifica-se que não há alterações relevantes em relação ao efeito devolutivo do recurso de apelação.

A apelação, no Novo CPC, permanece tendo ampla devolutividade, permitindo a impugnação de qualquer vício da sentença, seja vício de forma (*error in procedendo*), ou vício de julgamento (*error in judicando*).

O efeito devolutivo da apelação, previsto no art. 515 e seus parágrafos do CPC de 1973, é mantido no Novo CPC, tanto no que diz respeito à sua extensão, quanto no que pertine à sua profundidade, com alguma ampliação.

Assim dispõe o art. 1.013 do Novo CPC, equivalente ao art. 515 do CPC de 1973:[300]

> Art. 1.013. A apelação devolverá ao tribunal o conhecimento da matéria impugnada.
> § 1º Serão, porém, objeto de apreciação e julgamento pelo tribunal todas as questões suscitadas e discutidas no processo, ainda que não tenham sido solucionadas, desde que relativas ao capítulo impugnado.
> § 2º Quando o pedido ou a defesa tiver mais de um fundamento e o juiz acolher apenas um deles, a apelação devolverá ao tribunal o conhecimento dos demais.
> § 3º Se o processo estiver em condições de imediato julgamento, o tribunal deve decidir desde logo o mérito quando:
> I – reformar sentença fundada no art. 485;
> II – decretar a nulidade da sentença por não ser ela congruente com os limites do pedido ou da causa de pedir;
> III – constatar a omissão no exame de um dos pedidos, hipótese em que poderá julgá-lo;
> IV – decretar a nulidade de sentença por falta de fundamentação.
> § 4º Quando reformar sentença que reconheça a decadência ou a prescrição, o tribunal, se possível, julgará o mérito, examinando as demais questões, sem determinar o retorno do processo ao juízo de primeiro grau.
> § 5º O capítulo da sentença que confirma, concede ou revoga a tutela provisória é impugnável na apelação.

---

[300] Art. 515. A apelação devolverá ao tribunal o conhecimento da matéria impugnada. § 1º Serão, porém, objeto de apreciação e julgamento pelo tribunal todas as questões suscitadas e discutidas no processo, ainda que a sentença não as tenha julgado por inteiro. § 2º Quando o pedido ou a defesa tiver mais de um fundamento e o juiz acolher apenas um deles, a apelação devolverá ao tribunal o conhecimento dos demais. § 3º Nos casos de extinção do processo sem julgamento do mérito (art. 267), o tribunal pode julgar desde logo a lide, se a causa versar questão exclusivamente de direito e estiver em condições de imediato julgamento. (Incluído pela Lei nº 10.352, de 2001). § 4º Constatando a ocorrência de nulidade sanável, o tribunal poderá determinar a realização ou renovação do ato processual, intimadas as partes; cumprida a diligência, sempre que possível prosseguirá o julgamento da apelação. (Incluído pela Lei nº 11.276, de 2006)

Nota-se que o *caput* do art. 1.013 do Novo CPC – regra geral do efeito devolutivo pela qual é devolvida ao conhecimento do órgão *ad quem* a matéria efetivamente impugnada pelo recorrente – reproduz a íntegra do quanto contido no *caput* do art. 515 do CPC de 1973.

O § 1º do art. 1.013 do Novo CPC, que trata da profundidade do efeito devolutivo da apelação, é equivalente ao § 1º do art. 515 do CPC de 1973, com a ressalva de que apenas as questões relativas ao capítulo impugnado não solucionadas na sentença serão objeto de apreciação e julgamento pelo tribunal.

Mantém-se, portanto, a regra de que a devolução do apelo não se cinge às questões efetivamente decididas na sentença, mas abrange também as questões que poderiam ter sido apreciadas na sentença, aí compreendidas as questões passíveis de apreciação de ofício e as questões que, não sendo passíveis de exame de ofício, deixaram de ser apreciadas, a despeito de haverem sido suscitadas e discutidas pelas partes.[301] Não obstante, o Novo CPC ressalta que apenas serão apreciadas pelo tribunal as questões relativas ao capítulo impugnado. Tal acréscimo na redação do referido dispositivo legal não pode ser considerado uma inovação, haja vista que a profundidade do efeito devolutivo é condicionada à sua extensão, ou seja, a apreciação pelo tribunal das questões suscitadas e discutidas no processo, referentes aos fundamentos do pedido ou da defesa, sempre será realizada dentro dos limites da matéria impugnada. Reitera-se o quanto referido por Fredie Didier Jr. e Leonardo Carneiro da Cunha no sentido de que "poderá o tribunal, em *profundidade*, analisar todo o material constante dos autos, limitando-se, sempre, à *extensão* fixada pelo recorrente".[302]

Portanto, a regra geral é de que o efeito devolutivo da apelação é limitado à matéria objeto de impugnação no recurso (*caput* do art. 1.013 do Novo CPC), sendo proibido o julgamento pelo tribunal de matéria alheia àquela objeto do apelo. Desnecessária, então, a inclusão do legislador da parte final do § 1º do art. 1.013 do Novo CPC.

Ainda no tocante à profundidade do efeito devolutivo da apelação, destaca-se que o art. 516 do CPC de 1973, que dispõe que "ficam também submetidas ao tribunal as questões anteriores à sentença, ainda não decididas" não possui qualquer correspondência no Novo CPC. Diante da ausência de correspondência ao referido dispositivo legal, depreende-se que o legislador do Novo CPC tem aderência ao entendimento exposto por Nelson Nery Junior e Rosa Maria de Andrade Nery no sentido de que o art. 516 repete o conteúdo do art. 515, § 1º, sendo inócuo e pleonástico.[303]

---

[301] BARBOSA MOREIRA, José Carlos. *Comentários ao Código de Processo Civil*. 16. ed. v. 5. Rio de Janeiro: Forense, 2011, p. 445.

[302] DIDIER JR., Fredie; CUNHA, Leonardo Carneiro da. *Curso de Direito Processual Civil:* meios de impugnação às decisões judiciais e processo nos tribunais. v. 3. 12. ed. Salvador: JusPODIVM, 2014, p. 106. Grifos do autor.

[303] NERY JUNIOR, Nelson; NERY, Rosa Maria Andrade. *Código de Processo Civil comentado e legislação extravagante*. 10. ed. São Paulo: Revista dos Tribunais, 2008, p. 859/860.

O § 2º do art. 1.013 do Novo CPC corresponde à literalidade do § 2º do art. 515 do CPC de 1973. Mantém-se, portanto, a ampla profundidade da devolução do apelo, sempre dentro dos limites da matéria impugnada, haja vista que "quando o pedido ou a defesa tiver mais de um fundamento e o juiz acolher apenas um deles, a apelação devolverá ao tribunal o conhecimento dos demais".

O § 3º do art. 1.013 do Novo CPC corresponde ao § 3º do art. 515 do CPC de 1973, com ampliação das hipóteses em que o tribunal fica autorizado a julgar, desde logo, o mérito da lide, ou seja, com ampliação do efeito devolutivo da apelação.

A redação do dispositivo do CPC de 1973 refere que "nos casos de extinção do processo sem julgamento do mérito (art. 267), o tribunal pode julgar desde logo a lide, se a causa versar questão exclusivamente de direito e estiver em condições de imediato julgamento".

Assim, os requisitos trazidos pelo § 3º do art. 515 do CPC de 1973 são: (i) apelação interposta contra sentença terminativa; (ii) a causa versar sobre questão exclusivamente de direito; e (iii) condições de imediato julgamento (causa madura para julgamento).

Não obstante, como visto no item 1.4.2, a doutrina admite a aplicação do § 3º do art. 515 mesmo nos casos em que a questão não versar sobre matéria exclusivamente de direito, mas esteja com instrução probatória concluída ou dela prescinda.

Neste ponto, o Novo CPC adequou, de forma correta, a redação do dispositivo legal a este entendimento já consagrado pela doutrina e também pela jurisprudência, na medida em que não mais refere o requisito da causa versar exclusivamente sobre questão de direito. Basta que a causa esteja em condições de imediato julgamento, independentemente da matéria objeto de discussão no processo.

Além disso, o Novo CPC não traz a exigência, para o julgamento do mérito diretamente pelo tribunal, de que o processo tenha sido extinto sem resolução de mérito, não limitando a sua aplicação às sentenças terminativas. Pelo contrário, tal previsão é expressa no inciso I do § 3º do art. 1.013, de forma que se trata de apenas uma de suas hipóteses de aplicação.

Contudo, a ausência de tal requisito, existente no § 3º do art. 515 do CPC de 1973, também não se trata de surpresa, haja vista que, embora o referido dispositivo legal faça referência apenas aos casos em que a sentença extinguir o processo, sem julgamento de mérito, vigora o entendimento, na vigência do CPC de 1973, de que o julgamento pelo tribunal também será possível quando a sentença apreciar o mérito.[304]

---

[304] Vide item 1.4.2 deste trabalho.

Conforme já referido, mesmo antes da entrada em vigor da Lei nº 10.352/2001, que introduziu o § 3º ao art. 515 do CPC de 1973, já se entendia pela possibilidade de o tribunal, ao afastar, no julgamento da apelação, a ocorrência da prescrição ou decadência reconhecida pela sentença, prosseguir com o julgamento mediante a análise do mérito da demanda, desde que o processo estivesse maduro para julgamento.

Tal situação foi contemplada expressamente pelo Novo CPC, que não mais faz referência às sentenças terminativas na regra geral do dispositivo, trazendo-as apenas como uma das hipóteses para a sua aplicação. Mas não apenas. O § 4º do art. 1.013 prevê justamente a possibilidade de o tribunal julgar diretamente o mérito quando reformar sentença que reconheça a prescrição ou a decadência.

Alinhado está o Novo CPC, portanto, ao entendimento já consagrado pela doutrina e pela jurisprudência.

O § 3º do art. 1.013 do Novo CPC ainda prevê outras três novas hipóteses em que o tribunal, se a causa estiver madura para julgamento, deverá decidir desde logo o mérito: quando decretar a nulidade da sentença por não ser ela congruente com os limites do pedido ou da causa de pedir (inciso II); quando constatar a omissão no exame de um dos pedidos, hipótese em que poderá julgá-lo (inciso III); e quando decretar a nulidade de sentença por falta de fundamentação (inciso IV).

As hipóteses dos incisos II e III dizem respeito ao princípio da demanda ou princípio dispositivo, previsto nos arts. 128[305] e 460[306] do CPC de 1973, pelo qual a sentença deve corresponder ao que foi pedido, na medida em que é a parte autora que fixa os limites da lide e da causa de pedir na petição inicial, cabendo ao juiz decidir de acordo com esse limite. "O juiz deve responder ao pedido tal como formulado pelo autor".[307] Trata-se da regra da congruência entre a sentença e o pedido.

No inciso II, inserem-se os casos de sentença *extra petita*, que é aquela que julga fora do pedido, ou seja, que concede ao autor pedido de natureza ou objeto diverso do que lhe foi demandado, bem como a sentença *ultra petita*, que é aquela que vai além do pedido, condenando o réu em quantidade superior da requerida pelo autor.

No inciso II, poderia ser considerada também a hipótese da sentença *infra* ou *citra petita*, que é aquela que não aprecia integralmente o pedido ou algum dos pedidos cumulados, porquanto essa sentença também desrespeita a regra

---

[305] Art. 128. O juiz decidirá a lide nos limites em que foi proposta, sendo-lhe defeso conhecer de questões, não suscitadas, a cujo respeito a lei exige a iniciativa da parte.

[306] Art. 460. É defeso ao juiz proferir sentença, a favor do autor, de natureza diversa da pedida, bem como condenar o réu em quantidade superior ou em objeto diverso do que lhe foi demandado.

[307] ALVARO DE OLIVEIRA, Carlos Alberto; MITIDIERO, Daniel. *Curso de Processo Civil.* v. 2. São Paulo: Atlas, 2012, p. 147.

da congruência entre a sentença e os pedidos e a causa de pedir. Contudo, o legislador optou por incluir essa hipótese no inciso III do § 3º do art. 1.013, autorizando o tribunal a julgar desde logo o pedido sobre o qual a sentença se omitiu.

Cabe referir que o *caput* do art. 460 do CPC de 1973 tem correspondência no Novo CPC no art. 492, que assim dispõe: "É vedado ao juiz proferir decisão de natureza diversa da pedida, bem como condenar a parte em quantidade superior ou em objeto diverso do que lhe foi demandado".

E o art. 128 do CPC de 1973, por sua vez, é contemplado no art. 141 do Novo CPC, com o seguinte teor: "O juiz decidirá o mérito nos limites propostos pelas partes, sendo-lhe vedado conhecer de questões não suscitadas a cujo respeito a lei exige iniciativa da parte".

Portanto, não há alteração pelo Novo CPC na regra da congruência entre a sentença e o pedido, decorrente do princípio da demanda.

Parte da doutrina já defende, na vigência do CPC de 1973, que em qualquer dos casos de quebra da regra da congruência – sentença *extra, ultra* ou *infra petita* – o tribunal, no julgamento do recurso de apelação, poderá desde logo corrigir o vício e prover sobre o mérito, nos termos do § 3º do art. 515 do CPC de 1973.[308] Por outro lado, outros entendem que a sentença que julga fora do pedido, ao conceder pedido de natureza ou objeto diverso do pedido, é nula, devendo outra ser proferida pelo juiz de primeiro grau, ao passo que a sentença que julga além do pedido poderia ser desde já corrigida para menos pelo tribunal, sendo adequada aos limites do pedido do autor.[309]

O tema, que não se apresenta de forma pacífica na doutrina, e tampouco na jurisprudência, restou solucionado no Novo CPC, que autoriza, de forma expressa, o julgamento pelo tribunal do mérito, quando reconhecida a nulidade da sentença por não ser ela congruente com os limites do pedido ou da causa de pedir, evitando a restituição dos autos ao primeiro grau para que nova sentença seja prolatada.

Ainda, o inciso IV, de forma inovadora, autoriza o tribunal a decidir sobre o mérito quando decretar a nulidade da sentença por falta de fundamen-

---

[308] ALVARO DE OLIVEIRA, Carlos Alberto; MITIDIERO, Daniel. *Curso de Processo Civil*. v. 2. São Paulo: Atlas, 2012, p. 148.

[309] MARINONI, Luiz Guilherme; ARENHART, Sergio Cruz. *Processo de conhecimento*. 8. ed. v. 2. São Paulo: Revista dos Tribunais, 2010, p. 418. Nesse ponto, Cassio Scarpinella Bueno entende que "nos casos de *excesso* de sentença, isto é, de julgamento *ultra* ou *extra petita*, sua correção significará, na medida do possível, e desde que isso não acarrete supressão de instância, a *redução* ao que e por que foi pedido pelas partes que participaram do contraditório. No caso de julgamento *infra* ou *citra petita*, a correção poderá ser efetivada pela *complementação* do julgado, desde que haja condições para tanto (prova produzida em contraditório). Têm incidência, na hipótese, não só o art. 535, II, mas, também, o art. 515, § 1º". BUENO, Cassio Scarpinella. *Curso sistematizado de direito processual civil*. v. 2, tomo I. São Paulo: Saraiva, 2007, p. 360/361. Grifo do autor.

tação. Aqui, mais uma vez, a intenção do legislador é imprimir efetividade ao processo.[310]

A inclusão dessas hipóteses justifica a razão pela qual as sentenças de mérito também ficam sujeitas a aplicação deste dispositivo legal.

Mas uma coisa é certa: para a aplicação do referido dispositivo legal, em qualquer uma de suas hipóteses, a causa deverá estar em condições de imediato julgamento, ou seja, a dilação probatória deve estar concluída ou ser dispensável para o julgamento da demanda.

O Novo CPC não esclarece, de forma expressa, a discussão hodiernamente existente acerca da (des)necessidade de requerimento expresso do apelante para a aplicação do referido dispositivo legal. Como visto no item 1.4.2, há divergência de entendimento sobre a necessidade de requerimento do apelante para que o tribunal julgue desde logo o mérito.

Neste ponto, a única alteração do Novo CPC é do verbo "poder" para "dever". Enquanto o § 3º do art. 515 do CPC de 1973 refere que "o tribunal *pode* julgar desde logo a lide, se a causa versar questão exclusivamente de direito e estiver em condições de imediato julgamento", o § 3º do art. 1.013 do Novo CPC dispõe que "se o processo estiver em condições de imediato julgamento, o tribunal *deve* decidir desde logo o mérito".[311] Conclui-se que o tribunal tem o dever de proceder de tal forma nas hipóteses referidas pelo dispositivo legal, independentemente de requerimento expresso do apelante.

No tocante à necessidade de intimação das partes do propósito do tribunal de aplicação deste dispositivo legal, o art. 10 do Novo CPC, em capítulo que trata das normas fundamentais do processo civil, dispõe que "o juiz não pode decidir, em grau algum de jurisdição, com base em fundamento a respeito do qual não se tenha dado às partes oportunidade de se manifestar, ainda que se trate de matéria sobre a qual deva decidir de ofício". Tal dispositivo legal se aplica às hipóteses em que o tribunal julgará desde logo o mérito, sendo expressamente consignada no Novo CPC a necessidade de atenção ao princípio do contraditório nesses casos.

Assim, o Novo CPC consagra "o direito ao contraditório como dever de consulta ou de diálogo judicial", tendo como destinatário também o órgão jurisdicional, uma vez que "o contraditório não é tão somente entre as partes. É também entre o juiz e as partes. O juiz passa a figurar igualmente como um

---

[310] A ampliação das hipóteses em que o tribunal pode julgar desde logo o mérito, se por um lado imprime celeridade e tempestividade ao processo, por outro autoriza que o juízo recursal "substitua" o juízo de primeiro grau, fugindo da ideia de reexame da causa, na medida em que confere poderes para o tribunal decidir sobre matérias não apreciadas pela sentença.

[311] Grifos nossos.

sujeito do contraditório".[312] Dessa forma, evita-se a prolação de decisões surpresa.

O § 5º do art. 1.013 do Novo CPC, em que pese não diga respeito ao efeito devolutivo da apelação, estando aparentemente desalinhado em relação ao *caput* do referido dispositivo legal, coloca um ponto final à antiga discussão sobre o recurso cabível do capítulo da sentença que confirma, concede ou revoga a tutela antecipada. Na linha do princípio da unirrecorribilidade, a decisão liminar eventualmente concedida, confirmada ou revogada na sentença desafia a interposição de recurso de apelação.

Destaca-se, ainda, que o § 4º do art. 515 do CPC de 1973, que dispõe que "constatando a ocorrência de nulidade sanável,[313] o tribunal poderá determinar a realização ou renovação do ato processual, intimadas as partes; cumprida a diligência, sempre que possível prosseguirá o julgamento da apelação", foi deslocado, no Novo CPC, para os §§ 1º e 2º do art. 938, localizado no capítulo "Da ordem dos processos no tribunal", com a seguinte redação:

> Art. 938. (...)
> § 1º Constatada a ocorrência de vício sanável, inclusive aquele que possa ser conhecido de ofício, o relator determinará a realização ou a renovação do ato processual, no próprio tribunal ou em primeiro grau de jurisdição, intimadas as partes.
> § 2º. Cumprida a diligência de que trata o § 1º, o relator, sempre que possível, prosseguirá no julgamento do recurso.

Correta a alteração de localização, dentro do Código, do referido dispositivo legal, uma vez que a sua disposição não se aplica apenas ao recurso de apelação, mas sim a todos os recursos, e considerando que tal dispositivo não tem relação com o efeito devolutivo da apelação.[314]

Embora o CPC de 1973 refira que o tribunal *poderá* sanar os defeitos, a doutrina possui entendimento no sentido de não se tratar de faculdade da corte, mas sim de imposição legal, ditada em nome do princípio da instrumentalidade.[315] Conforme lição de José Maria Rosa Tesheiner e Lucas Pereira Baggio, "a norma da sanação deve ser realizada, sempre que possível, em qualquer ins-

---

[312] MARINONI, Luiz Guilherme; MITIDIERO, Daniel. *O projeto do CPC:* críticas e propostas. São Paulo: Revista dos Tribunais, 2010, p. 75.
[313] José Maria Rosa Tesheiner e Lucas Pereira Baggio ensinam que "a sanação da nulidade supõe que ela haja sido pronunciada (...) A nulidade é pronunciada, mas não implica a extinção do processo, porque ela é sanada, mediante a repetição ou a retificação do ato, ou ainda por outra forma, como no caso da incompetência absoluta, em que há sanação pela remessa dos autos ao juiz competente". TESHEINER, José Maria Rosa; BAGGIO, Lucas Pereira. *Nulidades no processo civil brasileiro.* Rio de Janeiro: Forense, 2008, p. 84.
[314] BARBOSA MOREIRA, José Carlos. *Comentários ao Código de Processo Civil.* 16. ed. v. 5. Rio de Janeiro: Forense, 2011, p. 429.
[315] MARINONI, Luiz Guilherme; ARENHART, Sergio Cruz. *Processo de conhecimento.* 8. ed. vol. 2. São Paulo: Revista dos Tribunais, 2010, p. 538.

tância da jurisdição, evitando-se a decretação da nulidade e seus efeitos sobre os atos subsequentes".[316]

Nesse ponto, o Novo CPC explicita o *dever* do tribunal, ao dispor que o relator *determinará* a realização ou a renovação do ato processual.

Por fim, o art. 517 do CPC de 1973, que dispõe que "as questões de fato, não propostas no juízo inferior, poderão ser suscitadas na apelação, se a parte provar que deixou de fazê-lo por motivo de força maior", é integralmente reproduzido no art. 1.014 do Novo CPC.

2.2.3.3. *Efeito suspensivo*

O tema referente ao efeito suspensivo da apelação foi um dos que mais gerou debate no Congresso Nacional, ao longo do período de discussões do projeto do NCPC, quando debatidas as alterações do sistema recursal.

E, como visto, tal discussão não é nova, haja vista o PL 3.605/04 apresentado com o propósito de modificação do teor do art. 520 do CPC de 1973.[317]

A alteração referente à regra da suspensividade do recurso de apelação teve idas e vindas durante o trâmite do projeto do NCPC.

O texto oriundo do Senado Federal (PLS 166/10), convertido na Câmara dos Deputados no PL 8.046/10, inovou ao prever a eliminação da regra de atribuição de efeito suspensivo à apelação *ope legis*, possibilitando a execução imediata da sentença e a atribuição de efeito suspensivo *ope iudicis*, por decisão do relator, a requerimento da parte apelante, se houver risco de que a imediata produção de efeitos da sentença gere dano grave, de difícil ou impossível reparação, sendo provável o provimento do recurso.

Esta previsão de inversão da regra do efeito suspensivo da apelação foi mantida pelo Relatório Sérgio Barradas Carneiro e pelo Substitutivo Preliminar Paulo Teixeira.

Portanto, a regra, de acordo com o PLS 166/10, seria de ausência de efeito suspensivo dos recursos em geral, inclusive da apelação.

Essa proposta gerou amplo debate na doutrina, no Congresso Nacional e entre os operadores do Direito, uma vez que está diretamente relacionada aos princípios da efetividade e da segurança jurídica e pelo fato de atingir todos aqueles que têm a favor ou contra si uma sentença.

Não obstante, essa importante proposição foi suprimida pelo Relatório Paulo Teixeira e pelos textos que lhe sucederam, até culminar no Novo CPC. No texto aprovado, está prevista a permanência da regra do CPC de 1973, pela

---

[316] TESHEINER, José Maria Rosa; BAGGIO, Lucas Pereira. *Nulidades no processo civil brasileiro*. Rio de Janeiro: Forense, 2008, p. 85.
[317] Vide item 2.1 *supra*.

qual a apelação, como regra, possui efeito suspensivo, sendo possível a sua execução imediata, de forma provisória, apenas em determinados e excepcionais casos previstos em lei, muito embora tenha o Novo CPC previsto que a regra geral é a de que "os recursos não impedem a eficácia da decisão, salvo disposição legal ou decisão judicial em sentido diverso" (art. 995, *caput*).

Após a aprovação do projeto do NCPC pela Câmara dos Deputados, e por ocasião do seu retorno ao Senado Federal, em abril de 2014, o Senador Álvaro Dias apresentou a Emenda nº 34 referente à alteração proposta pelo Substitutivo da Câmara de manutenção do efeito suspensivo da apelação. Sustentou o Senador a necessidade de restabelecimento do texto oriundo do Senado no sentido de abolição do efeito suspensivo *ope legis* do recurso de apelação.

Contudo, a Emenda foi rejeitada, conforme se verifica no Parecer apresentado pelo Senador Federal Vital do Rêgo, Relator do Novo CPC:

> O art. 1.025 do SCD [Substitutivo da Câmara dos Deputados], reformando a versão originária e correlata prevista no art. 949 do PLS [PLS 166/10], fixa a regra do efeito suspensivo do recurso de apelação, salvo nas exceções lá indicadas.
>
> Parece-nos correta a versão oferecida pela Câmara dos Deputados à vista das peculiaridades existentes no sistema processual brasileiro.
>
> O magistrado de primeiro grau goza de uma autonomia decisória ampla, com poucas restrições que serão trazidas pelo novo CPC, de maneira que seu veredito não necessariamente haverá de refletir, se houver, os posicionamentos jurisprudenciais das instâncias recursais. É que, apesar de o juiz estar sujeito a algumas decisões de tribunais superiores (como no caso do art. 822 do SCD), o fato é que nem todos os feitos versam sobre temas pacificados nessas instâncias nobres, sem falar na constatação de que há particularidades fáticas a serem apreciadas. Desse modo, a regra deve ser a de que, prorrogada a etapa processual de reexame amplo das questões fático-jurídicas da lide por meio da ascensão do feito à instância recursal ordinária, os efeitos da sentença devem permanecer sustados, salvo em situações excepcionalíssimas que, por sua urgência ou pela consistência das razões jurídicas, estão expressamente contempladas no próprio art. 1.025 do CPC.
>
> E mais. Casos não indicados expressamente no art. 1.025 do CPC poderão escapar ao efeito suspensivo da apelação por meio da concessão de alguma antecipação da tutela recursal mediante atendimento dos requisitos legais.
>
> No nosso modo de ver, a solução da Câmara dos Deputados não desvaloriza o magistrado de primeiro grau. Antes, prestigia-o em conjunto com todo o Poder Judiciário, que deve assegurar aos jurisdicionados uma resposta segura e eficaz aos que têm fome e sede de Justiça. Além do mais, a sistemática processual pátria goza de peculiaridades técnicas e sociais que afastam a importação acrítica de arranjos normativos de regimes jurídico-processuais de outros países, como os da Alemanha, Itália ou Portugal.
>
> Dessa maneira, rejeitam-se a Emenda nº 34, do Senador Álvaro Dias, e a sugestão hospedada no capítulo 3 da Nota Técnica nº 06, de 2014, da AJUFE. Anui-se, portan-

to, com a sugestão do Ofício nº 101/SGCS/AGU, firmada pela "manutenção do texto da Câmara dos Deputados".[318]

Considerando a importância do tema e as diversas alterações no curso do trâmite do projeto do NCPC, reproduz-se abaixo o teor dos artigos referentes ao efeito suspensivo da apelação nos textos produzidos no Congresso Nacional e finalmente no Novo CPC (Lei nº 13.105/2015):

PLS 166/10 (2010)
Art. 949. Os recursos, salvo disposição legal em sentido diverso, não impedem a eficácia da decisão.

§ 1º A eficácia da decisão poderá ser suspensa pelo relator se demonstrada a probabilidade de provimento do recurso, ou, sendo relevante a fundamentação, houver risco de dano grave ou difícil reparação, observado o art. 968.

§ 2º O pedido de efeito suspensivo do recurso será dirigido ao tribunal, em petição autônoma, que terá prioridade na distribuição e tornará prevento o relator.

§ 3º Quando se tratar de pedido de efeito suspensivo a recurso de apelação, o protocolo da petição a que se refere o § 2º impede a eficácia da sentença até que seja apreciado pelo relator.

§ 4º É irrecorrível a decisão do relator que conceder o efeito suspensivo.
Art. 968. A atribuição de efeito suspensivo à apelação obsta a eficácia da sentença.

RELATÓRIO SÉRGIO BARRADAS CARNEIRO (SET/2012)
Art. 1017. Os recursos, salvo disposição legal ou decisão judicial em sentido diverso, não impedem a eficácia da decisão.

Parágrafo único. A eficácia da decisão recorrida poderá ser suspensa por decisão do relator, se da imediata produção de seus efeitos houver risco de dano gravo, de difícil ou impossível reparação e ficar demonstrada a probabilidade de provimento do recurso.

Art. 1034. A apelação será, em regra, recebida sem efeito suspensivo. Será, todavia, recebida com este efeito, a requerimento do apelante, se o relator considerar que da imediata produção de efeitos da sentença poderá resultar dano grave, de difícil ou impossível reparação, sendo provável o provimento do recurso.

§ 1º Recebida a apelação sem efeito suspensivo, a sentença apelada começará a produzir os seus efeitos.

§ 2º Além de outras hipóteses previstas em lei, começa a produzir efeitos, imediatamente após a sua publicação, a sentença que:
I – homologa divisão ou demarcação de terras;
II – condena a pagar alimentos;
III – extingue sem resolução do mérito ou julga improcedentes os embargos do executado;
IV – julga procedente o pedido de instituição de arbitragem;
V – confirma, concede ou revoga tutela antecipada;
VI – decreta a interdição.

---

[318] Disponível em: <http://www.senado.gov.br/atividade/materia/getPDF.asp?t=159354&tp=1>, p. 40-1. Acesso em: 01 jan. 2015.

SUBSTITUTIVO PRELIMINAR PAULO TEIXEIRA (20.03.2013)
Art. 1008. Os recursos, salvo disposição legal ou decisão judicial em sentido diverso, não impedem a eficácia da decisão.
Parágrafo único. A eficácia da decisão recorrida poderá ser suspensa por decisão do relator, se da imediata produção de seus efeitos houver risco de dano gravo, de difícil ou impossível reparação e ficar demonstrada a probabilidade de provimento do recurso.
Art. 1025. A apelação será recebida com efeito suspensivo, a requerimento do apelante, se o relator considerar que da imediata produção de efeitos da sentença poderá resultar dano grave, de difícil ou impossível reparação, sendo provável o provimento do recurso.
§ 1º A sentença não produzirá efeitos até que seja apreciado o pedido de efeito suspensivo; recebida a apelação sem efeito suspensivo, a sentença apelada começará a produzir os seus efeitos.
§ 2º Além de outras hipóteses previstas em lei, começa a produzir efeitos, imediatamente após a sua publicação, a sentença que:
I – homologa divisão ou demarcação de terras;
II – condena a pagar alimentos;
III – extingue sem resolução do mérito ou julga improcedentes os embargos do executado;
IV – julga procedente o pedido de instituição de arbitragem;
V – confirma, concede ou revoga tutela antecipada;
VI – decreta a interdição.

RELATÓRIO PAULO TEIXEIRA (08.05.2013)
Art. 1.008. Os recursos não impedem a eficácia da decisão, salvo disposição legal ou decisão judicial em sentido diverso.
Parágrafo único. A eficácia da decisão recorrida poderá ser suspensa por decisão do relator, se da imediata produção de seus efeitos houver risco de dano grave, de difícil ou impossível reparação e ficar demonstrada a probabilidade de provimento do recurso.
Art. 1.025. A apelação terá efeito suspensivo.
§ 1º Além de outras hipóteses previstas em lei, começa a produzir efeitos imediatamente após a sua publicação a sentença que:
I – homologa divisão ou demarcação de terras;
II – condena a pagar alimentos;
III – extingue sem resolução do mérito ou julga improcedentes os embargos do executado;
IV – julga procedente o pedido de instituição de arbitragem;
V – confirma, concede ou revoga tutela antecipada;
VI – decreta a interdição.
§2º Nos casos do §1º deste artigo, o apelado poderá promover o pedido de cumprimento provisório, logo depois de publicada a sentença.
§ 3º Nas hipóteses do § 1º deste artigo, o apelante poderá formular pedido de efeito suspensivo:

I – na petição de interposição do próprio recurso; ou,

II – por petição autônoma, que deverá ser instruída com os documentos necessários ao conhecimento da controvérsia, quando formulado depois de sua interposição, mas antes da distribuição do recurso ao relator.

§ 4º Nas hipóteses do §1º deste artigo, a eficácia da sentença poderá ser suspensa pelo relator se o apelante demonstrar a probabilidade de provimento do recurso, ou, sendo relevante a fundamentação, houver risco de dano grave ou difícil reparação.

§ 5º Quando o pedido for formulado por petição autônoma e os autos já estiverem no respectivo tribunal competente para julgar o recurso de apelação, é dispensável a formação do instrumento de que trata o inciso II do §3º deste artigo.

§ 6º A apreciação do pedido de concessão de efeito suspensivo ao recurso de apelação nas hipóteses do §1º deste artigo competirá:

I – ao juiz prolator da decisão apelada, no período compreendido entre a interposição do recurso em primeiro grau e a distribuição ao relator no tribunal de segundo grau;

II – ao relator designado, depois da distribuição do recurso no tribunal de segundo grau.

SUBSTITUTIVO COMISSÃO (17.07.2013)

Art. 1.008. Os recursos não impedem a eficácia da decisão, salvo disposição legal ou decisão judicial em sentido diverso.

Parágrafo único. A eficácia da decisão recorrida poderá ser suspensa por decisão do relator, se da imediata produção de seus efeitos houver risco de dano grave, de difícil ou impossível reparação e ficar demonstrada a probabilidade de provimento do recurso.

Art. 1.025. A apelação terá efeito suspensivo.

§ 1º Além de outras hipóteses previstas em lei, começa a produzir efeitos imediatamente após a sua publicação a sentença que:

I – homologa divisão ou demarcação de terras;

II – condena a pagar alimentos;

III – extingue sem resolução do mérito ou julga improcedentes os embargos do executado;

IV – julga procedente o pedido de instituição de arbitragem;

V – confirma, concede ou revoga tutela antecipada;

VI – decreta a interdição.

§ 2º Nos casos do § 1º, o apelado poderá promover o pedido de cumprimento provisório depois de publicada a sentença.

§ 3º Nas hipóteses do § 1º, o apelante poderá formular pedido de efeito suspensivo:

I – na petição de interposição do próprio recurso; ou, II – por petição autônoma, que deverá ser instruída com os documentos necessários ao conhecimento da controvérsia, quando formulado depois de sua interposição, mas antes da distribuição do recurso ao relator.

§ 4º Nas hipóteses do § 1º, a eficácia da sentença poderá ser suspensa pelo relator se o apelante demonstrar a probabilidade de provimento do recurso, ou, sendo relevante a fundamentação, houver risco de dano grave ou difícil reparação.

§ 5º Quando o pedido for formulado por petição autônoma e os autos já estiverem no respectivo tribunal competente para julgar o recurso de apelação, é dispensável a formação do instrumento de que trata o § 3º, inciso II.

§ 6º A apreciação do pedido de concessão de efeito suspensivo ao recurso de apelação nas hipóteses do § 1º competirá ao:

I – juiz prolator da decisão apelada, no período compreendido entre a interposição do recurso em primeiro grau e a distribuição ao relator no tribunal de segundo grau;

II – relator designado, depois da distribuição do recurso no tribunal de segundo grau.

SUBSTITUTIVO DA CÂMARA (26.03.2014)

Art. 1.008. Os recursos não impedem a eficácia da decisão, salvo disposição legal ou decisão judicial em sentido diverso.

Parágrafo único. A eficácia da decisão recorrida poderá ser suspensa por decisão do relator, se da imediata produção de seus efeitos houver risco de dano grave, de difícil ou impossível reparação, e ficar demonstrada a probabilidade de provimento do recurso.

Art. 1.025. A apelação terá efeito suspensivo.

§ 1º Além de outras hipóteses previstas em lei, começa a produzir efeitos imediatamente após a sua publicação a sentença que:

I – homologa divisão ou demarcação de terras;

II – condena a pagar alimentos;

III – extingue sem resolução do mérito ou julga improcedentes os embargos do executado;

IV – julga procedente o pedido de instituição de arbitragem;

V – confirma, concede ou revoga tutela antecipada;

VI – decreta a interdição.

§ 2º Nos casos do § 1º, o apelado poderá promover o pedido de cumprimento provisório depois de publicada a sentença.

§ 3º O pedido de concessão de efeito suspensivo nas hipóteses do § 1º poderá ser formulado por requerimento dirigido ao:

I – tribunal, no período compreendido entre a interposição da apelação e sua distribuição, ficando o relator designado para seu exame prevento para julgá-la;

II – relator, se já distribuída a apelação.

§ 4º Nas hipóteses do § 1º, a eficácia da sentença poderá ser suspensa pelo relator se o apelante demonstrar a probabilidade de provimento do recurso, ou, sendo relevante a fundamentação, houver risco de dano grave ou difícil reparação.

NOVO CPC (Lei nº 13.105, de 16 de março de 2015)

Art. 995. Os recursos não impedem a eficácia da decisão, salvo disposição legal ou decisão judicial em sentido diverso.

Parágrafo único. A eficácia da decisão recorrida poderá ser suspensa por decisão do relator, se da imediata produção de seus efeitos houver risco de dano grave, de difícil ou impossível reparação, e ficar demonstrada a probabilidade de provimento do recurso.

Art. 1012. A apelação terá efeito suspensivo.

§ 1º Além de outras hipóteses previstas em lei, começa a produzir efeitos imediatamente após a sua publicação a sentença que:
I – homologa divisão ou demarcação de terras;
II – condena a pagar alimentos;
III – extingue sem resolução do mérito ou julga improcedentes os embargos do executado;
IV – julga procedente o pedido de instituição de arbitragem;
V – confirma, concede ou revoga tutela provisória;
VI – decreta a interdição.
§ 2º Nos casos do § 1º, o apelado poderá promover o pedido de cumprimento provisório depois de publicada a sentença.
§ 3º O pedido de concessão de efeito suspensivo nas hipóteses do § 1º poderá ser formulado por requerimento dirigido ao:
I – tribunal, no período compreendido entre a interposição da apelação e sua distribuição, ficando o relator designado para seu exame prevento para julgá-la;
II – relator, se já distribuída a apelação.
§ 4º Nas hipóteses do § 1º, a eficácia da sentença poderá ser suspensa pelo relator se o apelante demonstrar a probabilidade de provimento do recurso ou se, sendo relevante a fundamentação, houver risco de dano grave ou difícil reparação.

Pelo teor do art. 1.012 do Novo CPC, a regra do CPC de 1973 é mantida na íntegra. Inexiste qualquer alteração relevante em relação ao teor do art. 520 do CPC de 1973. A apelação terá efeito suspensivo como regra geral, com exceção daqueles casos já previstos no art. 520 do CPC de 1973, analisados no item 1.4.3 *supra*, acrescido das hipóteses de sentença que concede ou revoga liminar e da sentença que decreta a interdição.

A inclusão, no rol das hipóteses em que o recurso de apelação não será dotado de efeito suspensivo, da sentença que concede ou revoga tutela *provisória* – nova denominação do Novo CPC à tutela antecipada do CPC de 1973 –, vai ao encontro do entendimento já consagrado pela doutrina e jurisprudência, conforme exposto no item 1.4.3 deste trabalho.

No tocante à sentença que decreta a interdição, cabe referir que o art. 1.184 do CPC de 1973 prevê, para esta hipótese, a produção de efeitos desde logo, ou seja, não possui efeito suspensivo, embora sujeita a apelação. No Novo CPC, houve apenas, portanto, o deslocamento desta regra para o rol das hipóteses em que a sentença começa a produzir efeitos imediatamente após a sua publicação, referidos no art. 520 do CPC de 1973.

Destaca-se, ainda, que o Novo CPC não contempla, no rol das hipóteses em que a apelação será recebida no efeito meramente devolutivo, a sentença proferida no processo cautelar, conforme disposto no inciso IV do art. 520 do CPC de 1973. Isto porque o Novo CPC elimina o processo cautelar previsto no Livro III do CPC de 1973.

No que se refere à sentença que condena a pagar alimentos, o Novo CPC perde a oportunidade de esclarecer a controvérsia atualmente existente na doutrina e na jurisprudência se tal dispositivo se aplica, também, à sentença que majora ou reduz a pensão alimentícia, ou que exonera o alimentante deste dever. A previsão apenas da hipótese da sentença que condena a pagar alimentos leva a crer que a intenção do legislador foi de contemplar exclusivamente essa situação. Contudo, permanecerá a discussão na doutrina e na jurisprudência sobre o tema, na medida em que há diversos julgados no sentido de retirar o efeito suspensivo da apelação nesses casos.[319]

Ressalta-se que os §§ 3º e 4º do art. 1.012 preveem a possibilidade de o apelante formular pedido de concessão de efeito suspensivo nos casos em que a apelação não detém tal efeito, na mesma linha do disposto no parágrafo único do art. 558 do CPC de 1973. A eficácia da sentença poderá ser suspensa se o apelante demonstrar a probabilidade de provimento do recurso, ou, sendo relevante a fundamentação, houver risco de dano grave ou de difícil reparação. Esse dispositivo está em consonância com o parágrafo único do art. 995 do Novo CPC *supra* transcrito que regula os recursos em geral.

A novidade do Novo CPC é a previsão de que o pedido de efeito suspensivo será dirigido ao tribunal, no período compreendido entre a interposição da apelação e a sua distribuição, ficando o relator designado para seu exame prevento para julgá-la, ou ao relator, quando já distribuída a apelação. O Novo CPC confere competência exclusiva ao tribunal, portanto, para a apreciação do pedido de concessão de efeito suspensivo aos casos em que a apelação não o detém,[320] em que pese a apelação permaneça sendo interposta perante o juízo de primeiro grau, conforme será visto no tópico 2.2.3.6.

E não há mais que se falar na interposição de agravo de instrumento buscando a obtenção de efeito suspensivo ao recurso de apelação. A regra do art. 522 do CPC de 1973, pela qual é cabível agravo de instrumento da decisão interlocutória referente aos efeitos em que a apelação é recebida, não possui correspondente no Novo CPC, haja vista que o pedido de concessão do efeito suspensivo será realizado diretamente no tribunal.

Pelo Novo CPC, a decisão do relator que conceder ou não efeito suspensivo à apelação – e também ao agravo de instrumento – será recorrível por

---

[319] Vide item 1.4.3 *supra*.

[320] Nesse ponto o Novo CPC corrigiu a contradição existente no Relatório Paulo Teixeira, apontada por nós em ensaio anterior, no sentido de que o pedido de atribuição de efeito suspensivo poderia ser formulado ao juízo prolator da sentença, sem a previsão de reexame da decisão pelo tribunal. Naquela ocasião o tema foi assim pontuado: "Verifica-se, então, manifesta incongruência no projeto do NCPC, a qual necessariamente deverá ser esclarecida, tendo em vista a ausência de previsão de cabimento de recurso contra a decisão do juízo de primeiro grau que concede ou não efeito suspensivo naqueles casos excepcionais em que a apelação possui apenas efeito devolutivo e, em contrapartida, a possibilidade de cabimento de agravo interno contra a decisão do relator no mesmo sentido". PINTO RIBEIRO, Cristiana Zugno. Anotações sobre o recurso de apelação no projeto do novo Código de Processo Civil. In: *XXII Congresso Nacional do Conpedi/Uninove*, São Paulo, 2013. Disponível em: <http://www.publicadireito.com.br/artigos/?cod=d20d9896e5f7a733>. Acesso em: 29 out. 2014.

meio da interposição de agravo interno, o que se depreende da redação contida no art. 1.021 do Novo CPC.[321] Além de o agravo interno ser disposto em capítulo próprio, e mencionado expressamente como recurso no art. 994, III, o Novo CPC também prevê a possibilidade de qualquer decisão monocrática proferida pelo relator ser impugnada pela via do agravo interno. O Novo CPC foi mais generoso com essa via impugnativa do que a previsão contida no § 1º do art. 557 do CPC de 1973, pois autoriza o seu uso genericamente contra qualquer decisão do relator.[322]

Assim, não é repetida no Novo CPC a previsão contida no parágrafo único do art. 527 do CPC de 1973, no sentido de que a decisão do relator que defere efeito suspensivo ao agravo de instrumento é irrecorrível, e tampouco a previsão do § 4º do art. 949 do PLS 166/10 de que "é irrecorrível a decisão do relator que conceder o efeito suspensivo".

Então, compete ao relator, exclusivamente, a apreciação do pedido de efeito suspensivo na apelação, cabendo agravo interno de sua decisão, na medida em que não excepcionada a regra geral constante do art. 1.021 do Novo CPC.

O § 2º do art. 1.012 do Novo CPC corresponde ao art. 521 do CPC de 1973,[323] com a adequação da nomenclatura da antiga execução provisória da sentença para o cumprimento provisório da sentença. Então, nos casos em que a apelação não é dotada de efeito suspensivo, poderá ser proposto, pela parte apelada, o pedido de cumprimento provisório da sentença, depois da sua publicação.

2.2.3.4. Efeito translativo

O Novo CPC não traz alterações no tocante ao efeito translativo dos recursos. As questões de ordem pública permanecem, no Novo CPC, devendo

---

[321] Art. 1.021. Contra decisão proferida pelo relator caberá agravo interno para o respectivo órgão colegiado, observadas, quanto ao processamento, as regras do regimento interno do tribunal. § 1º Na petição de agravo interno, o recorrente impugnará especificadamente os fundamentos da decisão agravada. § 2º O agravo será dirigido ao relator, que intimará o agravado para manifestar-se sobre recurso no prazo de 15 (quinze) dias, ao final do qual, não havendo retratação, o relator levá-lo-á a julgamento pelo órgão colegiado, com inclusão em pauta. § 3º É vedado ao relator limitar-se à reprodução dos fundamentos da decisão agravada para julgar improcedente o agravo interno. § 4º Quando o agravo interno for declarado manifestamente inadmissível ou improcedente em votação unânime, o órgão colegiado, em decisão fundamental, condenará o agravante a pagar ao agravado multa fixada entre um e cinco por cento do valor atualizado da causa. § 5º A interposição de qualquer outro recurso está condicionada ao depósito prévio do valor da multa prevista no § 4º, à exceção da Fazenda Pública e do beneficiário de gratuidade da justiça, que farão o pagamento ao final.

[322] PEÑA, Eduardo Chemale Selistre. Poderes do relator e julgamento monocrático dos recursos na legislação processual vigente e no projeto do novo Código de Processo Civil. In: ROSSI, Fernando *et al* (coord). *O futuro do processo civil no Brasil*: uma análise crítica ao projeto do novo CPC. Belo Horizonte: Forum, 2011, p. 159.

[323] Art. 521. Recebida a apelação em ambos os efeitos, o juiz não poderá inovar no processo; recebida só no efeito devolutivo, o apelado poderá promover, desde logo, a execução provisória da sentença, extraindo a respectiva carta.

ser conhecidas de ofício pelo juiz, a qualquer tempo ou grau de jurisdição, uma vez que sobre elas não se opera a preclusão.

Como exemplo das questões de ordem pública sobre as quais se opera o efeito translativo dos recursos, o § 3º do art. 267 do CPC de 1973, que prevê que o juiz conhecerá de ofício, em qualquer tempo e grau de jurisdição, enquanto não proferida sentença de mérito, as matérias constantes dos incisos IV, V e VI (ausência de pressupostos de constituição e de desenvolvimento válido e regular do processo, quando for acolhida a alegação de perempção, litispendência ou de coisa julgada, e quando não concorrer qualquer das condições da ação, quais sejam possibilidade jurídica do pedido, legitimidade das partes e interesse processual), possui correspondência no § 3º do art. 485 do Novo CPC.

As pequenas alterações do Novo CPC ampliam o efeito translativo dos recursos. Dispõe o § 3º do art. 485 que "o juiz conhecerá de ofício da matéria constante dos incisos IV, V, VI e IX, em qualquer tempo e grau de jurisdição, enquanto não ocorrer o trânsito em julgado".

A primeira alteração preconiza que, até o trânsito em julgado, poderá o juiz examinar de ofício as questões de ordem pública, não havendo a limitação existente no CPC de 1973 de aplicação do referido dispositivo até a prolação da sentença de mérito.

Outrossim, o Novo CPC amplia o conhecimento das questões de ordem pública à hipótese em que, no caso de morte da parte, a ação for considerada intransmissível por disposição legal (inciso IX do art. 485 do Novo CPC).

As demais hipóteses são as mesmas no § 3º do art. 267 do CPC de 1973, com exceção do reconhecimento da impossibilidade jurídica do pedido, haja vista não ser mais tratada, no Novo CPC, como condição da ação, mas sim como mérito da causa.

Na mesma linha, o § 4º do art. 301 do CPC de 1973, que também exemplifica casos de questões de ordem pública, tem correspondência no § 5º do art. 337 do Novo CPC.

Portanto, permanece inalterado, no Novo CPC, o regramento referente ao efeito translativo dos recursos.

Destaca-se que o Novo CPC, de forma salutar, prevê o que já vinha sendo preconizado pela doutrina no tocante à necessidade de oportunização do contraditório antes do juiz se pronunciar acerca das questões de ordem pública, conforme referido no item 1.4.4 *supra*. É o que dispõe o já mencionado art. 10 do Novo CPC.

Em conclusão, é mantida pelo Novo CPC a regra referente à apreciação de ofício, a qualquer tempo, das questões de ordem pública, com a importante previsão acerca da necessária atenção ao princípio do contraditório, a fim de que a parte não seja surpreendida por decisão cujos fundamentos não tenham sido debatidos no curso do processo.

2.2.3.5. Outros efeitos

No tocante aos efeitos obstativo, substitutivo, expansivo, regressivo e diferido, não se verificam importantes modificações no Novo CPC.

O efeito obstativo, pelo qual o recurso obsta a ocorrência da preclusão e da coisa julgada, inerente a todas as modalidades recursais, permanece inalterado no Novo CPC.

O efeito substitutivo, também presente em todos os recursos, é regulado no CPC de 1973 no art. 512, que dispõe que "o julgamento proferido pelo tribunal substituirá a sentença ou a decisão recorrida no que tiver sido objeto de recurso". Tal dispositivo legal possui correspondência no Novo CPC no art. 1.008, com a seguinte redação: "O julgamento proferido pelo tribunal substituirá a decisão impugnada no que tiver sido objeto de recurso". A única alteração é a exclusão da palavra "sentença", haja vista estar abrangida pela expressão "decisão impugnada".

Não há alteração em relação ao efeito expansivo dos recursos. Registra-se que o art. 509 do CPC de 1973[324] é reproduzido na íntegra no art. 1.005 do Novo CPC.

No que se refere ao efeito regressivo, relacionado ao juízo de retratação, o Novo CPC mantém, em relação ao recurso de apelação, a sua previsão nas duas hipóteses do CPC de 1973: no caso de indeferimento da petição inicial (art. 296 do CPC de 1973,[325] com correspondência no art. 331 do Novo CPC)[326] e na hipótese de sentença liminar de total improcedência (art. 285-A do CPC de 1973,[327] com correspondência no art. 332 do Novo CPC).[328] Em ambos os

---

[324] Art. 509. O recurso interposto por um dos litisconsortes a todos aproveita, salvo se distintos ou opostos os seus interesses. Parágrafo único. Havendo solidariedade passiva, o recurso interposto por um devedor aproveitará aos outros, quando as defesas opostas ao credor lhes forem comuns.

[325] Art. 296. Indeferida a petição inicial, o autor poderá apelar, facultado ao juiz, no prazo de 48 (quarenta e oito) horas, reformar sua decisão. Parágrafo único. Não sendo reformada a decisão, os autos serão imediatamente encaminhados ao tribunal competente.

[326] Art. 331. Indeferida a petição inicial, o autor poderá apelar, facultado ao juiz, no prazo de 5 (cinco) dias, retratar-se. § 1º Se não houver retratação, o juiz mandará citar o réu para responder ao recurso. § 2º Sendo a sentença reformada pelo tribunal, o prazo para a contestação começará a correr da intimação do retorno dos autos, observado o disposto no art. 334. § 3º Não interposta a apelação, o réu será intimado do trânsito em julgado da sentença.

[327] Art. 285-A. Quando a matéria controvertida for unicamente de direito e no juízo já houver sido proferida sentença de total improcedência em outros casos idênticos, poderá ser dispensada a citação e proferida sentença, reproduzindo-se o teor da anteriormente prolatada. § 1º Se o autor apelar, é facultado ao juiz decidir, no prazo de 5 (cinco) dias, não manter a sentença e determinar o prosseguimento da ação. § 2º Caso seja mantida a sentença, será ordenada a citação do réu para responder ao recurso.

[328] Art. 332. Nas causas que dispensem a fase instrutória, o juiz, independentemente da citação do réu, julgará liminarmente improcedente o pedido que contrariar: I – enunciado de súmula do Supremo Tribu-

casos, o recurso de apelação do autor possui efeito regressivo, vez que autoriza o juízo prolator da sentença a proceder ao juízo de retratação.[329]

Relativamente à hipótese de indeferimento da petição inicial, o Novo CPC aumentou o prazo fixado para retratação do juiz de 48 (quarenta e oito) horas para 5 (cinco) dias. Outrossim, o Novo CPC determina que "se não houver retratação, o juiz mandará citar o réu para responder ao recurso", diferentemente do CPC de 1973 que prevê, para esse caso, a remessa imediata dos autos ao tribunal, sem citação e sem apresentação de contrarrazões. Ainda, esclarece o § 2º do art. 331 do Novo CPC que "sendo a sentença reformada pelo tribunal, o prazo para a contestação começará a correr da intimação do retorno dos autos".

O regramento atinente ao juízo de retratação para a hipótese de improcedência liminar do pedido permanece inalterado no Novo CPC.

Inova o Novo CPC ao prever a possibilidade de juízo de retratação para o caso em que o processo é extinto sem resolução de mérito. O § 7º do art. 485 determina que "interposta a apelação em qualquer dos casos de que tratam os incisos deste artigo [hipóteses em que não há resolução de mérito], o juiz terá 5 (cinco) dias para retratar-se".[330] O Novo CPC, portanto, traz nova hipótese em que o recurso de apelação possui efeito regressivo. Sempre que a sentença for terminativa, terá o juiz a faculdade de se retratar por ocasião da interposição do recurso de apelação.

---

nal Federal ou do Superior Tribunal de Justiça; II – acórdão proferido pelo Supremo Tribunal Federal ou pelo Superior Tribunal de Justiça em julgamento de recursos repetitivos; III – entendimento firmado em incidente de resolução de demandas repetitivas ou de assunção de competência; IV – enunciado de súmula de tribunal de justiça sobre direito local. § 1º O juiz também poderá julgar liminarmente improcedente o pedido se verificar, desde logo, a ocorrência de decadência ou de prescrição. § 2º Não interposta a apelação, o réu será intimado do trânsito em julgado da sentença, nos termos do art. 241. § 3º Interposta a apelação, o juiz poderá retratar-se em 5 (cinco) dias. § 4º Se houver retratação, o juiz determinará o prosseguimento do processo, com a citação do réu, e, se não houver retratação, determinará a citação do réu para apresentar contrarrazões, no prazo de 15 (quinze) dias.

[329] OLIVEIRA, Gleydson Kleber Lopes de. *Apelação no direito processual civil*. São Paulo: Revista dos Tribunais, 2009, p. 255/256.

[330] Esta é a íntegra do art. 485 do Novo CPC: Art. 485. O juiz não resolverá o mérito quando: I – indeferir a petição inicial; II – o processo ficar parado durante mais de 1 (um) ano por negligência das partes; III – por não promover os atos e as diligências que lhe incumbir, o autor abandonar a causa por mais de 30 (trinta) dias; IV – verificar a ausência de pressupostos de constituição e de desenvolvimento válido e regular do processo; V – reconhecer a existência de perempção, de litispendência ou de coisa julgada; VI – verificar ausência de legitimidade ou de interesse processual; VII – acolher a alegação de existência de convenção de arbitragem ou quando o juízo arbitral reconhecer sua competência; VIII – homologar a desistência da ação; IX – em caso de morte da parte, a ação for considerada intransmissível por disposição legal; e X – nos demais casos prescritos neste Código. § 1º Nas hipóteses descritas nos incisos II e III, a parte será intimada pessoalmente para suprir a falta no prazo de 5 (cinco) dias. § 2º No caso do § 1º, quanto ao inciso II, as partes pagarão proporcionalmente as custas, e, quanto ao inciso III, o autor será condenado ao pagamento das despesas e dos honorários de advogado. § 3º O juiz conhecerá de ofício da matéria constante dos incisos IV, V, VI e IX, em qualquer tempo e grau de jurisdição, enquanto não ocorrer o trânsito em julgado. § 4º Oferecida a contestação, o autor não poderá, sem o consentimento do réu, desistir da ação. § 5º A desistência da ação pode ser apresentada até a sentença. § 6º Oferecida a contestação, a extinção do processo por abandono da causa pelo autor depende de requerimento do réu. § 7º Interposta a apelação em qualquer dos casos de que tratam os incisos deste artigo, o juiz terá 5 (cinco) dias para retratar-se.

Por fim, em relação ao efeito diferido, que ocorre quando for necessário, para a apreciação de um recurso, o recebimento de outro,[331] como no caso do recurso adesivo previsto no art. 500 do CPC de 1973,[332] não há alteração no Novo CPC. O recurso adesivo tem previsão nos parágrafos do art. 997 do Novo CPC.[333]

2.2.3.6. Outras mudanças

O objeto principal de estudo do presente trabalho são os efeitos e hipóteses de cabimento do recurso de apelação no CPC de 1973 e no Novo CPC. Não obstante, cumpre seja abordado, ainda que de forma sucinta, as demais alterações previstas no Novo CPC, pertinentes ao recurso de apelação.

Em relação ao procedimento, o Novo CPC mantém a regra de interposição do recurso de apelação no primeiro grau de jurisdição.[334] Por outro lado, previu-se a supressão do juízo de admissibilidade pelo juízo de primeiro grau, conferindo-se tal competência exclusivamente ao segundo grau de jurisdição.[335]

---

[331] ROSINHA, Martha. *Os efeitos dos recursos*: atualizado com o Projeto do Novo Código de Processo Civil. Porto Alegre: Livraria do Advogado, 2012, p. 106.

[332] Art. 500. Cada parte interporá o recurso, independentemente, no prazo e observadas as exigências legais. Sendo, porém, vencidos autor e réu, ao recurso interposto por qualquer deles poderá aderir a outra parte. O recurso adesivo fica subordinado ao recurso principal e se rege pelas disposições seguintes: I – será interposto perante a autoridade competente para admitir o recurso principal, no prazo de que a parte dispõe para responder; II – será admissível na apelação, nos embargos infringentes, no recurso extraordinário e no recurso especial; III – não será conhecido, se houver desistência do recurso principal, ou se for ele declarado inadmissível ou deserto. Parágrafo único. Ao recurso adesivo se aplicam as mesmas regras do recurso independente, quanto às condições de admissibilidade, preparo e julgamento no tribunal superior.

[333] Art. 997. Cada parte interporá o recurso independente, no prazo e com observância das exigências legais. § 1º Sendo vencidos autor e réu, ao recurso interposto por qualquer deles poderá aderir o outro. § 2º O recurso adesivo fica subordinado ao recurso independente, sendo-lhe aplicáveis as mesmas regras deste quanto aos requisitos de admissibilidade e julgamento no tribunal, salvo disposição legal diversa, observado, ainda, o seguinte: I – será dirigido ao órgão perante o qual o recurso independente fora interposto, no prazo de que a parte dispõe para responder; II – será admissível na apelação, no recurso extraordinário e no recurso especial; III – não será conhecido, se houver desistência do recurso principal ou se for ele considerado inadmissível.

[334] O PLS 166/10 também previa a interposição da apelação no primeiro grau de jurisdição. Em sentido diverso, no Relatório Sergio Barradas Carneiro foi apresentada proposta no sentido de que o recurso de apelação fosse protocolizado diretamente no tribunal competente para julgamento. A apelação seria interposta por instrumento, na medida em que deveria ser instruída com diversas peças do processo, sendo necessária a juntada, perante o juízo de primeiro grau, de cópia da apelação, no prazo de três dias contados da sua interposição, sob pena de inadmissibilidade do recurso. Essa proposta foi alterada pelo Relatório Paulo Teixeira e mantida no Novo CPC.

[335] Nesse sentido é a redação do art. 1.010 do Novo CPC: Art. 1.010. A apelação, interposta por petição dirigida ao juízo de primeiro grau, conterá: I – os nomes e a qualificação das partes; II – a exposição do fato e do direito; III – as razões do pedido de reforma ou de decretação de nulidade; IV – o pedido de nova decisão. § 1º O apelado será intimado para apresentar contrarrazões no prazo de 15 (quinze) dias. § 2º Se o apelado interpuser apelação adesiva, o juiz intimará o apelante para apresentar contrarrazões. § 3º Após as formalidades previstas nos §§ 1º e 2º, os autos serão remetidos ao tribunal pelo juiz, independentemente de juízo de admissibilidade.

O cabimento de agravo de instrumento contra a decisão do juízo monocrático que não recebe a apelação (art. 522, *caput*, do CPC de 1973), bem como o caráter provisório deste juízo de admissibilidade, serviram como base para a proposta do projeto do NCPC de que a apelação tenha o seu juízo de admissibilidade realizado tão somente no tribunal. A justificativa da Exposição de Motivos do Anteprojeto é de supressão de um novo foco desnecessário de recorribilidade, buscando sempre a celeridade do processo.[336]

Assim, como visto, inexiste, no Novo CPC, a previsão de cabimento de agravo de instrumento nos casos de inadmissão da apelação e nos relativos aos efeitos em que a apelação é recebida (art. 522, *caput*, do CPC de 1973), face à ocorrência de duas mudanças referentes ao recurso de apelação: tanto a decisão sobre a concessão de efeito suspensivo à apelação, quanto acerca de seu juízo de admissibilidade, passam a ser de competência exclusiva do tribunal.

Por esse motivo, não há correspondência, no Novo CPC, ao art. 518 do CPC de 1973.[337] Assim, a súmula impeditiva de recursos (art. 518, § 1º, do CPC de 1973) não mais subsiste diante da concentração do juízo de admissibilidade no segundo grau.[338] E o art. 519 do CPC de 1973[339] foi deslocado para a parte referente às disposições gerais dos recursos, por não dizer respeito especificamente ao recurso de apelação, com a seguinte redação: "Provando o recorrente justo impedimento, o relator relevará a pena de deserção, por decisão irrecorrível, fixando-lhe prazo de 5 (cinco) dias para efetuar o preparo" (§ 6º do art. 1.007 do Novo CPC).

Ainda, importante inovação do Novo CPC é a extinção do recurso de agravo retido, com a instituição da regra de inexistência de preclusão das questões decididas antes da sentença por decisões interlocutórias, tema já tratado no item 2.2.3.1.

Por fim, o Novo CPC prevê, de forma inovadora, a sucumbência recursal, como tentativa de reduzir o número de recursos. O *caput* do art. 85 dispõe que "a sentença condenará o vencido a pagar honorários ao advogado do ven-

---

[336] Disponível em: <http://www.senado.gov.br/senado/novocpc/pdf/Anteprojeto.pdf>, p. 26. Acesso em: 25 out. 2014.

[337] Art. 518. Interposta a apelação, o juiz, declarando os efeitos em que a recebe, mandará dar vista ao apelado para responder. (Redação dada pela Lei nº 8.950, de 1994) § 1º O juiz não receberá o recurso de apelação quando a sentença estiver em conformidade com súmula do Superior Tribunal de Justiça ou do Supremo Tribunal Federal. (Renumerado pela Lei nº 11.276, de 2006) § 2º Apresentada a resposta, é facultado ao juiz, em cinco dias, o reexame dos pressupostos de admissibilidade do recurso. (Incluído pela Lei nº 11.276, de 2006)

[338] CIANCI, Mirna; QUARTIERI, Rita; ISHIKAWA, Liliane Ito. Novas perspectivas do recurso de apelação. In: FREIRE, Alexandre *et al* (coord.). *Novas tendências do processo civil*: estudos sobre o projeto do novo Código de Processo Civil. v. 3. Salvador: JusPodivm, 2014, p. 424.

[339] Art. 519. Provando o apelante justo impedimento, o juiz relevará a pena de deserção, fixando-lhe prazo para efetuar o preparo (Redação dada pela Lei nº 8.950, de 1994). Parágrafo único. A decisão referida neste artigo será irrecorrível, cabendo ao tribunal apreciar-lhe a legitimidade. (Incluído pela Lei nº 8.950, de 1994)

cedor", e o seu § 1º reza que "são devidos honorários advocatícios na reconvenção, no cumprimento de sentença, provisório ou definitivo, na execução, resistida ou não, e nos recursos interpostos, cumulativamente". E o § 11 do mesmo dispositivo legal dispõe que

> o tribunal, ao julgar recurso, majorará os honorários fixados anteriormente levando em conta o trabalho adicional realizado em grau recursal, observando, conforme o caso, o disposto nos §§ 2º a 6º, sendo vedado ao tribunal, no cômputo geral da fixação de honorários devidos ao advogado do vencedor, ultrapassar os respectivos limites estabelecidos nos §§ 2º e 3º para a fase de conhecimento.

O § 2º determina que os honorários serão fixados entre o mínimo de 10 (dez) e o máximo de 20% (vinte por cento) sobre o valor da condenação, do proveito econômico obtido ou, não sendo possível mensurá-lo, sobre o valor atualizado da causa.

Verifica-se, então, que o valor fixado a título de honorários advocatícios, que poderá girar entre os percentuais de 10 (dez) a 20% (vinte por cento), será majorado pelo tribunal no julgamento do recurso, limitado ao percentual de 20% (vinte por cento) para a fase de conhecimento. Ou seja, poderá haver majoração apenas para a hipótese em que a decisão do órgão *a quo* fixar honorários em percentual inferior a 20 % (vinte por cento). No caso de fixação do valor no teto estabelecido, não haverá que se falar em sucumbência recursal.

Na majoração dos honorários, o tribunal deverá atender o grau de zelo do profissional, o lugar da prestação do serviço, a natureza e a importância da causa, o trabalho realizado pelo advogado e o tempo exigido para o seu serviço (incisos do § 2º).

Nas causas em que a Fazenda Pública for parte, a fixação dos honorários atenderá aos percentuais estabelecidos no § 3º do art. 85.[340] E a majoração da verba honorária em sede recursal também tem aplicabilidade aos processos em que a Fazenda Pública é parte, devendo ser observado o mesmo limite de 20% (vinte por cento) para a fase de conhecimento.

Para finalizar, e com a intenção de retratar, integralmente, as alterações propostas pelo Novo CPC em relação ao recurso de apelação, os artigos relacionados à apelação são colacionados em quadro comparativo com a redação contida no CPC de 1973 no Anexo deste trabalho.

---

[340] Art. 85, § 3º. Nas causas em que a Fazenda Pública for parte, a fixação dos honorários observará os critérios estabelecidos nos incisos I a IV do § 2º e os seguintes percentuais: I – mínimo de dez e máximo de vinte por cento sobre o valor da condenação ou do proveito econômico obtido até 200 (duzentos) salários-mínimos; II – mínimo de oito e máximo de dez por cento sobre o valor da condenação ou do proveito econômico obtido acima de 200 (duzentos) salários-mínimos até 2.000 (dois mil) salários-mínimos; III – mínimo de cinco e máximo de oito por cento sobre o valor da condenação ou do proveito econômico obtido acima de 2.000 (dois mil) salários-mínimos até 20.000 (vinte mil) salários-mínimos; IV – mínimo de três e máximo de cinco por cento sobre o valor da condenação ou do proveito econômico obtido acima de 20.000 (vinte mil) salários-mínimos até 100.000 (cem mil) salários-mínimos; V – mínimo de um e máximo de três por cento sobre o valor da condenação ou do proveito econômico obtido acima de 100.000 (cem mil) salários-mínimos.

3. Análise crítica sobre o novo CPC

Nos capítulos antecedentes, foram analisadas as hipóteses de cabimento e os efeitos do recurso de apelação, com ênfase nos efeitos devolutivo e suspensivo, no CPC de 1973 e no Novo CPC.

Após a análise comparativa do CPC de 1973 e do Novo CPC, cumpre seja realizado um estudo crítico sobre o tema, a fim de identificar se a nova legislação atende às expectativas dos operadores do Direito, bem como às insuficiências do modelo do Código de Processo Civil de 1973.

Outrossim, cabe a apresentação de propostas *de lege ferenda* relacionadas ao tema objeto de estudo neste trabalho.

3.1. O EFEITO SUSPENSIVO DA APELAÇÃO: ANÁLISE E PROPOSTAS

Conforme visto no item 2.2.3.3, o Novo CPC, ao contrário do PLS 166/10, mantém a regra do CPC de 1973 de suspensividade do recurso de apelação, sendo admitida a execução imediata da sentença apenas em hipóteses excepcionais discriminadas pela lei.

A manutenção do efeito suspensivo do recurso de apelação está na contramão daquilo que há anos vinha sendo discutido no Congresso Nacional, conforme verificado no item 2.1.

Outrossim, a possibilidade de execução imediata da sentença mediante a abolição do efeito suspensivo *ope legis* do recurso de apelação há muito tem sido defendida pela doutrina nacional, como forma de tornar mais eficaz a prestação da tutela jurisdicional.[341] Nesse sentido, Luiz Guilherme Marinoni

---

[341] CRUZ E TUCCI, José Rogério. O judiciário e os principais fatores de lentidão da justiça. *Revista do Advogado*, São Paulo, v. 56, p. 78, set. 1999; CALMON DE PASSOS, J. J. As razões da crise de nosso sistema recursal. In: FABRÍCIO, Adroaldo Furtado *et al* (coord.). *Meios de impugnação ao julgado civil*: estudos em homenagem a José Carlos Barbosa Moreira. Rio de Janeiro: Forense, 2007, p. 378; BUENO, Cassio Scarpinella. *Execução provisória e antecipação da tutela*: dinâmica do efeito suspensivo da apelação e da execução provisória: conserto para a efetividade do processo. São Paulo: Saraiva, 1999, p. 376/378; LUCON, Paulo Henrique dos Santos. *Eficácia das decisões e execução provisória*. São Paulo: Revista dos Tribunais, 2000, p. 302; APRIGLIANO, Ricardo de Carvalho. Os efeitos da apelação e a reforma processual. In: COSTA, Hélio Rubens Batista

defende a necessidade de transformar em regra a execução imediata da sentença, *in verbis:*

> Se o sistema não distribui o tempo do processo, principalmente através da regra da execução imediata da sentença, o processo prejudica excessivamente o autor que tem razão e beneficia com o mesmo excesso o réu que não a tem.
>
> O autor que tem razão é prejudicado pelo tempo do primeiro grau e, diante da falta de execução imediata da sentença, certamente é prejudicado em dobro. Entretanto, o réu que tem razão pode ser prejudicado pela execução da sentença na pendência do recurso.
>
> Na verdade, a distribuição do tempo do processo, absolutamente necessária para a manutenção da isonomia entre os litigantes, sempre pode impor danos às partes. Um sistema que não admite a execução da sentença na pendência do recurso causa dano ao autor, ao passo que o sistema que a admite pode causar prejuízo ao réu. Note-se, porém, que não admitir a execução imediata da sentença é o mesmo que dizer que o autor pode ser prejudicado e que o réu sequer pode ser exposto a riscos.
>
> Se o autor é prejudicado pelo tempo do primeiro grau, não há motivo plausível para o sistema prejudicá-lo ainda mais, desconsiderando a necessidade de execução imediata da sentença para deixar o réu completamente livre de riscos. Parece não haver dúvida que o processo tradicional foi concebido, ainda que inconscientemente, na medida dos interesses do réu! [...]
>
> A sentença, até prova em contrário, é um ato legítimo e justo. Assim, não há motivo para ela ser considerada apenas um projeto da decisão de segundo grau, nesta perspectiva a única e verdadeira decisão. A sentença, para que o processo seja efetivo e a função do juiz de primeiro grau valorizada, deve poder realizar os direitos e interferir na vida das pessoas. [...]
>
> Lembre-se, porém, que um sistema que admite a execução imediata da sentença como regra deve abrir oportunidade para o juiz, ou mesmo o tribunal, obstar ou suspender a execução imediata em vista de situações particulares e especiais. [...]

Ribeiro; RIBEIRO, José Horácio Halfeld Rezende; DINAMARCO, Pedro da Silva (coords.). *A nova etapa da reforma do Código de Processo Civil.* São Paulo: Saraiva, 2002, p. 271/273; HOFFMANN, Ricardo. *Execução provisória.* São Paulo: Saraiva, 2004, p. 165; TESHEINER, José Maria Rosa; PINTO RIBEIRO, Cristiana Zugno. Recursos em espécie no projeto de um novo Código de Processo Civil. In: FREIRE, Alexandre *et al* (org.). *Novas tendências do processo civil:* estudos sobre o projeto do novo Código de Processo Civil. v. 3. Salvador: Jus Podivm, 2014, p. 72/73; PANTOJA, Fernanda Medina. *Apelação Cível:* novas perspectivas para um antigo recurso: um estudo crítico de direito nacional e comparado. Curitiba: Juruá, 2010, p. 206/208; CARVALHO FILHO, Milton Paulo de. *Apelação sem efeito suspensivo.* São Paulo: Saraiva, 2010, p. 42 e seguintes. Marco Aurélio Bortowski, em sua dissertação de mestrado apresentada junto à Pontifícia Universidade Católica do Rio Grande do Sul, publicada no ano de 1997, assim se manifestou sobre o tema: "*De lege ferenda,* melhor andaria o legislador se afastasse da apelação o efeito suspensivo, como regra. A prática tem mostrado que a suspensão da eficácia da sentença só vem em descrédito da atividade jurisdicional, como um todo". BORTOWSKI, Marco Aurélio. *Apelação Cível.* Porto Alegre: Livraria do Advogado, 1997, p. 131. Ada Pellegrini Grinover apresentou, em artigo publicado no ano de 1997, a seguinte proposta de redação para o art. 520 do CPC: "Art. 520. Ressalvadas as causas relativas ao estado e capacidade das pessoas e as sujeitas ao duplo grau de jurisdição (art. 475), a apelação terá somente efeito devolutivo, observado o disposto no parágrafo único do art. 558. Parágrafo único. Sendo relevante a fundamentação e podendo resultar à parte lesão grave e de difícil reparação, poderá o juiz, em decisão irrecorrível, atribuir à apelação efeito suspensivo". GRINOVER, Ada Pellegrini. Proposta de alteração ao Código de Processo Civil: justificativa. *Revista de Processo,* São Paulo, v. 86, p. 191, 1997.

A execução imediata da sentença, de fato, é imprescindível para a realização do direito constitucional à tempestividade da tutela jurisdicional. A regra da execução imediata da sentença, equilibrada pela possibilidade de suspensão da execução, encontra o seu fundamento na necessidade de conciliar a segurança, derivada do direito ao recurso, com a tempestividade da tutela jurisdicional, necessária para a realização concreta do direito de ação, assegurado pelo art. 5º, XXXV, da Constituição da República.[342]

No tocante à excessiva proteção concedida ao réu, Sérgio Gilberto Porto destaca que o sistema processual brasileiro é

voltado primordialmente para os direitos do réu, esquecendo que a realidade demonstra exatamente que, no mais das vezes, os autores têm razão ao demandarem. Tanto é verdade que a grande maioria das demandas que aportam em juízo são julgadas procedentes, circunstância que demonstra extreme de dúvidas que os autores – por regra – sustentam direitos que efetivamente lhes cabia sustentar.

Não obstante tal situação, por razões pouco esclarecidas em doutrina e que subjazem às normas, o processo civil brasileiro sempre esteve com os olhos voltados para o réu, mais parecendo que foi criado para assegurar um inesgotável direito de defesa do que assegurar a justa composição da lide, com absoluto equilíbrio entre os figurantes de uma relação jurídica processual.[343]

Não restam dúvidas, da análise do quanto afirmado por Luiz Guilherme Marinoni e Sérgio Gilberto Porto, de que o sistema processual civil brasileiro é voltado para a defesa dos direitos do réu, deixando de lado o direito fundamental do autor de obtenção de uma tutela jurisdicional em tempo razoável.

Entende-se que "o autor que já teve o seu direito declarado não pode ser prejudicado pelo tempo do recurso que serve unicamente ao réu. A tutela jurisdicional tem de ser tempestiva, ao mesmo tempo que é imprescindível igualmente evitar o abuso do direito de recorrer".[344]

Nesse sentido, Paulo Henrique dos Santos Lucon sustenta que "a impossibilidade de se executar a sentença na pendência do recurso provoca prejuízos

---

[342] MARINONI, Luiz Guilherme. *Tutela antecipatória, julgamento antecipado e execução imediata da sentença.* 4. ed. São Paulo: Revista dos Tribunais, 2000, p. 183/185. No mesmo sentido MARINONI, Luiz Guilherme. Direito à tempestividade da tutela jurisdicional. *Genesis:* Revista de Direito Processual Civil, Curitiba, n. 17, p. 546/548, jul./set. 2000.

[343] PORTO, Sérgio Gilberto. Recursos: reforma e ideologia. In: GIORGIS, José Carlos Teixeira (coord.). *Inovações do Código de Processo Civil.* 2 tir. Porto Alegre: Livraria do Advogado, 1997, p. 107/108. Ovídio Baptista da Silva, ao analisar o princípio do devido processo legal sob a ótica do autor e do réu, faz o seguinte questionamento: "o 'devido processo legal' é um privilégio processual reconhecido apenas aos demandados? Ou, ao contrário, também os autores terão direito a um processo igualmente 'devido', capaz de assegurar-lhes a real e efetiva realização prática – não apenas teórica – de suas pretensões? Um processo capenga, interminável em sua exasperante morosidade, deve ser reconhecido como um 'devido processo legal', ao autor que somente depois de vários anos logre uma sentença favorável, enquanto se assegura ao réu, sem direito nem mesmo verossímil, que demanda em procedimento ordinário, o 'devido processo legal', com 'plenitude de defesa'? SILVA, Ovídio A. Baptista da. A "plenitude de defesa" no processo civil. In: TEIXEIRA, Sálvio de Figueiredo (coord.). *As garantias do cidadão na justiça.* São Paulo: Saraiva, 1993, p. 154.

[344] MARINONI, Luiz Guilherme; MITIDIERO, Daniel. *O projeto do CPC:* críticas e propostas. São Paulo: Revista dos Tribunais, 2010, p. 178.

de grande monta em relação à parte que tem razão". Prossegue, afirmando que "nas demandas de natureza condenatória, isso se torna mais evidente, pois o demandante é duplamente penalizado: pelo enfoque extraprocessual, em razão do inadimplemento do demandado; pelo prisma endoprocessual, em decorrência da longa espera pelo percurso dos graus de jurisdição".[345]

Por tais motivos, e também por outros que serão adiante destacados, entende-se ser um retrocesso do legislador do Novo CPC a manutenção da regra de suspensividade *ope legis* do recurso de apelação. Neste ponto, a primeira versão do projeto, oriunda do Senado Federal em 2010 (PLS 166/10), refletia aquilo que há muito tem sido sustentado pelos operadores do Direito, na medida em que previa a eficácia imediata da sentença como regra do processo civil, passando a apelação a ter efeito suspensivo *ope iudicis*, se o relator considerasse, mediante requerimento do apelante, que da imediata produção dos efeitos da sentença poderia resultar dano grave, de difícil ou impossível reparação, sendo provável o provimento do recurso.

Embora a alteração da regra do efeito suspensivo da apelação, como prevista nas versões anteriores do projeto e pugnada por importante doutrina, não seja suficiente, por si só, para resolver o problema da intempestividade[346]

---

[345] LUCON, Paulo Henrique dos Santos. *Eficácia das decisões e execução provisória*. São Paulo: Revista dos Tribunais, 2000, p. 432.

[346] Marco Félix Jobim apresenta importante diferenciação entre os conceitos de intempestividade e morosidade processual, muitas vezes tratados como sinônimos pela doutrina. Ensina que "o processo, muitas vezes, pode passar por diversas fases morosas, mas nem por isso deixou de ser tempestivo. Aliás, pode o processo ser na sua essência moroso, pelas inúmeras diligências que devem ser realizadas para que ele se torne efetivo, sem com isso adentrar no conceito de intempestividade. Exemplo mais comumente de um processo moroso em sua própria essência é o de usucapião, cujas diversas diligências devem ser feitas para perfectibilizar as citações, as intimações, assim como a própria intervenção do Ministério Público faz com que o tempo seja mitigado pelo próprio rito processual". O autor traz como exemplos de etapas morosas do processo a expedição de carta rogatória, o procedimento para homologação da sentença estrangeira e a própria citação do réu. Assevera que tais etapas processuais são morosas em sua natureza, ou seja, "necessitam de um tempo temporal para serem perfectibilizados e, somente, quando esta morosidade extrapola o limite temporal é que se pode falar em intempestividade processual". JOBIM, Marco Félix. *O direito à duração razoável do processo*: responsabilidade civil do Estado em decorrência da intempestividade processual. 2. ed. Porto Alegre: Livraria do Advogado, 2012, p. 120/121. Sobre o tema, Mauro Cappelletti, em artigo no qual analisa as garantias fundamentais das partes no processo civil, afirma que "late justice is bad justice", ou seja, justiça tardia é o mesmo que justiça ruim. Acrescenta que "unfortunalety, the problem of delay in court is one which plagues many countries; indeed, it has been a recurring leitmotif of complaints and attempts at procedural reform". CAPPELLETTI, Mauro. Fundamental guarantees of the parties in civil litigation: comparative constitutional, international, and social trends. *Stanford Law Review*, v. 25, n. 5, p. 694, may 1973. Disponível em: <www.jstor.org/stable/1227903>. Acesso em: 10 jan. 2015. Para Van Rhee, os problemas mais antigos do processo civil são os altos custos e a demora indevida do processo. Nessa linha, sustenta que "high costs and undue delay are, according to some, currently even more problematic than in the past owing to the increase in litigation rates during the last few decades (Zuckerman, 1999, p. 42). Various strategies have been employed to fight this problem. The cheapest, and therefore a popular strategy, is the introduction of new rules of civil procedure. Reorganizing the courts and additional funding is another approach. A change in procedural culture is a third option. This option is currently advocated in countries like England and The Netherlands. In practice combinations of these approaches may be chosen". RHEE, C. H. van. Civil Procedure. In: SMITS, Jan M. *Elgar encyclopedia of comparative law*. Northampton, USA: Edward Elgar Publishing, p. 125.

da prestação jurisdicional, entende-se que seria um grande passo na busca da tutela jurisdicional efetiva, adequada e tempestiva.[347]

Sobre o enfrentamento da intempestividade da prestação jurisdicional no projeto do NCPC, Sérgio Gilberto Porto afirma que

> sabe-se, entretanto, de antemão, que um novo CPC, por si só, não será capaz de resolver de modo definitivo tão grave problema das sociedades contemporâneas, na medida em que não é a forma de processamento das demandas judiciais a única causa que contribui decisivamente para a demora na solução dos litígios judiciais. Existem, à evidência, outras causas concorrentes de natureza conjuntural, humanas e, quiçá, aqui ou ali, de conveniência ideológica.[348]

É certo que existem muitas razões que fogem do controle do legislador que impedem a solução dos problemas enfrentados pelo Judiciário, sobretudo no que diz respeito à tempestividade da prestação jurisdicional. Não se pode olvidar que a administração dos cartórios em geral (varas, câmaras, secretarias, gabinetes) é feita por pessoas que, por sua natureza, são diferentes entre si. Por esse motivo é que, dentro de um mesmo tribunal, por exemplo, verifica-se a existência de gabinetes abarrotados de processos, com anos de atraso no julgamento de recursos, ao passo que outros estão com o trabalho em dia.[349]

---

[347] Assim como os conceitos de morosidade e intempestividade não se confundem, Marco Félix Jobim evidencia, com propriedade, a necessidade de também se diferenciar os conceitos de tempestividade e celeridade. Ensina o autor que "a duração razoável do processo tem por finalidade a garantia ao jurisdicionado que ingressa no Poder Judiciário de que, em determinado tempo, e que este seja razoável, o seu processo tenha sido efetivado, ou pelo menos tenha sua sentença transitado em julgado. Já a celeridade processual é garantia ao jurisdicionado de que os atos processuais sejam realizados no menor espaço de tempo possível, numa linha mais de economia processual". JOBIM, Marco Félix. *O direito à duração razoável do processo*: responsabilidade civil do Estado em decorrência da intempestividade processual. 2. ed. Porto Alegre: Livraria do Advogado, 2012, p. 119.

[348] PORTO, Sérgio Gilberto. Apontamentos sobre duas relevantes inovações no projeto de um novo CPC. *Repertório de Jurisprudência IOB*, São Paulo, v. 3, n. 21, p. 747, nov. 2011. Nesse sentido, o Senador Federal Vital do Rêgo, Relator do projeto do NCPC, na elaboração do seu Parecer por ocasião da aprovação final do Novo CPC, ocorrida no dia 17.12.2014, referiu que "o fato é que o Congresso Nacional entregará à sociedade brasileira um monumento legislativo em matéria processual. Não temos a pretensão de que isso seja a solução definitiva do problema da sobrecarga de processos, até porque tal patologia não encontra sua cura exclusivamente nas leis, mas, sobretudo, nos valores da própria sociedade. Mas – é certo – o novo Código de Processo Civil dará aos indivíduos um Processo Cidadão, assentado em seguras raízes democráticas e deitado no leito da doutrina mais avançada, e será importante ferramenta na obtenção da duração razoável do processo". Disponível em: <http://www.senado.gov.br/atividade/materia/getPDF.asp?t=159351&tp=1>, p. 24. Acesso em: 01 jan. 2015.

[349] Nessa linha, Sérgio Gilberto Porto afirma que "os homens que compõem as estruturas judiciárias, de sua parte, não alcançam a mesma produtividade, daí a razão pela qual, em alguns setores, o serviço público é eficiente e em outros, com situação assemelhada, é ineficiente. Isso decorre, simplesmente, das idiossincrasias inerentes ao ser humano". PORTO, loc. cit., v. 3, n. 21, p. 747, nov. 2011. Sobre esse tema, Egas Dirceu Moniz de Aragão, ao analisar a possibilidade de aumento do número de juízes, sustenta que "a solução é criticável. A observação do desempenho dos magistrados revela que uns mantêm o serviço em dia, outros atrasam e há os muito atrasados. Se o número for multiplicado, sempre haverá os que estão em dia, os atrasados e os muito atrasados". ARAGÃO, Egas Dirceu Moniz de. Demasiados recursos? In: FABRÍCIO, Adroaldo Furtado *et al* (coord.). *Meios de impugnação ao julgado civil*: estudos em homenagem a José Carlos Barbosa Moreira. Rio de Janeiro: Forense, 2007, p. 200. Em sentido contrário, José Maria Rosa Tesheiner e Daniele Viafore entendem que o número de magistrados tem relação direta com a morosidade do judiciário: "A grande quantidade de processos que emperram as pautas de julgamento e assolam o Poder Judiciário não está

Trata-se de assunto relacionado à gestão cartorária. Sabe-se que a demora do processo muito se deve em função do seu tempo morto, em que o processo fica literalmente parado nos cartórios, sem receber qualquer impulsionamento.[350]

Giuseppe Tarzia, ao analisar a reforma ocorrida no Código de Processo Civil italiano em 1990, destaca que a solução para o problema da duração do processo depende "em grande parte, da organização das estruturas judiciárias e não das normas do Código de Processo Civil. A aceleração da justiça não poderá, portanto, ser assegurada somente com a nova lei ou com a revisão de todo o processo civil italiano".[351]

Contudo, este tema pertinente à organização judiciária não é objeto de estudo neste trabalho, pois fugiria, em muito, do escopo pretendido. Neste estudo, busca-se avaliar se as alterações propostas no Novo CPC, pertinentes aos efeitos do recurso de apelação, trazem melhoras em relação ao sistema vigente no CPC de 1973. E, embora não possam ser consideradas isoladamente, alterações pontuais e significativas no Código de Processo Civil poderiam em muito melhorar o problema da intempestividade do processo, sem se olvidar que "o processo ainda não descobriu um sistema imune de inconvenientes".[352]

Entende-se que a supressão da regra da suspensividade da eficácia da sentença, da forma como proposta no texto elaborado originalmente pelo Senado Federal, vai ao encontro da preocupação dos estudiosos do direito de um processo judicial tempestivo, efetivo e adequado. Nesse contexto, em que a atenção está voltada aos resultados a serem atingidos tempestivamente pelo processo judicial, destaca-se a importância da leitura ao direito de ação ou à cláusula constitucional da inafastabilidade da jurisdição (art. 5°, XXXV). O princípio do acesso à justiça vincula o legislador ordinário a que sejam criadas

---

somente relacionada à quantidade de ações ajuizadas ou recursos interpostos, mas também aos problemas estruturais do sistema, como, por exemplo, o inexpressivo número de juízes brasileiros". TESHEINER, José Maria Rosa; VIAFORE, Daniele. Da proposta de "redução do número de demandas e recursos" do projeto de novo CPC *versus* acesso à justiça. *Revista Jurídica,* Porto Alegre, v. 58, n. 401, p. 26, mar. 2011.

[350] O problema de gestão cartorária no Brasil é descrito por Marco Félix Jobim como uma das causas da intempestividade do processo no Brasil. Afirma o autor ser "realmente preocupante como os cartórios judiciais influem negativamente no tempo do processo, sendo um dos grandes responsáveis na atualidade pela intempestiva tutela jurisdicional". Aliado a isso, assevera o autor que a crise do ensino jurídico no país tem uma influência direta no tempo do processo, pois, "ao colocar no mercado de trabalho um profissional não competente, este trará sérios problemas que irão desde o atendimento inicial à parte até a efetivação de seu direito". Ainda, a intempestividade do processo no sistema judiciário brasileiro "está intimamente ligada ao comportamento das partes e de seus procuradores durante a instrução processual". O autor relembra ainda as tradicionais causas da intempestividade do Poder Judiciário, como "o vasto e complexo sistema recursal, a má remuneração dos servidores, a falta de juízes para o número de habitantes etc.". JOBIM, Marco Félix. *O direito à duração razoável do processo:* responsabilidade civil do Estado em decorrência da intempestividade processual. 2. ed. Porto Alegre: Livraria do Advogado, 2012, p. 124/128.

[351] TARZIA, Giuseppe. O novo processo civil de cognição na Itália. *Revista de Processo,* São Paulo, n. 79, p. 62, jul./set. 1995.

[352] SILVA, Ovídio A. Baptista da. *Processo e ideologia*: o paradigma racionalista. Rio de Janeiro: Forense, 2004, p. 34.

normas processuais providas de instrumentos que proporcionem a tutela efetiva, adequada e tempestiva dos direitos. Segundo Luiz Guilherme Marinoni, a previsão, contida no inciso XXXV do art. 5º da CF, no sentido de que "a lei não excluirá da apreciação do Poder Judiciário lesão ou ameaça a direito", garante a todos "o direito a uma prestação jurisdicional efetiva".[353]

Para tanto, é sempre colocado em pauta de discussão os valores da segurança jurídica e da efetividade do processo. No debate a respeito da alteração da regra do efeito suspensivo da apelação, há conflito entre esses valores que são elevados à condição de garantias constitucionais.

Segundo Carlos Alberto Alvaro de Oliveira, o valor da segurança liga-se à própria noção de Estado Democrático de Direito e é erigido como princípio fundamental da Constituição Federal no seu art. 1º, *caput*. A efetividade, por sua vez, está consagrada na Constituição Federal no art. 5º, XXXV, pois não é suficiente tão somente "abrir a porta de entrada do Poder Judiciário, mas prestar jurisdição tanto quanto possível eficiente, efetiva e justa, mediante um processo sem dilações temporais ou formalismos excessivos, que conceda ao vencedor no plano jurídico e social tudo a que faça jus".[354]

José Rogério Cruz e Tucci, ao analisar esses opostos princípios, refere que "obtendo-se um equilíbrio destes dois regramentos – segurança/celeridade –, emergirão as melhores condições para garantir a justiça no caso concreto, sem que, assim, haja diminuição no grau de efetividade da tutela jurisdicional".[355]

Entende-se que a proposta originária do Senado de significativa alteração da regra do efeito suspensivo da apelação sopesou corretamente os princípios da efetividade e da segurança jurídica, culminando por prevalecer o princípio da efetividade, sem ser esquecido, todavia, a segurança jurídica, na medida em que seria possível a atribuição de efeito suspensivo à apelação em determinados casos, a critério do magistrado. A possibilidade de atribuição de efeito suspensivo *ope iudicis* à apelação afasta qualquer argumento de insegurança jurídica dos litigantes.[356]

---

[353] MARINONI, Luiz Guilherme. O direito à efetividade da tutela jurisdicional na perspectiva da teoria dos direitos fundamentais. *Genesis:* Revista de Direito Processual Civil, Curitiba, n. 28, p. 303, abril/junho 2003. No mesmo sentido CRUZ E TUCCI, José Rogério. *Tempo e processo.* São Paulo: Revista dos Tribunais, 1997, p. 66.

[354] ALVARO DE OLIVEIRA, Carlos Alberto. *Do formalismo no processo civil:* proposta de um formalismo-valorativo. 3. ed. São Paulo: Saraiva, 2009, p. 79 e 87. No tocante ao princípio da efetividade, Cândido Rangel Dinamarco ensina que a efetividade do processo constitui expressão resumida da ideia de que "*o processo deve ser apto a cumprir integralmente toda a sua função sócio-político-jurídica, atingindo em toda a plenitude todos os seus escopos institucionais*". E prossegue no sentido de que "o processo precisa ser apto a dar a quem tem um direito, na medida do que for praticamente possível, tudo aquilo a que tem direito e precisamente aquilo a que tem direito". DINAMARCO, Cândido Rangel. *A instrumentalidade do processo.* 14. ed. São Paulo: Malheiros, 2009, p. 319 e 352. Grifos do autor.

[355] CRUZ E TUCCI, José Rogério. *Tempo e processo.* São Paulo: Revista dos Tribunais, 1997, p. 66.

[356] Carlos Alberto Alvaro de Oliveira explica com maestria o conflito existente entre os valores efetividade e segurança jurídica: "A efetividade e a segurança constituem valores essenciais para a conformação do processo em tal ou qual direção, com vistas a satisfazer determinadas finalidades, servindo também para orientar

Nessa linha, o professor Ovídio Baptista da Silva, ao analisar os anseios de segurança jurídica frente às exigências de efetividade dos direitos proclamados pelo legislador, assim dispôs:

> O réu que sofre a execução de uma medida liminar, ou alguma outra forma de execução provisória, depois declaradas ilegítimas, terá direito de pedir indenização dos danos que essas normas de *realização antecipada*, que se imaginava ser direito do autor, lhe tiverem causado. O autor, ao contrário, que se veja obrigado a suportar a demora natural do *procedimento ordinário*, como instrumento de uma determinada "lide integral", não terá qualquer direito de reclamar os prejuízos, às vezes gravíssimos, que esse retardamento lhe causar.[357]

Destaca-se, ainda, que a regra da imediata execução da sentença, se acolhida fosse pelo Novo CPC, colocaria fim a uma contradição do sistema processual vigente no CPC de 1973, a saber: a decisão interlocutória, fundada em cognição sumária que antecipa os efeitos da tutela jurisdicional, tem mais eficácia do que a própria sentença que é proferida com base em cognição exauriente após o estabelecimento do contraditório.[358] Nessa linha, Paulo Henrique dos Santos Lucon salienta que "não há a menor dúvida de que são incoerentes os sistemas jurídicos que, de um lado, permitem a antecipação da tutela com a satisfação de direitos e, de outro, outorgam à apelação um efeito suspensivo da atuação da sentença de primeiro grau, obstando a realização dos direitos".[359] Luiz Guilherme Marinoni, por sua vez, afirma que "o grande defeito que pode ser apontado atualmente no Código de Processo Civil é justamente o da contradição entre a existência da tutela antecipatória e a ausência da executividade imediata da sentença".[360]

Ainda que o inciso VII do art. 520 do CPC de 1973, inserido pela Lei nº 10.352/2001, determine que a apelação não tenha efeito suspensivo nos casos em que confirmar a antecipação dos efeitos da tutela – previsão mantida e ampliada no Novo CPC às hipóteses em que a sentença concede ou revoga a tutela provisória – a incongruência do sistema não foi eliminada. Isto porque

---

o juiz na aplicação das regras e princípios. Poder-se-ia dizer, numa perspectiva deontológica, tratar-se de sobreprincípios, embora sejam, a sua vez, também instrumentais em relação ao fim último do processo, que é a realização da Justiça do caso. Interessante é que ambos se encontram em permanente conflito, numa relação proporcional, pois quanto maior a efetividade menor a segurança, e vice-versa. Assim, por exemplo, o exercício do direito de defesa, princípio ligado à segurança, não pode ser excessivo nem desarrazoado. Nos casos não resolvidos pela norma, caberá ao órgão judicial, com emprego das técnicas hermenêuticas adequadas, ponderar qual dos valores deverá prevalecer". ALVARO DE OLIVEIRA, Carlos Alberto. *Do formalismo no processo civil*: proposta de um formalismo-valorativo. 3. ed. São Paulo: Saraiva, 2009, p. 77.

[357] SILVA, Ovídio A. Baptista da. A "plenitude de defesa" no processo civil. In: TEIXEIRA, Sálvio de Figueiredo (coord.). *As garantias do cidadão na justiça*. São Paulo: Saraiva, 1993, p. 159. Grifos do autor.

[358] BUENO, Cassio Scarpinella. *Execução provisória e antecipação da tutela*: dinâmica do efeito suspensivo da apelação e da execução provisória: conserto para a efetividade do processo. São Paulo: Saraiva, 1999, p. 48.

[359] LUCON, Paulo Henrique dos Santos. *Eficácia das decisões e execução provisória*. São Paulo: Revista dos Tribunais, 2000, p. 353.

[360] MARINONI, Luiz Guillherme. *Tutela antecipatória, julgamento antecipado e execução imediata da sentença*. 4. ed. São Paulo: Revista dos Tribunais, 2000, p. 180.

é conferida eficácia imediata às decisões interlocutórias que são proferidas em sede de cognição sumária, muitas vezes sem a oportunização do contraditório, ao passo que a sentença que não se relacione a pedido de tutela antecipada, prolatada com base em cognição plena e exauriente, tem seus efeitos obstaculizados pela simples possibilidade de interposição de recurso de apelação.

Na medida em que é possível a execução provisória[361] da decisão que antecipa os efeitos da tutela, não se mostra razoável não conferir a mesma executoriedade à sentença.[362]

Ainda, não se pode perder de vista que "em um sistema em que a sentença apenas excepcionalmente pode ser executada na pendência do recurso interposto para o segundo grau, e em que todas as causas devem ser submetidas a uma revisão, a figura do juiz de primeiro grau perde muito em importância".[363] No sistema do CPC de 1973, mantido pelo Novo CPC, o juiz de primeiro grau não é propriamente um julgador, mas sim um instrutor. Conforme Luiz Guilherme Marinoni, "a sua decisão pode ser vista, no máximo, como um projeto da única e verdadeira decisão, que é a do tribunal".[364]

---

[361] No tocante ao conceito de execução provisória, Federico Carpi afirma tratar-se da antecipação da eficácia executiva da sentença ou de outros provimentos judiciais em relação ao momento e grau de maturidade que a lei considera normal. CARPI, Federico. *La provvisoria esecutorietà della sentenza*. Milano: Giuffrè, 1979, p. 3. Para Ricardo Hoffmann, a execução provisória "tem por finalidade básica a concessão de eficácia antecipada a decisões judiciais, de maneira que o comando constante da sentença possa vir a ser cumprido mesmo de seu trânsito em julgado". HOFFMANN, Ricardo. *Execução provisória*. São Paulo: Saraiva, 2004, p. 61. Segundo Araken de Assis, o termo "provisória" se mostra inadequado, porque se trata de adiantamento ou antecipação da eficácia executiva. Ademais, "provisório" é o título, não a execução em si. ASSIS, Araken de. *Manual da Execução*. 13. ed. São Paulo: Revista dos Tribunais, 2010, p. 364. Cassio Scarpinella Bueno localiza a execução provisória no "quadro de medidas de *pronta eficácia* das decisões jurisdicionais porque ela é apta – e tem, pensamos, de ser tomada como instituto apto – a realizar o comando da sentença *antes* mesmo de seu trânsito em julgado". E afirma que a execução provisória "nada mais é, em última análise, que o reconhecimento de *eficácia* à decisão jurisdicional recorrida enquanto o procedimento recursal tem lugar". BUENO, Cassio Scarpinella. *Execução provisória e antecipação da tutela*: dinâmica do efeito suspensivo da apelação e da execução provisória: conserto para a efetividade do processo. São Paulo: Saraiva, 1999, p. 14 e 52. Grifos do autor. Cândido Rangel Dinamarco, ao analisar as medidas aptas a dar efetividades às decisões judiciais, frente à ameaça de inefetividade pelo passar do tempo, refere que depois de proferida a sentença, "a possibilidade de *execução provisória* nas hipóteses que a lei prevê é outra arma muito boa nessa luta contra o tempo e sua natureza jurídica chegou até a ser equiparada às medidas cautelares". DINAMARCO, Cândido Rangel. *A instrumentalidade do processo*. 14. ed. São Paulo: Malheiros, 2009, p. 357. Grifo do autor.

[362] Nesse ponto, Ada Pellegrini Grinover afirma que "o sistema brasileiro de 'execução provisória' está totalmente superado, englobando medidas desprovidas de eficácia prática". GRINOVER, Ada Pellegrini. Proposta de alteração ao Código de Processo Civil: justificativa. *Revista de Processo*, São Paulo, v. 86, p. 195, 1997.

[363] MARINONI, Luiz Guilherme. Garantia da tempestividade da tutela jurisdicional e duplo grau de jurisdição. In: CRUZ E TUCCI, José Rogério (coord.). *Garantias constitucionais do processo civil*. São Paulo: Revista dos Tribunais, 1999, p. 220. No mesmo sentido, Paulo Henrique dos Santos Lucon afirma que "pela sistemática do Código de Processo Civil de 1973, fica sensivelmente desprestigiada a atividade dos órgãos jurisdicionais de primeiro grau, pois a eficácia de suas decisões resta invariavelmente subordinada a um ato ulterior de confirmação por parte de um órgão hierarquicamente superior. A projeção de efeitos das decisões é adiada para um novo e muitas vezes repetitivo juízo sobre o *meritum causae*". LUCON, Paulo Henrique dos Santos. *Eficácia das decisões e execução provisória*. São Paulo: Revista dos Tribunais, 2000, p. 339/340.

[364] MARINONI, Luiz Guilherme. Garantia da tempestividade da tutela jurisdicional e duplo grau de jurisdição. In: CRUZ E TUCCI, José Rogério (coord.). *Garantias constitucionais do processo civil*. São Paulo: Revista dos Tribunais, 1999, p. 221.

Considerando a ausência de instituição, pelo Novo CPC, da execução imediata da sentença, a sentença do juiz de primeiro grau, lamentavelmente, continuará valendo muito pouco, já que poderá, no máximo, influenciar o espírito do julgador do segundo grau, mas jamais terá o condão de resolver concretamente os conflitos.[365] E não se pode olvidar que, nos termos do art. 92 da Constituição Federal, os juízes de primeiro grau são órgãos do Poder Judiciário.

A apelação, em face ao seu amplo efeito devolutivo, permite completa revisão da sentença, a qual fica suspensa até o julgamento da apelação do tribunal. O tribunal muitas vezes ignora por completo o teor da sentença e prolata uma nova decisão, ao invés de realizar o simples reexame. Diante disso, a primeira instância não significa propriamente um grau de jurisdição, mas uma simples etapa preparatória à verdadeira decisão da causa pelo tribunal.[366]

No que toca à desvalorização das decisões de primeiro grau, assevera Ovídio Baptista da Silva que

> o recurso constitui necessariamente a expressão de uma desconfiança no julgador. Desconfiança no magistrado que decidira, porém confiança nos estratos mais elevados da burocracia judicial. Os recursos são, ao mesmo tempo, expressão de desconfiança no magistrado de grau inferior, e esperança depositada nos escalões superiores da hierarquia judicial, até que se atinja seu grau mais elevado, contra cujas sentenças não mais caiba recurso.[367]

Luiz Guilherme Marinoni apresenta severa crítica a tal desconfiança e desvalorização dos juízes de primeiro grau, no seguinte sentido:

> Não é incomum, por outro lado, aludir-se à influência psicológica que o duplo grau tem sobre o juiz que está ciente de que a sua decisão será revista por um outro órgão do Poder Judiciário. Sabe-se, porém, que a cada dia torna-se mais premente a necessidade de se conferir maior poder ao juiz. O problema, portanto, é o de se exigir uma maior responsabilidade do juiz de primeiro grau, sendo completamente descabido aceitar que o juiz somente exercerá com zelo e proficiência as suas funções quando ciente de que a sua decisão será revista. Esse raciocínio despreza a importância da figura do juiz de primeiro grau, que deve ter maior poder e, portanto, maior responsabilidade para que a função jurisdicional possa ser exercida de forma mais racionalizada e efetiva. Dar ao juiz poder para decidir sozinho determinadas demandas é imprescindível para a qualidade e efetividade da prestação jurisdicional.[368]

---

[365] MARINONI, Luiz Guilherme. Garantia da tempestividade da tutela jurisdicional e duplo grau de jurisdição. In: CRUZ E TUCCI, José Rogério (coord.). *Garantias constitucionais do processo civil*. São Paulo: Revista dos Tribunais, 1999, p. 222.

[366] MITIDIERO, Daniel. Por uma reforma da justiça civil no Brasil: um diálogo entre Mauro Cappelletti, Vittorio Denti, Ovídio Baptista e Luiz Guilherme Marinoni. *Revista de Processo*, São Paulo, v. 36, n. 199, p. 92, set/2011.

[367] SILVA, Ovídio A. Baptista da. *Processo e ideologia*: o paradigma racionalista. Rio de Janeiro: Forense, 2004, p. 239.

[368] MARINONI, loc. cit., p. 210.

Entende-se, então, que enquanto não houver uma clara política judiciária e legislativa de prestígio às decisões de primeiro grau de jurisdição, pode-se renunciar à ilusão da efetividade da jurisdição.[369]

Destaca-se, ainda que "a execução imediata da sentença, ao permitir a pronta realização do direito do autor, desestimula o recurso meramente protelatório, que não tem mais condições de manter o bem disputado no patrimônio do réu durante o tempo necessário para o seu processamento".[370]

Nessa linha, José Carlos Barbosa Moreira defende a inversão da regra do efeito suspensivo da apelação:

> *De lege ferenda,* parece aconselhável ampliar o elenco das hipóteses de apelação sem efeito suspensivo, ou até – com certas cautelas – inverter a regra, tornando excepcional a suspensividade. Tal seria capaz de contribuir para desestimular a interposição pelo réu vencido, com intuito meramente protelatório, harmonizando-se aliás com a propensão moderna à valorização do julgamento de primeiro grau. O interesse do litigante derrotado estaria suficientemente protegido pelo caráter provisório que teria a eventual execução, com as restrições características (art. 475-O, na redação da Lei nº 11.232). Como providência alternativa, pode cogitar-se de atribuir ao juiz, à semelhança do que faz mais de um ordenamento estrangeiro, competência para imprimir à sentença efeito executivo imediato, mesmo fora dos casos expressos; ou, inversamente, adotada a regra da não suspensividade, autorizar o órgão judicial a dar efeito suspensivo ao recurso, quando necessário para evitar dano irreparável.[371]

---

[369] CLAUS, Ben-Hur Silveira; LORENZETTI, Ari Pedro *et al.* A função revisora dos tribunais – a questão da valorização das decisões de primeiro grau – uma proposta de lege ferenda: a sentença como primeiro voto no colegiado. *Revista do Tribunal Regional do Trabalho da 14ª Região*, Porto Velho, v. 6, n. 2, p. 613, jul./dez. 2010. No tocante às decisões de primeiro grau, Elaine Harzheim Macedo e Daniele Viafore afirmam que "ou fortalecemos o juízo de primeiro grau, ganhando não só em celeridade, mas também – o que nos parece mais relevante – em aproximação entre o julgador e o jurisdicionado, quiçá em favor de uma justiça material e não meramente formal, ou priorizamos a centralização do poder jurisdicional, com a amplitude e generalização não só do sistema recursal como também de mecanismos de uniformização de entendimentos e pronunciamentos". MACEDO, Elaine Harzheim; VIAFORE, Daniele. *A decisão monocrática e a numerosidade no Processo Civil brasileiro.* Porto Alegre: Livraria do Advogado, 2015.

[370] MARINONI, Luiz Guilherme. *Tutela antecipatória, julgamento antecipado e execução imediata da sentença.* 4. ed. São Paulo: Revista dos Tribunais, 2000, p. 187. No mesmo sentido, Paulo Henrique dos Santos Lucon afirma que "a execução provisória significa uma importante alternativa aos órgãos jurisdicionais para evitar recursos manifestamente procrastinatórios". LUCON, Paulo Henrique dos Santos. *Eficácia das decisões e execução provisória.* São Paulo: Revista dos Tribunais, 2000, p. 432.

[371] BARBOSA MOREIRA, José Carlos. *Comentários ao Código de Processo Civil.* 16. ed. vol. 5. Rio de Janeiro: Forense, 2010, p. 468. Por outro lado, José Carlos Barbosa Moreira sustenta que a inversão da regra do efeito suspensivo da sentença deveria ser precedida de realização de pesquisa objetiva destinada a verificar a quantidade de apelações providas, da seguinte forma: "Está em marcha, visivelmente, processo evolutivo, que talvez acabe por transformar a exceção em regra, e vice-versa; ou, em possível alternativa, deixe ao órgão judicial resolver sobre a suspensão ou não dos efeitos da sentença – sentido em que aponta a nova redação dada ao art. 558, parágrafo único, pela Lei nº 9.139. Privar a apelação do efeito suspensivo, *sic et simpliciter,* teria para o vencedor em primeiro grau a óbvia vantagem de tornar mais pronta a satisfação; por outro lado, aumentaria o risco de causar ao vencido detrimento que se mostrará injusto, se depois se vier a verificar que o juízo *a quo* decidira mal. A aceleração tem seu preço; e, para saber se no caso ele é razoável ou excessivo, cumpriria apurar a percentagem de sentenças que os tribunais, no julgamento da apelação, reformam ou anulam. Sendo baixa, valerá a pena pagar o preço; sendo alta, convirá pensar duas vezes, ou mais, antes de consumar a reforma. Sem essa averiguação prévia, a alteração radical do regime assemelhar-se-á a um tiro no escuro: pode até ser que atinja o alvo sem provocar dano indesejável – mas por mero acaso...". BARBOSA MOREIRA, loc. cit, p. 472. No mesmo sen-

Cassio Scarpinella Bueno, ao analisar a possibilidade de alteração do art. 520 do CPC de 1973, a fim de se conferir eficácia imediata à sentença, sustenta tratar-se de "incorporação, no direito positivo brasileiro, de uma inegável tendência de *efetividade* do sistema jurisdicional de primeiro grau de jurisdição", correspondendo à "assunção, pelo legislador brasileiro, das inegáveis *necessidades* atuais do sistema processual, como regra *genérica* do sistema".[372]

Fernanda Medina Pantoja, ao comentar a versão original do projeto do NCPC, na qual havia sido extinto o efeito suspensivo automático da apelação, assim se manifestou:

> A mais relevante inovação em relação à apelação, quiçá uma das mais elogiáveis de todo o Projeto, refere-se à exclusão de seu efeito suspensivo *ope legis*, garantindo à sentença eficácia executiva imediata. A mudança, pela qual já propugnava de forma unânime a doutrina, segue tendência universal; coaduna-se com os ideais de uma execução célere, ainda que provisória; serve de instrumento para o combate aos recursos protelatórios; e contribui para a valorização do juízo de 1ª instância. Elide, ainda, uma grave incoerência da legislação vigente, eis que, por força da antecipação dos efeitos da tutela, o juízo de verossimilhança, sob cognição sumária, conduz à execução provisória do provimento antecipatório; já a sentença, embora emitida com base em juízo de certeza e após cognição exauriente, não autoriza, em regra, à execução provisória, ex vi do efeito suspensivo de que a apelação normalmente se reveste.[373]

Contudo, após anos de debate em torno do novo Código de Processo Civil, o legislador optou por manter o criticado modelo anteriormente vigente,

---

tido pondera Araken de Assis: "eventual mudança na disciplina em vigor dependeria de avaliação objetiva", mediante a realização de pesquisa que "considerasse a quantidade de apelações providas e, portanto, estabelecesse a relação entre os benefícios da retirada do efeito suspensivo, comparativamente ao custo imposto a alguns poucos litigantes, parcialmente cobertos pelo cauteloso regime da execução provisória". ASSIS, Araken de. *Manual dos recursos*. 5. ed. São Paulo: Revista dos Tribunais, 2013, p. 264. Nesse ponto, destaca-se que o Relatório "Justiça em Números" elaborado pelo Conselho Nacional de Justiça em 2014, referente ao ano-base 2013, não apresenta a estatística referente ao número de apelações providas pelos tribunais. In: Justiça em números 2014: ano-base 2013/Conselho Nacional de Justiça. Brasília: CNJ, 2014. Disponível em: <ftp://ftp.cnj.jus.br/Justica_em_Numeros/relatorio_jn2014.pdf>. Acesso em: 05 jan. 2015. Ainda no tocante às estatísticas, Ricardo de Carvalho Aprigliano afirma que "a verificação estatística a respeito das apelações providas, total ou parcialmente, sem dúvida alguma poderia contribuir para melhor visualização do problema. Entretanto, deve-se ressaltar que a ausência de estatísticas seguras é problema antigo e crônico da organização judiciária brasileira e, não obstante, diversas hipóteses de apelação sem efeito suspensivo já são previstas no ordenamento. (...) A modificação do regime dos efeitos da apelação geraria, em contrapartida, a possibilidade de suspensão excepcional da sentença, se as circunstâncias do caso concreto assim o exigissem. Haveria, de qualquer forma, um controle *ope iudicis* sobre a produção imediata de efeitos pela sentença, critério que, em qualquer situação, independente de estatísticas, se revela mais adequado". APRIGLIANO, Ricardo de Carvalho. Os efeitos da apelação e a reforma processual. In: COSTA, Hélio Rubens Batista Ribeiro; RIBEIRO, José Horácio Halfeld Rezende; DINAMARCO, Pedro da Silva (coords.). *A nova etapa da reforma do Código de Processo Civil*. São Paulo: Saraiva, 2002, p. 272/273.

[372] BUENO, Cassio Scarpinella. *Execução provisória e antecipação da tutela*: dinâmica do efeito suspensivo da apelação e da execução provisória: conserto para a efetividade do processo. São Paulo: Saraiva, 1999, p. 376/377. Grifos do autor.

[373] PANTOJA, Fernanda Medina. Reflexões iniciais sobre os possíveis formatos da apelação no Projeto do novo Código de Processo Civil. *Revista de Processo*, São Paulo, v. 38, n. 216, p. 323, fev./2013.

conforme examinado no item 2.2.3.3 *supra*. Paulo Henrique dos Santos Lucon, muito antes de se pensar na elaboração de um novo Código de Processo Civil, já destacava a impropriedade do art. 520 do CPC de 1973, cuja redação foi pouco modificada pelo Novo CPC, na medida em que as hipóteses que autorizam a execução provisória da sentença permanecem sendo casuísticas. Sustentava que

> o legislador, ao elencar alguns poucos casos em que a demora é particularmente inconveniente, deixou de lado uma opção, no mínimo, mais sensata: autorizar o magistrado a proceder à análise particularizada dos casos, diante do prejuízo decorrente da espera da prestação jurisdicional definitiva e da remota possibilidade de provimento do recurso.[374]

No mesmo sentido, Ricardo de Carvalho Aprigliano, ao comentar a reforma introduzida no CPC pela Lei nº 10.352/2001, aduz ser "incompreensível que o legislador relute tanto em reconhecer a necessidade de substituir o critério legal pelo critério jurisdicional, atribuindo ao magistrado a possibilidade de, no caso concreto, determinar ou não a produção dos efeitos da decisão desde logo".[375] Nota-se que a conclusão do autor se aplica perfeitamente à reforma ora realizada, uma vez que o Novo CPC mantém o critério *ope legis* do efeito suspensivo da apelação.

Nesse ponto, Cândido Rangel Dinamarco, em artigo publicado no ano de 1970, quando ainda vigente o CPC de 1939, em análise ao Código vigente àquela época em comparação com o Anteprojeto Buzaid, já criticava a rigidez do sistema mediante a absorção pelo legislador da função de fixar os casos em que a apelação é dotada ou não de efeito suspensivo, sem deixar nada à discricionariedade do juiz. Assim, naquela época já propugnava por uma redação ao dispositivo referente aos efeitos da apelação no sentido de que o efeito suspensivo poderia ser excluído se fosse provável que o retardo no cumprimento da sentença traria ao autor um prejuízo dificilmente reparável ou determinável. Da mesma forma, caberia ao juiz agregar efeito suspensivo à apelação se o cumprimento da sentença pudesse causar dano irreparável ao réu e a espera não fosse excepcionalmente gravosa para o autor. Ou seja, a proposta do autor era no sentido de adoção de um critério mais flexível em relação ao efeito suspensivo da apelação, seja para suprimi-lo, seja para concedê-lo, caso a situação concreta assim o exigisse.[376] Verifica-se, então, que a modificação na regra da suspensividade da apelação é medida reclamada há tempos pela doutrina, inclusive antes do advento do CPC de 1973.

---

[374] LUCON, Paulo Henrique dos Santos. *Eficácia das decisões e execução provisória*. São Paulo: Revista dos Tribunais, 2000, p. 302.

[375] APRIGLIANO, Ricardo de Carvalho. Os efeitos da apelação e a reforma processual. In: COSTA, Hélio Rubens Batista Ribeiro; RIBEIRO, José Horácio Halfeld Rezende; DINAMARCO, Pedro da Silva (coords.). *A nova etapa da reforma do Código de Processo Civil*. São Paulo: Saraiva, 2002, p. 272.

[376] DINAMARCO, Cândido Rangel. Execução provisória. *Justitia*, São Paulo, v. 68, p. 30/37, jan. 1970.

É inaceitável que o Novo CPC insista não apenas na manutenção da regra geral do efeito suspensivo da apelação, mas também na enumeração casuística e taxativa das hipóteses em que a apelação não será dotada de efeito suspensivo. Melhor seria que o próprio juiz, mediante a análise das peculiaridades do caso concreto, decidisse sobre a produção imediata ou não dos efeitos da sentença. O critério *ope iudicis* valoriza as decisões de primeiro grau, apresentando-se mais adequado do que o antigo e ultrapassado critério legal.

Em síntese, não restam dúvidas de que a alteração da regra da suspensividade do recurso de apelação se coaduna com a ideia de se imprimir maior efetividade à prestação da tutela jurisdicional.

Ademais, a inversão da regra valorizaria as decisões de primeiro grau e desestimularia a interposição de recursos protelatórios, haja vista que a simples interposição da apelação não mais teria o condão de suspender os efeitos da sentença e, consequentemente, estimularia a composição entre as partes.

Não há falar-se em violação ao princípio da segurança jurídica, pois a execução provisória corre por conta e risco do credor e, principalmente, pelo fato de que os efeitos da sentença poderiam ser suspensos pelo relator de acordo com as peculiaridades do caso concreto. O critério *ope iudicis* de concessão do efeito suspensivo permite a avaliação pelo magistrado de cada caso individualmente, sendo mais adequado do que o critério *ope legis*.

Portanto, critica-se veementemente o acolhimento pelo Senado Federal da Emenda apresentada pela Câmara dos Deputados no tocante à manutenção do efeito suspensivo da sentença.

Em razão disso, cabe seja examinada a proposta originária do Senado. Assim constou no art. 949 do PLS 166/10:

> Art. 949. Os recursos, salvo disposição legal em sentido diverso, não impedem a eficácia da decisão.
> § 1º. A eficácia da decisão poderá ser suspensa pelo relator se demonstrada a probabilidade de provimento do recurso, ou, sendo relevante a fundamentação, houver risco de dano grave ou difícil reparação, observado o art. 968.
> § 2º. O pedido de efeito suspensivo do recurso será dirigido ao tribunal, em petição autônoma, que terá prioridade na distribuição e tornará prevento o relator.
> § 3º. Quando se tratar de pedido de efeito suspensivo a recurso de apelação, o protocolo da petição a que se refere o § 2º impede a eficácia da sentença até que seja apreciado pelo relator.
> § 4º. É irrecorrível a decisão do relator que conceder o efeito suspensivo.

Da análise do referido dispositivo do PLS 166/10, verifica-se que, considerando a interposição da apelação perante o juízo de primeiro grau,[377] o qual

---

[377] Entende-se que enquanto o processo eletrônico não for uma realidade em todo território nacional, é acertada a permanência da interposição da apelação perante o juízo de primeiro grau, sob pena de tumultuar e onerar o processo com a formação de um instrumento. Em sentido contrário, José Maria Rosa Tesheiner

não teria mais competência para a realização do juízo de admissibilidade,[378] foi previsto que o pedido de efeito suspensivo do recurso seria dirigido diretamente ao tribunal, em petição autônoma, que teria prioridade na distribuição e tornaria prevento o relator.

Parece oportuno outorgar-se ao relator a competência exclusiva para decidir acerca da concessão ou não do efeito suspensivo do apelo, porque não há sentido na atribuição de tal competência ao juiz de primeiro grau, que sequer irá analisar a admissibilidade do recurso.[379] Também não se mostra lógico que o juiz, que já formou a sua convicção ao proferir a sentença, venha a suspender os efeitos da sua própria decisão.

Assim, tendo em vista que o juízo *a quo* já formou a sua convicção de certeza sobre as alegações do processo, Luiz Guilherme Marinoni e Daniel Mitidiero consideram acertada a opção do legislador de conferir competência exclusiva ao tribunal para atribuição de efeito suspensivo à apelação, pois "o juízo de verossimilhança, inerente à tutela antecipatória, só pode ser formado agora pelo juízo *ad quem*".[380]

Por outro lado, a apresentação do pedido de atribuição de efeito suspensivo por petição autônoma ao tribunal aumentaria o trabalho dos tribunais, que antes mesmo de receberem a apelação, teriam de apreciar o pedido autônomo.

Em razão disso, entende-se não ser conveniente o quanto disposto no § 3º do dispositivo legal *supra* transcrito no sentido de que, quando se tratar de pedido de efeito suspensivo a recurso de apelação, o simples protocolo do pedido impediria a eficácia da sentença até que fosse apreciado pelo relator.

Isto porque, mediante tal previsão, todo e qualquer apelante, com ou sem razão, iria deduzir o pedido de efeito suspensivo no tribunal, haja vista a suspensão da eficácia da sentença até a apreciação do pedido. Melhor seria a não previsão deste regramento, a fim de que a regra fosse sempre da imediata

---

afirma que "a história de nosso agravo mostra a possibilidade e conveniência da interposição do recurso perante o órgão *ad quem*". TESHEINER, José Maria Rosa. Em tempo de reformas – o reexame de decisões judiciais. In: FABRÍCIO, Adroaldo Furtado *et al* (coord.) *Meios de impugnação ao julgado civil*: estudos em homenagem a José Carlos Barbosa Moreira. Rio de Janeiro: Forense, 2007, p. 389.

[378] No tocante à alteração do Novo CPC em relação ao juízo de admissibilidade da apelação, a fim de conferir competência exclusiva do tribunal, vide item 2.2.3.6.

[379] Parece acertada e na linha da busca de prestação jurisdicional efetiva a supressão do juízo de admissibilidade da apelação pelo primeiro grau de jurisdição, tendo em vista que, no CPC de 1973, o juízo de admissibilidade é bipartido, mas a última palavra é sempre do tribunal *ad quem*. Isso porque o juízo de admissibilidade do juízo de primeiro grau é provisório, de forma que o tribunal não fica vinculado ao comando proferido pelo magistrado de primeira instância. Ao tribunal destinatário cabe, portanto, o exame definitivo sobre a admissibilidade do recurso, sendo positiva, então, a alteração, a fim de extinguir um foco de recorribilidade.

[380] MARINONI, Luiz Guilherme; MITIDIERO, Daniel. *O projeto do CPC*: críticas e propostas. 2. tir. São Paulo: Revista dos Tribunais, 2010, p. 179. No mesmo sentido PANTOJA, Fernanda Medina. Reflexões iniciais sobre os possíveis formatos da apelação no Projeto do novo Código de Processo Civil. *Revista de Processo*, São Paulo, v. 38, n. 216, p. 325, fev./2013.

eficácia da sentença, a qual seria suspensa tão somente nos casos em que efetivamente fosse deferido o pedido de suspensividade pelo tribunal, tal como ocorre com o agravo de instrumento na vigência do CPC de 1973.

Tem-se a convicção de que a inversão da regra do efeito suspensivo da apelação teria o condão de diminuir a interposição de recursos meramente protelatórios. Consequentemente, não é possível presumir-se que todos os recursos seriam acompanhados do pedido autônomo de concessão de efeito suspensivo, principalmente se não houvesse a previsão de que a simples apresentação do pedido teria o condão de suspender os efeitos da sentença.

No tocante à previsão de irrecorribilidade da decisão do relator que conceder o efeito suspensivo, entende-se salutar tal disposição, da forma como preconizada no art. 527, parágrafo único, do CPC de 1973. Não se verifica razão para a previsão, contida no Novo CPC, de cabimento de agravo interno contra toda e qualquer decisão monocrática do relator (art. 1.021 do Novo CPC), conforme exposto no item 2.2.3.3.

Em conclusão, é assente a necessidade da instituição da execução imediata da sentença como regra no processo civil brasileiro, o que se propõe *de lege ferenda*. Entende-se que a redação do art. 949 do PLS 166/10, com exceção do seu § 3º, reflete exatamente o quanto era esperado pelos operadores do Direito em relação ao Novo CPC.

Lamenta-se que o Novo CPC, na mesma linha do CPC de 1973, seja extremamente conservador ao admitir a execução provisória da sentença apenas em situações excepcionalíssimas relacionadas na lei. Isto "revela uma opção por prestigiar quase que unicamente os julgamentos dos órgãos jurisdicionais superiores e as sentenças transitadas materialmente em julgado".[381] O Novo CPC desconsidera por completo uma necessidade há muito tempo sentida no ordenamento jurídico brasileiro. "Alterações no que diz respeito aos efeitos do recurso de apelação e à execução provisória da sentença são indispensáveis para um processo civil de resultados".[382]

O certo é que "nada justifica a adoção de um espírito conservador, diante do dinamismo das alterações das relações sociais e da necessidade de se adequar as novas regras processuais a elas e aos entraves práticos surgidos no processo, a pretexto de uma segurança jurídica que não corre risco algum de ofensa concreta".[383]

Sérgio Gilberto Porto, ao analisar as reformas do Código de Processo Civil realizadas na década de 90, com ênfase no exame da Lei nº 8.950/94 que alterou diversos dispositivos legais atinentes ao sistema recursal, chamou

---

[381] LUCON, Paulo Henrique dos Santos. *Eficácia das decisões e execução provisória*. São Paulo: Revista dos Tribunais, 2000, p. 339.

[382] Idem, p. 358.

[383] CARVALHO FILHO, Milton Paulo de. *Apelação sem efeito suspensivo*. São Paulo: Saraiva, 2010, p. 59.

a atenção para a não revisão da concepção ideológica, na medida em que "embora a revisão, resultou intocada a mentalidade inspiradora do sistema atual", considerando a ausência de enfrentamento daquilo que era realmente necessário, ou seja, a concepção do sistema.[384]

As conclusões deduzidas por Sérgio Gilberto Porto no ano de 1997 acerca da reforma do CPC caem, como uma luva, para a atual reforma do Código de Processo Civil. Neste momento restou alterado todo o CPC de 1973, e não apenas alguns dispositivos legais, com a intenção de se imprimir maior efetividade à prestação da tutela jurisdicional. Não obstante, conforme apontado pelo referido autor, "o sistema recursal brasileiro, por ser órgão do procedimento ordinário, estava e persiste na contramão da efetividade, pois não foi reestruturado sob o ponto de vista conceitual e, mais uma vez, pela inércia, foi ratificada a proposta ideológica anterior".[385]

Após a detida análise do recurso de apelação no CPC de 1973 e no Novo CPC, com um olhar na efetividade e na tempestividade da prestação da tutela jurisdicional, verifica-se a ausência de mudança ideológica e de quebra de paradigmas a ensejar uma efetiva alteração no sistema processual civil brasileiro. As modificações são tímidas, não possuindo o condão de modificar o sistema recursal. Como referido por Sérgio Gilberto Porto, em análise das reformas ocorridas na década de 90, mas com precisa aplicabilidade ao momento de reforma em exame, "os alicerces ideológicos não foram tocados", lamentando-se que a revisão do CPC

> não tenha dado o passo decisivo através da mudança do componente ideológico do processo e, muito especialmente, em torno da hipervalorização que tem se dado ao instituto da ampla defesa em tema recursal. Era hora também de lembrar dos direitos do autor (sem esquecer os do réu evidentemente!). Era hora de temperar a proteção jurídica oferecida ao demandado, através do amplo e nem sempre conveniente espectro recursal oferecido. Todavia sobre ele não quis agir com mais energia o legislador e, assim, em que pese o avanço, lamentavelmente – por timidez – não conseguirá outorgar ao processo a efetividade reclamada pelos tempos que vivemos.[386]

Esperava-se que o Novo CPC, o qual restou submetido a amplo debate entre os operadores do Direito, efetivamente quebrasse o paradigma atual presente no sistema recursal de desvalorização das decisões de primeiro grau e de excessivo resguardo dos direitos do réu em prol do princípio da segurança jurídica.

Não obstante, o paradigma não foi quebrado, inexistindo, no tocante ao tema ora em exame, qualquer alteração na mentalidade inspiradora do sistema atual, tendo sido ratificado o modelo de ausência de eficácia imediata da sen-

---

[384] PORTO, Sérgio Gilberto. Recursos: reforma e ideologia. In: GIORGIS, José Carlos Teixeira (coord.). *Inovações do Código de Processo Civil*. 2 tir. Porto Alegre: Livraria do Advogado, 1997, p. 107.
[385] Idem, p. 108.
[386] Idem, p. 109.

tença. Em que pese todo o esforço do legislador, despendido nos últimos cinco anos para a elaboração de um novo Código de Processo Civil, voltado, sobretudo, para a "celeridade do processo e a efetividade do resultado da ação",[387] conforme exposto pelo Senador José Sarney na apresentação do Anteprojeto, a revisão do sistema recursal foi tímida, não permitindo a quebra do paradigma atual de que o processo é voltado para a segurança dos interesses do réu. Prevaleceu "a ideologia processual ainda vigorante, no sentido de preservar e proteger 'os direitos do réu'".[388]

Elaine Harzheim Macedo, ao analisar o processo do terceiro milênio e destacar alguns traços como orientadores do perfil de um novo paradigma, afirma que

> o sistema recursal, ainda que pudesse ser analisado como um subproduto da ordinariedade, encontra na realidade vigente sustentação para isoladamente ser reconsiderado ao efeito de se buscar alternativas viáveis e constitucionais, tendo em vista sua significativa participação no modelo praticado. O caminho que se vislumbra, em apertada síntese, é o de optar entre a valorização dos juízos de primeiro grau e, na devida medida, dos juízos dos tribunais locais, em detrimento dos tribunais superiores, que representam uma profunda centralização do poder, cuja atuação deve ser preservada a feitos de real interesse de sua intervenção, ou, então, ficar ratificar o atual estágio, onde a forma e a realidade não se encontram. O sistema piramidal da sobreposição de recursos e instâncias judiciais está apenas no papel, porque nas lides forenses são de domínio público os fantásticos e mirabolantes números que atrasam ou até inviabilizam a realização do direito através da voz e mão do Judiciário.
> Repensar o papel dos sujeitos da relação processual, através de uma viragem ética, é simplesmente vital. O magistrado e sua atuação devem ser vistos à luz de sua condição de mandatário do povo, titular da soberania. Sua atuação não é nem pode ficar adstrita ao comportamento de um mero servidor público, que cumpre os comandos de outro ou outros poderes, tal como, *declarar a vontade da lei ao caso concreto*, o que certamente poderia ser mais bem traduzido como *declarar o império do legislador ao caso concreto*, reavaliando-se, via de consequência, a própria distinção dos poderes.[389]

Forçoso reconhecer que não andou bem o legislador ao manter o sistema do CPC de 1973 no que pertine à suspensividade dos efeitos da apelação, sem se atentar à tendência moderna de produção imediata dos efeitos da sentença. Lamenta-se que o legislador tenha perdido uma grande oportunidade, mediante a elaboração de um novo Código de Processo Civil, de quebrar o paradigma e implementar a regra da não suspensividade dos efeitos da sentença. O Novo CPC, da forma como proposto, não atende à necessidade de mudança que ensejou, justamente, a elaboração de um novo Código.

---

[387] Disponível em: <http://www.senado.gov.br/senado/novocpc/pdf/Anteprojeto.pdf>, p. 3. Acesso em: 16 out. 2014.

[388] BORTOWSKI, Marco Aurélio. *Apelação Cível*. Porto Alegre: Livraria do Advogado, 1997, p. 132

[389] MACEDO, Elaine Harzheim. *Jurisdição e processo*: crítica histórica e perspectivas para o terceiro milênio. Porto Alegre: Livraria do Advogado, 2005, p. 279/280. Grifos da autora.

3.1.1. O efeito suspensivo da apelação no processo civil italiano

Considerando a proposição de abolição do efeito suspensivo *ope legis* do recurso de apelação, e a fim de dar sustentação ao quanto é defendido neste trabalho, mostra-se pertinente a análise de como o tema é enfrentado no direito comparado. Optou-se pelo exame do instituto no processo civil italiano, tendo em vista que a ordem jurídica italiana, da mesma forma que a brasileira, possui origem na tradição romano e canônica, com importantes contribuições germânicas. Além disso, a grande influência da doutrina processual italiana também contribuiu decisivamente para a proximidade entre os dois sistemas.[390] As obras dos processualistas italianos Giuseppe Chiovenda, Piero Calamandrei e Enrico Tullio Liebman fundamentaram diretamente a estrutura do Código Buzaid.[391]

Enrico Tullio Liebman mudou-se para o Brasil pouco antes de entrar em vigor o Código de Processo Civil de 1939. Trouxe na bagagem a cultura jurídica alemã levada à Itália por Giuseppe Chiovenda, de quem foi aluno na Universidade de Roma.[392] Ministrou aulas no curso de extensão universitária oferecido pela Universidade de São Paulo no ano de 1941. Tornou-se o pai da escola processual paulista,[393] de forma que as suas lições marcaram profundamente o Código de Processo Civil de 1973.[394] Permaneceu no Brasil até o ano de 1946.[395]

Conforme Marco Félix Jobim, Enrico Tullio Liebman trouxe ao Brasil "ideias de uma cultura pensada na e para a Itália, com influência dos processualistas italianos, alemães e austríacos, entre meados do século XIX e início do século XX, ou seja, em um diferente contexto cultural que o brasileiro". Diversos processualistas brasileiros seguiram os passos de Enrico Tullio Liebman, entre eles Alfredo Buzaid e José Frederico Marques.[396]

---

[390] PANTOJA, Fernanda Medina. *Apelação Cível*: novas perspectivas para um antigo recurso: um estudo crítico de direito nacional e comparado. Curitiba: Juruá, 2010, p. 107.
[391] MITIDIERO, Daniel. O processualismo e a formação do Código Buzaid. *Revista de Processo*, São Paulo, v. 35, n. 183, p. 173, maio/2010.
[392] Idem, p. 170/171 e 174. Daniel Mitidiero refere que "se a ligação entre a doutrina alemã do final do século XIX e a doutrina italiana da primeira metade do século XX ocorreu por conta de Chiovenda, a ligação da doutrina brasileira com o processualismo europeu se dá pela presença de Enrico Tullio Liebman entre nós". Idem, p. 173.
[393] Sobre a Escola Paulista, Marco Félix Jobim ensina que esta Escola tem como marco referencial teórico o pensamento do jurista italiano Enrico Tullio Liebman, tendo sido formada na década de 40, com os trabalhos de Alfredo Buzaid e José Frederico Marques. A Escola Paulista ainda possui muita força na atualidade, razão pela qual "foram, em sua maioria, os membros dessa Escola os escolhidos para a elaboração do anteprojeto do novo Código de Processo Civil brasileiro, sendo que a Escola também foi o berço para a elaboração do Código de Processo Civil de 1973". JOBIM, Marco Félix. *Cultura, escolas e fases metodológicas do processo*. 2. ed. Porto Alegre: Livraria do Advogado, 2014, p. 83/85.
[394] TESHEINER, José Maria Rosa. *Elementos para uma teoria geral do processo*. São Paulo: Saraiva, 1993, p. 100.
[395] MITIDIERO, loc. cit., p. 173.
[396] JOBIM, loc. cit., p. 83/84.

Considerando que Alfredo Buzaid foi o responsável pela elaboração do Código de Processo Civil de 1973, "a influência das ideias da doutrina italiana da primeira metade do século XX na sua construção é palmar".[397]

O processo civil brasileiro e o italiano assemelham-se no que toca aos princípios e conceitos, bem como em relação à própria estrutura das normas que disciplinam o processo.[398]

Conforme Andrea Proto Pisani, o *appello* italiano é o meio legalmente previsto para assegurar, de modo pleno, a garantia subjetiva de impugnação das sentenças e a realização do princípio do duplo grau de jurisdição. Trata-se de ferramenta concedida à parte insatisfeita com a decisão de primeiro grau para que um juiz de segundo grau (*giudice di appello*) reexamine a causa e emita novo provimento. O *appello* tem, preponderantemente, caráter de *revisio prioris instantiae*, ou seja, de revisão das decisões do juiz inferior.[399]

No tocante ao cabimento do *appello,* o art. 339 do *Codice di Procedura Civile* dispõe que podem ser impugnadas com *appello* as sentenças pronunciadas em primeiro grau, desde que o *appello* não seja excluído pela lei ou por acordo entre as partes.[400]

Fernanda Medina Pantoja, em obra específica sobre o recurso de apelação no Direito comparado, dispõe que o *appello* corresponde "ao recurso por meio do qual se realiza com maior veemência o princípio do duplo grau de jurisdição".[401] Prossegue, afirmando que o *appello*

> é o típico meio de impugnação contra a sentença de primeira instância não transitada em julgado. Tem fundamentação livre, devolução plena e automática, e serve tanto

---

[397] MITIDIERO, Daniel. O processualismo e a formação do Código Buzaid. *Revista de Processo*, São Paulo, v. 35, n. 183, p. 178, maio/2010.

[398] PANTOJA, Fernanda Medina. *Apelação Cível:* novas perspectivas para um antigo recurso: um estudo crítico de direito nacional e comparado. Curitiba: Juruá, 2010, p. 107.

[399] PROTO PISANI, Andrea. *Lezioni di diritto processuale civile*. 5. ed. Napoli: Jovene, 2012, p. 482/483.

[400] Segundo lição de Andrea Proto Pisani, as partes, em comum acordo, podem recorrer diretamente à *Cassazione* e saltar o *appello* quando houver a intenção de denunciar apenas *errores in iudicando* relativos à errônea ou falsa aplicação de normas de direito material, isto é, em presença de uma controvérsia de puro direito. Essa hipótese, prevista no art. 360, alínea 2ª, é a primeira exceção à normal apelabilidade das sentenças de primeiro grau e está subjacente ao acordo das partes. As outras hipóteses de inapelabilidade foram diretamente previstas pelo legislador. São inapeláveis as sentenças pronunciadas pelo juiz segundo equidade (juízo de equidade), a exemplo do art. 114, a requerimento de ambas as partes. Nesse caso, as sentenças são, entretanto, sempre impugnáveis por *ricorso per cassazione* (conforme o disposto no art. 360, números 1, 2, 4 e 5) por *error in procedendo*. As sentenças do juiz de paz pronunciadas segundo equidade, como disposto no art. 113, alínea 2ª, são apeláveis apenas por violação das normas acerca do procedimento, por violação de normas constitucionais ou comunitárias ou ainda de princípios reguladores da matéria – como expressamente previsto no art. 339, alínea 3ª. São ainda inapeláveis: as sentenças emanadas acerca de controvérsia trabalhista com valor inferior a 50.000 liras (art. 440); as sentenças pronunciadas em matéria de oposição a atos executivos (art. 618, alínea 2ª), de oposição a execuções, oposição de terceiros e em sede de distribuição (fase posterior à liquidação) aos credores daquilo que foi arrecadado (arts. 616, 619, alínea 3ª, e 512); as sentenças provenientes de tribunal que tratam unicamente de competência e que são recorríveis por *regolamento di competenza* proponível frente à *Corte di Cassazione* (art. 42); entre outras, como, por exemplo, as que tratam de matéria falimentar. PROTO PISANI, loc. cit., p. 483.

[401] PANTOJA, loc. cit., p. 118.

para assegurar a justiça da decisão, isto é, sanar erros *in iudicando*, quando para fazer valer a sua nulidade, ou seja, para atacar erros *in procedendo*. O recurso introduz o juízo de segundo grau, diverso e superior ao primeiro, cuja decisão está destinada a substituir a impugnada.[402]

O Código de Processo Civil italiano de 1940 sofreu significativa reforma e reestruturação pela Lei n° 353 de 1990. As mudanças trazidas pela referida lei "buscaram, de um modo geral, valorizar e racionalizar o procedimento de primeiro grau de jurisdição",[403] mas sem modificar os princípios gerais do processo.[404] No que interessa ao presente estudo, foi invertida a regra do efeito suspensivo da apelação, até então vigente, passando a sentença a ter eficácia imediata, mediante execução provisória. Assim, a Lei n° 353/90 consagrou "a executoriedade *ope legis* da sentença de primeiro grau, outorgando-se, no entanto, ao órgão superior, desde que o requeira o recorrente, o poder de conferir efeito suspensivo à impugnação".[405]

A inversão da regra, decorrente da antiga tradição de que a sentença de primeiro grau não era provisoriamente executiva, teve como mote, conforme Giuseppe Tarzia, "colocar no centro do processo de cognição o juízo de primeiro grau e atribuir a este a máxima eficácia possível".[406]

Portanto, a execução provisória da sentença é a regra geral do direito processual civil italiano,[407] conforme redação dos arts. 282, 283 e 337, *in verbis:*

> Art.282 (Esecuzione provvisoria)
> La sentenza di primo grado è provvisoriamente esecutiva tra le parti.[408]
> Art. 283 (Provvedimenti sull'esecuzione provvisoria in appello)
> Il giudice dell'appello, su istanza di parte, proposta con l'impugnazione principale o con quella incidentale, quando sussistono gravi e fondati motivi, anche in relazione alla possibilita' di insolvenza di una delle parti, sospende in tutto o in parte l'efficacia esecutiva o l'esecuzione della sentenza impugnata, con o senza cauzione. Se l'istanza prevista dal comma che precede è inammissibile o manifestamente infondata il giudice, con ordinanza non impugnabile, può condannare la parte che l'ha

---

[402] PANTOJA, Fernanda Medina. *Apelação Cível:* novas perspectivas para um antigo recurso: um estudo crítico de direito nacional e comparado. Curitiba: Juruá, 2010, p. 119. Giuseppe Tarzia refere que o *appello* é o "meio ordinário de recurso contra as sentenças de primeiro grau: não limitada a controle de vícios específicos, mas dirigida a provocar um reexame no mérito da causa". TARZIA, Giuseppe. O novo processo civil de cognição na Itália. *Revista de Processo*, São Paulo, n. 79, p. 62, jul./set. 1995.

[403] PANTOJA, loc. cit., p. 111.

[404] TARZIA, loc. cit., p. 52.

[405] PANTOJA, loc. cit., p. 112/113.

[406] TARZIA, loc. cit., p. 60/61.

[407] Destaca-se que, assim como na Itália, na Espanha, nos Estados Unidos e em Portugal a regra geral é da ausência de efeito suspensivo *ope legis* do recurso de apelação, conferindo-se eficácia imediata à sentença. PANTOJA, loc. cit., p. 206.

[408] Tradução: Art. 282 (Execução provisória). A sentença de primeiro grau é provisoriamente executiva entre as partes.

proposta ad una pena pecuniaria non inferiore ad euro 250 e non superiore ad euro 10.000. L'ordinanza è revocabile con la sentenza che definisce il giudizio.[409]

Art. 337. (Sospensione dell'esecuzione e dei processi)
L'esecuzione della sentenza non e' sospesa per effetto dell'impugnazione di essa, salve le disposizioni degli articoli 283, 373, 401 e 407.
Quando l'autorita' di una sentenza e' invocata in un diverso processo, questo puo' essere sospeso se tale sentenza e' impugnata.[410]

Federico Carpi e Michele Taruffo, ao comentarem o art. 282 do *Codice di Procedura Civile*, referem que a regra da executividade imediata da sentença é um reflexo da ideia da valorização do juízo de primeiro grau, a fim de conferir a este um papel central na jurisdição. Além disso, a executividade imediata contribui para o desincentivo da utilização do recurso, pela parte sucumbente, como instrumento dilatório, isto é, como o único fim de retardar a execução da sentença.[411]

Pelo teor do art. 283, permite-se ao órgão *ad quem*, a requerimento da parte, comprovada a existência de graves e fundados motivos,[412] suspender, total ou parcialmente, a eficácia executiva ou a execução da sentença recorrida, com ou sem a prestação de caução.

Giuseppe Tarzia ensina que a suspensão da sentença pode ser total ou parcial, de forma que "a executividade da sentença pode ser reduzida também a uma parte da condenação, ou a uma das partes da sentença, quando esta tenha decidido sobre mais demandas".[413] E acrescenta que o pedido de suspensão pode ser realizado antes do início do processo executivo, ou quando este já esteja em curso, podendo ser concedido por graves motivos. Trata-se de "fórmula ampla, que permite ao juiz do recurso valorar sumariamente até que ponto

---

[409] Tradução: Art. 283 (Provimentos sobre execução provisória em sede de apelo).
O juiz do apelo, a requerimento da parte, formulado com impugnação principal ou incidental, quando há motivos graves e fundamentados, também na possibilidade de insolvência de uma das partes, suspende em todo ou em parte a eficácia executiva ou a execução da sentença impugnada, com ou sem caução.
No caso de o recurso mencionado no parágrafo precedente ser inadmissível ou manifestamente infundado, o juiz, mediante decisão não impugnável, pode condenar a parte apelante a uma pena pecuniária não inferior a 250 euros e não superior a 10.000 euros. Essa decisão é revogável com a sentença que define o juízo.

[410] Tradução: Art. 337 (Suspensão da execução e dos processos). A execução da sentença não é suspensa por efeito de sua impugnação, salvo as disposições dos artigos 283, 3, 401 e 407. Quando a autoridade de uma sentença é invocada em um processo diverso, este pode ser suspenso se aquela sentença foi impugnada.

[411] CARPI, Federico; TARUFFO, Michele. *Commentario breve al Codice di Procedura Civile*. 7. ed. Padova: Cedam, 2012, p. 1056/1061.

[412] Ricardo Hoffmann, ao analisar a execução provisória no direito processual civil italiano, refere que "não há indicação de que motivos seriam esses, de maneira que se dá ao juiz ampla possibilidade de examiná-los e de valorá-los, com certa margem de discricionariedade, à luz das consequências eventualmente mais danosas que a execução provisória poderia trazer ao executado, comparativamente ao risco da demora do processo, em detrimento dos direitos do vencedor". HOFFMANN, Ricardo. *Execução provisória*. São Paulo: Saraiva, 2004, p. 67.

[413] TARZIA, Giuseppe. O novo processo civil de cognição na Itália. *Revista de Processo*, São Paulo, n. 79, p. 62, jul./set. 1995.

seja fundado o recurso, bem como o perigo que da execução possa derivar para o sucumbente um grave dano, ainda que não irreparável".[414]

O pedido de suspensão da eficácia executiva ou da execução é chamado de inibitória ou requerimento de inibição. Os graves e fundamentados motivos – requisitos necessários para o deferimento da inibição dos efeitos antecipados da sentença – referem-se a valorações concernentes ao *fumus boni iuris* e ao prejuízo que a parte sucumbente pode sofrer com a execução, em contraposição ao prejuízo sofrido pela outra parte em razão da suspensão da execução. Os dois requisitos devem ser valorados conjuntamente para a concessão da inibitória, de modo que haja paralelamente fundamentos suficientes e prejuízo capaz de resultar em dano relevante à parte.[415]

Além disso, "o juiz pode, sob sua discricionariedade, exigir a prestação de caução para suspender o processo executivo, no modo e no prazo que julgar conveniente" (art. 119 c/c art. 624 do *Codice*).[416]

Ovídio Baptista da Silva, ao referir que a execução provisória tem, no Direito brasileiro, caráter rigorosamente excepcional, uma vez que limitada aos casos expressos em lei e indicados no art. 520 do CPC de 1973, assevera que "esta é uma das peculiaridades que torna anacrônico o Direito brasileiro, em comparação com os sistemas europeus contemporâneos, especialmente o italiano, em geral fonte inspiradora de nosso legislador". Acrescenta que na Itália, mesmo antes da reforma de 1990, que tornou imediatamente exequíveis todas as sentenças de primeiro grau, já havia a previsão de que o juiz, na própria sentença, independentemente de previsão legal, autorizasse a execução provisória, por meio da concessão de cláusula executiva.[417]

Vigora no processo civil italiano, portanto, a sistemática da executividade provisória *ope legis* das decisões de primeiro grau. Conforme Federico Carpi e Micheli Taruffo, trata-se de solução coerente não apenas com a *ratio* da reforma, visando à valorização do juízo de primeiro grau e a desencorajar a proposição de recursos com finalidade meramente dilatória, mas também com a disciplina da inibitória (inibição da executividade), que reserva à exclusiva iniciativa da parte a impulsão deste procedimento, voltado à obtenção da suspensão da eficácia executiva ou da execução da sentença.[418]

---

[414] TARZIA, Giuseppe. O novo processo civil de cognição na Itália. *Revista de Processo*, São Paulo, n. 79, p. 62, jul./set. 1995.
[415] CARPI, Federico; TARUFFO, Michele. *Commentario breve al Codice di Procedura Civile*. 7. ed. Padova: Cedam, 2012, p. 1061/1066.
[416] PANTOJA, Fernanda Medina. *Apelação Cível:* novas perspectivas para um antigo recurso: um estudo crítico de direito nacional e comparado. Curitiba: Juruá, 2010, p. 132.
[417] SILVA, Ovídio A. Baptista da. *Curso de processo civil.* 5. ed. v. 2. São Paulo: Revista dos Tribunais, 2002, p. 51/52.
[418] CARPI; TARUFFO, loc. cit., p. 1197/1198.

Incompreensível, então, que o legislador brasileiro, que sempre se inspirou no sistema italiano, não tenha adotado a regra da executoriedade imediata da sentença, já aplicada há décadas no processo civil italiano.

3.2. O EFEITO DEVOLUTIVO DA APELAÇÃO E O SEU CABIMENTO: ANÁLISE E PROPOSTAS

3.2.1. Limitação do efeito devolutivo da apelação

Como visto no item 2.2.3.2, no que toca ao efeito devolutivo da apelação, o Novo CPC não apresenta qualquer limitação ou redução deste efeito. Pelo contrário, houve uma ampliação do efeito devolutivo da apelação, na medida em que foram ampliadas as hipóteses em que o tribunal pode desde logo julgar o mérito da apelação, quando a causa estiver em condições de imediato julgamento (art. 1.013, § 3º), bem como por não estarem sujeitas à preclusão as questões resolvidas na fase cognitiva (§ 1º do art. 1.009).

Sobre este ponto, Ovídio Baptista da Silva, muito antes de se falar em um projeto de Novo CPC, assim dispôs:

> Embora seja unânime a compreensão de que o imenso caudal de recursos seja o principal fator para o emperramento da máquina judiciária, podemos estar seguros de que não teremos como livrar-nos do mal. Todos concordam em que se deveria impor uma severa revisão do sistema recursal, de modo a limitar drasticamente seu número e, especialmente quanto à apelação, os limites e seu efeito devolutivo. Apesar do consenso, podemos apostar em que o sistema será mantido.[419]

O sábio apontamento do saudoso professor hoje se confirma no Novo CPC, na medida em que sequer foi cogitada a limitação do efeito devolutivo da apelação, muito embora a intenção do legislador, ao formatar um novo Código de Processo Civil, tenha sido de revisão do sistema recursal a fim de imprimir maior efetividade aos processos.

A apelação, tanto no CPC de 1973 como no Novo CPC, permite não apenas a rediscussão do direito, como também o amplo reexame dos fatos e provas produzidas no processo. Conforme bem referido por Daniel Mitidiero,

> no nosso sistema há evidente sobreposição de funções: os Tribunais Regionais Federais e os Tribunais de Justiça encontram-se funcionalmente sobrepostos aos respectivos juízos de primeiro grau. Isso se deve à extensão do efeito devolutivo e do efeito translativo da apelação, que permite a revisão total da sentença de primeiro

---

[419] SILVA, Ovídio A. Baptista da. *Processo e ideologia*: o paradigma racionalista. Rio de Janeiro: Forense, 2004, p. 243.

grau. *Como resultado, os juízos de primeiro grau constituem apenas uma fase destinada à colheita da prova.*[420]

Nesse cenário, o sistema processual civil vigente alimenta profunda desvalorização das decisões proferidas pelos juízes de primeiro grau, conforme já se verificou no item 3.1 quando da análise da regra da suspensividade da sentença.

Uma das formas de prestigiar-se a sentença de primeiro grau seria por meio da limitação do efeito devolutivo da apelação. Mauro Cappelletti, por ocasião da reforma do processo civil italiano, apresentou parecer iconoclástico ao Poder Legislativo italiano, no final da década de 1960, sustentando que a apelação deveria ser limitada à apreciação da matéria de direito, restringindo-se a apreciação dos fatos e provas aos juízes de primeira instância, a fim de valorizar as decisões de primeira instância. O autor italiano sustentava que o primeiro grau de jurisdição era apenas uma longa fase de espera, uma espécie de aborrecida, extenuante e penosa antecâmara, para chegar finalmente ao juízo de apelação.[421]

Não obstante, a proposta revolucionária apresentada por Mauro Cappelletti não encontrou grande eco na doutrina,[422] não sendo acolhida, de forma que o efeito devolutivo do *appello* italiano possui as mesmas diretrizes da apelação do processo civil brasileiro, qual seja, ampla devolutividade que permite a análise de fatos e provas, sendo limitado apenas ao quanto impugnado pelo apelante.

Daniel Mitidiero, quando já tramitava no Congresso Nacional o projeto do NCPC, assim se manifestou:

> O primeiro grau de jurisdição deve, a princípio, ser soberano na valorização da prova. Um sistema que realmente leve a sério a eficiência na sua organização e a oralidade não pode submeter à revisão do Tribunal o juízo de fato. É antieconômico e não é coerente. Ao juiz de primeiro grau tem de ser deferido o poder de decidir de forma soberana a respeito da valoração da prova. Tem que se limitar o efeito devolutivo e o efeito translativo da apelação. (...)
>
> Apenas excepcionalmente devem os Tribunais Regionais Federais e os Tribunais de Justiça rever a valoração da prova (por exemplo, em caso de sentença claramente contrária à prova dos autos, ausência de utilização de modelo de prova adequado ou violação de normas sobre o ônus da prova).[423]

---

[420] MITIDIERO, Daniel. Por uma reforma da justiça civil no Brasil: um diálogo entre Mauro Cappelletti, Vittorio Denti, Ovídio Baptista e Luiz Guilherme Marinoni. *Revista de Processo*, São Paulo, v. 36, n. 199, p. 90, set/2011. Grifo do autor.

[421] CAPPELLETTI, Mauro. Parece iconoclastico sulla riforma del processo civile italiano. *Giustizia e Società*. Milano: Edizioni di Comunità, 1977, p. 116.

[422] PANTOJA, Fernanda Medina. *Apelação Cível:* novas perspectivas para um antigo recurso: um estudo crítico de direito nacional e comparado. Curitiba: Juruá, 2010, p. 115.

[423] MITIDIERO, loc. cit., p. 93/94. No mesmo sentido, citando Daniel Mitidiero, é o entendimento do jurista italiano Remo Caponi. CAPONI, Remo. La riforma dei mezzi di impugnazione. *Rivista Trimestrale di Diritto e Procedura Civile*, Milão, v. 66, n. 4, p. 1156, dezembro 2012.

Cabe destacar que a proposição veiculada por Daniel Mitidiero de limitação do efeito devolutivo da apelação às questões de direito está vinculada à proposta por ele apresentada de adoção de um sistema de precedentes obrigatórios. Sustenta o autor que "a condição para que se possa pensar em uma reforma realmente efetiva de nosso sistema recursal, contudo, pressupõe a adoção de um sistema de precedentes obrigatórios no Brasil", na medida em que "se fosse possível nas instâncias ordinárias desde logo alcançar decisões conforme aos precedentes do STF e do STJ, certamente não seria necessário abrir as portas desses Tribunais a todo e qualquer caso. A igualdade impor-se-ia pela observância do precedente".[424] Não obstante, a proposta de adoção do sistema de precedentes não é objeto de exame neste trabalho.

J. J. Calmon de Passos, em artigo no qual critica severamente o sistema processual civil brasileiro, deduz ser injustificável

> admitir-se a apelação apenas pelo fato da sucumbência. Para que se tenha direito ao apelo, mister será que demonstre o recorrente a invalidade ou a ilegalidade da decisão. Disso se deduz que nesse recurso não se pode pleitear o reexame da matéria de fato, no tocante à sua valoração para fins de convencimento do julgador, sendo controlável, entretanto, seus erros de procedimento na realização da prova ou seus erros de julgamento no tocante aos fatos com vistas à fundamentação por ele oferecida, entendida esta como rigorosamente adstrita à prova dos autos.[425]

É o juiz de primeiro grau que tem o contato direto com as provas produzidas no processo. O juiz acompanha as audiências, ouve as partes e testemunhas, tendo a possibilidade de sentir o processo. Ademais, o juiz tem a prerrogativa de acompanhar eventual perícia, de ouvir o perito em audiência, de fazer inspeção judicial. Tudo isso permite um amplo contato com a prova, diferente do que ocorre nos tribunais. Conforme Luiz Guilherme Marinoni, "a oralidade propicia um contato direto do juiz com as partes e as provas, dando ao magistrado não só a oportunidade de presidir a coleta da prova, mas sobretudo de ouvir e sentir as partes e as testemunhas".[426]

Nesse ponto, Oreste Nestor de Souza Laspro afirma que o contato direto do juiz de primeiro grau com as provas lhe permite um profundo exame do conflito de interesses, em obediência ao princípio da oralidade. Por esse

---

[424] MITIDIERO, Daniel. Por uma reforma da justiça civil no Brasil: um diálogo entre Mauro Cappelletti, Vittorio Denti, Ovídio Baptista e Luiz Guilherme Marinoni. *Revista de Processo*, São Paulo, v. 36, n. 199, p. 92/93, set/2011. Nessa linha, Daniel Mitidiero propõe a seguinte redação para o art. 513 do CPC de 1973: "Da sentença caberá apelação sempre que a solução da causa for contrária a precedente aplicável ao caso. Parágrafo único: Também será apelável a sentença cuja valoração da prova seja manifestamente contrária à prova dos autos ou que contenha aplicação equivocada das normas de direito probatório". Idem, p. 94/95.

[425] CALMON DE PASSOS, J.J. As razões da crise de nosso sistema recursal. In: FABRÍCIO, Adroaldo Furtado *et al* (coord.). *Meios de impugnação ao julgado civil:* estudos em homenagem a José Carlos Barbosa Moreira. Rio de Janeiro: Forense, 2007, p. 377.

[426] MARINONI, Luiz Guilherme. Garantia da tempestividade da tutela jurisdicional e duplo grau de jurisdição. In: CRUZ E TUCCI, José Rogério (coord.). *Garantias constitucionais do processo civil*. São Paulo: Revista dos Tribunais, 1999, p. 210.

motivo, "não haveria razão, portanto, para que em um segundo julgamento novamente se repetisse a análise". Acrescenta o autor que "o juiz de primeiro grau, se não conta com a experiência daqueles de segunda instância, tem a favorecê-lo o conhecimento dos fatos através da prova testemunhal, a concentração e oralidade do processo, permitindo às partes o exercício de seus direitos e prerrogativas".[427]

Para Daniel Mitidiero, "a amplitude do recurso de apelação, que leva à sopreposição entre as instâncias ordinárias, aniquila o núcleo essencial da organização do procedimento a partir da ideia de oralidade – a imediação do juiz com a prova".[428] Em razão disso, sustenta que qualquer reforma séria da Justiça Civil no Brasil tem de "outorgar sentido à função jurisdicional de primeiro grau e à oralidade como técnica de conformação do procedimento com a modificação da amplitude do recurso de apelação".[429]

Assim, diante da realidade atual de implementação de um novo Código de Processo Civil, a quebra do paradigma do sistema, mediante a instituição de um filtro recursal à apelação, tal como a exigência da repercussão geral da questão constitucional para o recurso extraordinário, a fim de limitar a extensão do seu efeito devolutivo, seria uma alternativa na busca do processo efetivo, adequado e tempestivo.

Mas, como bem referido por Ovídio Baptista da Silva, não se poderia imaginar que o sistema seria modificado de forma tão drástica a ponto de se limitar o efeito devolutivo da apelação.

No atual cenário, vedar o reexame da avaliação da prova é proposta que escapa aos limites territoriais brasileiros. Em que pese seja defendido por importantes vozes – ainda minoria, destaca-se – a proposta é muito ousada para a consciência jurídica predominante.

Ao contrário do quanto defendido no item antecedente em relação ao efeito suspensivo da apelação, no sentido de que a abolição do efeito suspensivo *ope legis* caminharia ao encontro da efetividade e tempestividade da prestação da tutela jurisdicional, sem haver comprometimento da segurança jurídica, diante da possibilidade de atribuição do efeito suspensivo pelo julgador, de acordo com as peculiaridades do caso concreto, o mesmo não se poderia afirmar, pelo menos ainda não neste momento, sobre eventual limitação do efeito devolutivo da apelação às questões exclusivamente de direito.

---

[427] LASPRO, Oreste Nestor de Souza. Garantia do duplo grau de jurisdição. In: CRUZ E TUCCI, José Rogério (coord.). *Garantias constitucionais do processo civil*. São Paulo: Revista dos Tribunais, 1999, p. 198.

[428] MITIDIERO, Daniel. Por uma reforma da justiça civil no Brasil: um diálogo entre Mauro Cappelletti, Vittorio Denti, Ovídio Baptista e Luiz Guilherme Marinoni. *Revista de Processo*, São Paulo, v. 36, n. 199, p. 90, set/2011.

[429] Idem, p. 91.

Em que pese a necessária e aqui defendida valorização dos juízes de primeiro grau, não se pode perder de vista que um único juízo sobre a matéria de fato pode, fatalmente, comprometer a segurança jurídica do jurisdicionado.[430]

3.2.2. Limitação ao cabimento do recurso de apelação

Outra possibilidade a ser ventilada – mas que também não mereceu exame no Novo CPC – diz respeito à limitação da própria incidência do recurso de apelação.

O modelo do CPC de 1973, o qual restou mantido no Novo CPC – com amplo efeito devolutivo da apelação, assegurado pelo princípio do duplo grau de jurisdição – poderia conviver, sem qualquer ofensa aos valores maiores do processo, como o contraditório e a ampla defesa – com outro modelo, restritivo da incidência do recurso de apelação.

A limitação de recursos em causas de menor potencialidade ofensiva ou de valor econômico mais modesto não é estranha ao ordenamento jurídico brasileiro.

Conforme verificado no item 1.3 *supra*, existem leis que restringem o cabimento de recursos, representando exceções ao princípio do duplo grau de jurisdição, não devendo, contudo, ser consideradas inconstitucionais.[431] É o caso, por exemplo, do art. 34 da Lei de Execuções Fiscais (Lei nº 6.830/80), que não admite apelação quando o valor da causa for inferior a 50 ORTNs (Obrigações Reajustáveis do Tesouro Nacional), mas tão somente a interposição de embargos infringentes direcionados ao juiz prolator da decisão, e embargos de declaração. Outrossim, a sentença proferida nos Juizados Especiais desafia a interposição de recurso inominado, cuja competência para julgamento é das Turmas Recursais, composta por juízes de primeiro grau, o que o diferencia em muito do recurso de apelação (art. 41 da Lei nº 9.099/1995).[432] Ainda, o

---

[430] Fernanda Medina Pantoja assim dispõe sobre o tema: "A eventual transformação da apelação em recurso de estrito direito significaria inegável retrocesso. Isso porque não seria produto da formação jurídico-cultural do país, senão um instituto estranho ao modelo brasileiro, ofensivo às garantias e princípios constitucionais e, por esse exato motivo, incompatível com as escolhas ideológicas que fundamentam o processo civil. Isto não quer dizer, é claro, que o tribunal deva reexaminar com a mesma amplitude tanto a matéria de direito quanto a matéria de fato, veiculadas em primeira instância. Afinal, o juízo inferior dispõe da proximidade das provas orais produzidas para a averiguação dos fatos; já o órgão superior a deverá reapreciá-las a partir de fonte indireta, qual seja, a documentação constante dos autos. Portanto, definitivamente, não estará apto a as rever com o mesmo grau de acuidade com o que o fez o juízo *a quo*, de modo que a revisão dos fatos em segunda instância deve, sempre que possível, preservar as provas realizadas, especialmente as orais". PANTOJA, Fernanda Medina. *Apelação Cível*: novas perspectivas para um antigo recurso: um estudo crítico de direito nacional e comparado. Curitiba: Juruá, 2010, p. 213.

[431] NERY JUNIOR, Nelson. *Teoria geral dos recursos*. 7. ed. São Paulo: Revista dos Tribunais, 2014, p. 62.

[432] Art. 41. Da sentença, excetuada a homologatória de conciliação ou laudo arbitral, caberá recurso para o próprio Juizado. § 1º. O recurso será julgado por uma turma composta por três Juízes togados, em exercício no primeiro grau de jurisdição, reunidos na sede do Juizado. § 2º. No recurso, as partes serão obrigatoriamente representadas por advogado.

art. 865 do CPC de 1973[433] determina que no processo de justificação não cabe defesa e tampouco recurso, embora seja o processo julgado por sentença (art. 866, *caput,* do CPC de 1973).[434]

Como visto, a limitação do princípio do duplo grau de jurisdição se coaduna com a ideia de que "as garantias não são absolutas e que, vez por outra, em circunstâncias especiais, comportam flexibilização ou mitigação, em prol da realização de outros princípios constitucionais".[435] Assim, a limitação do duplo grau pela intervenção legislativa é plenamente constitucional, quando atende outros princípios constitucionais.[436] Não é ilimitada a aplicação do princípio do duplo grau de jurisdição, podendo o legislador infraconstitucional restringir o cabimento dos recursos e suas hipóteses de incidência sem ferir a Constituição Federal.

Assim, a fim de conferir-se tempestividade e efetividade à prestação jurisdicional, a limitação, em determinadas hipóteses, ao cabimento da apelação, configuraria um marco definidor de uma reforma do sistema recursal.

Luiz Guilherme Marinoni defende que "nas hipóteses de 'causas de maior simplicidade' não há razão para se insistir em um duplo juízo sobre o mérito".[437] Sustenta que as vantagens da oralidade, aliada à demora da prestação jurisdicional, que é um dos grandes problemas do processo civil moderno, militam contra o duplo juízo sobre o mérito, recomendando que "o duplo grau não seja exigido ao menos naquelas causas de maior simplicidade, diante das quais o órgão de segundo grau dificilmente chegaria a uma decisão diversa daquela que foi tomada pelo juiz de primeiro grau de jurisdição".[438]

E recentemente, ao analisar o PLS 166/10, que retirou a regra do efeito suspensivo *ope legis* da apelação, posteriormente modificada pelo Novo CPC, Luiz Guilherme Marinoni dispôs que

> de nada adianta falar em melhor sistematização dos recursos e em execução na pendência da apelação enquanto a doutrina não se livrar do mito do duplo grau de jurisdição e compreender que, para se outorgar efetividade ao direito fundamental à tutela jurisdicional, não há como insistir em dois juízos repetitivos sobre o mérito.

---

[433] Art. 865. No processo de justificação não se admite defesa nem recurso.
[434] Art. 866. A justificação será afinal julgada por sentença e os autos serão entregues ao requerente independentemente de traslado, decorridas 48 (quarenta e oito) horas da decisão.
[435] PORTO, Sérgio Gilberto; USTÁRROZ, Daniel. *Lições de direitos fundamentais no processo civil:* o conteúdo processual da Constituição Federal. Porto Alegre: Livraria do Advogado, 2009, p. 98.
[436] Idem, p. 98/99.
[437] MARINONI, Luiz Guilherme. Garantia da tempestividade da tutela jurisdicional e duplo grau de jurisdição. In: CRUZ E TUCCI, José Rogério (coord.). *Garantias constitucionais do processo civil.* São Paulo: Revista dos Tribunais, 1999, p. 214.
[438] Idem, p. 213. Em sentido contrário, Fernanda Medina Pantoja afirma que "o menor valor ou a menor complexidade da demanda não se revelam critérios justificados nem razoáveis para subtrair ao jurisdicionado o meio e a oportunidade para pleitear a reforma de uma decisão". PANTOJA, Fernanda Medina. *Apelação Cível:* novas perspectivas para um antigo recurso: um estudo crítico de direito nacional e comparado. Curitiba: Juruá, 2010, p. 195.

> Realmente, é preciso calibrar a vazão do recurso de apelação, restringindo-se o seu cabimento diante dos casos de menor complexidade, como, por exemplo, os relativos a acidentes de trânsito, relações de locação e relações de consumo, que se acumulam nos Tribunais de Justiça.[439]

Nessa linha, conclui que "é de se lamentar a falta de qualquer restrição ao duplo grau de jurisdição no Projeto de CPC".[440]

No mesmo sentido, Ingo Wolfgang Sarlet, após analisar o princípio do duplo grau de jurisdição frente à Constituição Federal e concluir pela "indiscutível possibilidade de estabelecer limites, tanto para o acesso ao segundo grau de jurisdição quanto para o exercício de um direito de recorrer para uma superior instância",[441] apresenta proposta de fixação de um valor de alçada como limite objetivo à interposição de recursos das decisões judiciais, como limite do acesso ao duplo grau de jurisdição. Refere que

> a fixação de um valor de alçada como fator de supressão do acesso ao segundo grau de jurisdição, de modo especial nas hipóteses envolvendo demandas de natureza pecuniária e de pequeno valor, parece, em princípio, corresponder aos ditames da proporcionalidade, respeitando, ainda, o núcleo essencial encoberto pelo âmbito de proteção das normas atingidas pela restrição, além de salvaguardar as exigências básicas da dignidade humana.[442]

Conclui o constitucionalista na linha de que "a fixação de um valor de alçada para limitação do acesso ao duplo grau de jurisdição é, sem sombra de dúvida, uma das diversas alternativas disponíveis para, em tese, alcançar o desafogamento parcial dos Tribunais".[443]

Entende-se que a limitação ao direito de interposição de recurso de apelação nas causas que envolvam baixo valor pecuniário se revelaria positivo e

---

[439] MARINONI, Luiz Guilherme. Uma nova realidade diante do Projeto de CPC: a *ratio decidendi* ou os fundamentos determinantes da decisão. *Revista dos Tribunais*, São Paulo, n. 918, p. 352, abril 2012.

[440] Idem, p. 353.

[441] SARLET, Ingo Wolfgang. Valor de alçada e limitação do acesso ao duplo grau de jurisdição: problematização em nível constitucional, à luz de um conceito material de direitos fundamentais. *Revista da Ajuris: Associação dos Juízes do Rio Grande do Sul*, Porto Alegre, n. 66, p. 122, março/1996.

[442] Idem, p. 123. Em sentido contrário, José Maria Rosa Tesheiner e Daniele Viafore afirmam não ser "razoável pretender restringir a interposição de recursos. A adoção de instrumentos para reduzir a grande quantidade de demandas e recursos interpostos pode implicar em evidente restrição de acesso do cidadão à prestação jurisdicional". TESHEINER, José Maria Rosa; VIAFORE, Daniele. Da proposta de "redução do número de demandas e recursos" do projeto de novo CPC *versus* acesso à justiça. *Revista Jurídica*, Porto Alegre, v. 58, n. 401, p. 25/26, mar. 2011. Ademais, afirma José Maria Rosa Tesheiner, em outro trabalho, que (i) "a certeza da impossibilidade de qualquer impugnação facilmente conduz ao arbítrio judicial", que (ii) "pode ocorrer, também, que contra o mesmo réu se movam muitas ações, que apenas separadamente são de pequeno valor" e (iii) "decidindo que o valor é inferior ao da alçada, o juiz pode usurpar a competência do tribunal, devendo caber, então, alguma medida (reclamação, por exemplo), para preservá-la". TESHEINER, José Maria Rosa. Em tempo de reformas – o reexame de decisões judiciais. In: FABRÍCIO, Adroaldo Furtado *et al* (coord.). *Meios de impugnação ao julgado civil*: estudos em homenagem a José Carlos Barbosa Moreira. Rio de Janeiro: Forense, 2007, p. 399.

[443] SARLET, loc. cit., p. 125.

importante mecanismo para a efetividade e tempestividade da prestação da tutela jurisdicional.

De fato, não há razão para que aqueles processos que envolvam direitos patrimoniais de inexpressivo conteúdo econômico sejam submetidos ao reexame dos tribunais. Defende-se, portanto, na linha da proposta apresentada por Ingo Wolfgang Sarlet, e *de lege ferenda*, haja vista a ausência de qualquer previsão nesse sentido no Novo CPC, a fixação de um valor de alçada nas demandas de natureza pecuniária como forma de supressão ao acesso ao segundo grau de jurisdição.

Por outro lado, os conceitos trazidos por Luiz Guilherme Marinoni de "causas de maior simplicidade" e de "casos de menor complexidade" se mostram por demais amplos a justificar a limitação ao cabimento do recurso de apelação. Isto porque determinadas causas de valor inexprimível economicamente, e de aparente simplicidade, podem ter imensa relevância, por envolver garantias fundamentais dos indivíduos. Exemplo são as ações que visam à troca do nome do autor. Em uma primeira análise, podem parecer ser de menor complexidade. Não obstante, trata-se de ação que diz respeito à dignidade do jurisdicionado e, por este motivo, não pode ser obviado o reexame das decisões pelo tribunal.

3.3. A SUCUMBÊNCIA RECURSAL COMO MEDIDA ESTIMULATÓRIA PARA O CONTROLE DA INTERPOSIÇÃO DE RECURSOS

Conforme verificado no item 2.2.3.6, o Novo CPC prevê, de forma inovadora, a sucumbência recursal,[444] como tentativa de reduzir o número de recursos. O cabimento de honorários advocatícios na fase recursal está previsto no § 1º do art. 85 do Novo CPC, e a sua forma de fixação está regrada no § 11 do mesmo dispositivo.

Conforme o § 11, o tribunal, ao julgar o recurso, majorará os honorários fixados anteriormente, levando em conta o trabalho adicional realizado em grau recursal, observado o limite de 20% (vinte por cento) para a fase de conhecimento. Ressalta-se que o § 2º do art. 85 determina que os honorários

---

[444] A previsão de sucumbência recursal já existe no Juizado Especial Civil, mas de forma diferente da inovação do Novo CPC, tendo em vista que nas causas que tramitam nos Juizados não há condenação da parte vencida, no primeiro grau de jurisdição, ao pagamento dos ônus sucumbenciais. Assim dispõe o art. 55 da Lei nº 9.099/95: A sentença de primeiro grau não condenará o vencido em custas e honorários de advogado, ressalvados os casos de litigância de má-fé. Em segundo grau, o recorrente, vencido, pagará as custas e honorários de advogado, que serão fixados entre dez por cento e vinte por cento do valor de condenação ou, não havendo condenação, do valor corrigido da causa. Parágrafo único. Na execução não serão contadas custas, salvo quando: I – reconhecida a litigância de má-fé; II – improcedentes os embargos do devedor; III – tratar-se de execução de sentença que tenha sido objeto de recurso improvido do devedor.

sejam fixados entre o mínimo de 10 (dez) e o máximo de 20% (vinte por cento) sobre o valor da condenação, do proveito econômico obtido ou, não sendo possível mensurá-lo, sobre o valor atualizado da causa.

Assim, se a parte vencida for condenada pela decisão impugnada ao pagamento de honorários de 20% – limite máximo determinado tanto pelo CPC de 1973 quanto pelo Novo CPC –, não haverá majoração dos honorários, eis que alcançado o teto fixado no Novo CPC. Por outro lado, se a decisão recorrida fixar honorários em percentual inferir a 20%, o tribunal deverá majorar a verba honorária em até 20%.

A inovação trazida pelo Novo CPC se trata de medida estimulatória para controlar a sanha recursal. Entende-se ser salutar a medida adotada pelo Novo CPC. Primeiro porque é considerado o trabalho adicional do advogado realizado em grau recursal. O próprio art. 20, § 3º, c, do CPC de 1973 – mantido no Novo CPC no art. 85, § 2º, IV, – determina que devem ser atendidos, na fixação dos honorários advocatícios, dentre outros critérios, o trabalho realizado pelo advogado e o tempo exigido para o seu serviço, os quais inegavelmente crescem a partir da interposição do recurso de apelação. Trata-se, portanto, de remuneração do trabalho adicional do advogado.

Segundo porque a majoração dos honorários advocatícios em sede recursal, pelo menos em tese,[445] desestimula a interposição de recurso protelatório. A parte sucumbente deverá avaliar a conveniência de recorrer, pois estará ciente de que a sua condenação a título de honorários advocatícios será aumentada no caso de insucesso do recurso.[446]

Destaca-se que, pelo teor do § 11 do art. 85 do Novo CPC, a simples interposição de recurso enseja a fixação de honorários na instância recursal. Isto significa que a sucumbência recursal não está limitada ao desprovimento ou inadmissibilidade do recurso, diferente do que já constou em textos anteriores ao CPC aprovado.

O Relatório Sérgio Barradas Carneiro dispôs, no art. 85, § 10, que "no caso de não ser admitido ou não ser provido o recurso por decisão unânime, o

---

[445] Não se pode olvidar que a sucumbência recursal não desestimulará a interposição de recursos protelatórios por aqueles que litigam sob o pálio da assistência judiciária gratuita. Ademais, nas demandas que envolvam baixo valor pecuniário, a possibilidade de majoração da sucumbência pode ter pouco significado para a parte recorrente.

[446] Nesse sentido, Fernanda Medina Pantoja refere que "um modo de fazer com que as partes avaliem a conveniência de se recorrer é impor-lhes algum tipo de ônus quando inadmitido ou desprovido o recurso, forçando-lhes a sopesar as consequências advindas de sua opção". PANTOJA, Fernanda Medina. *Apelação Cível*: novas perspectivas para um antigo recurso: um estudo crítico de direito nacional e comparado. Curitiba: Juruá, 2010, p. 215. Conforme Alexandre Freire e Leonardo Albuquerque Marques, a sucumbência recursal "aparece como uma das principais inovações do projeto, tendo por finalidade criar estímulos para que as partes sejam mais criteriosas ao pedir o reexame de uma decisão nas instâncias superiores (ordinárias e excepcionais). FREIRE, Alexandre; MARQUES, Leonardo Albuquerque. Os honorários de sucumbência no projeto do novo CPC (Relatório-Geral de atividades apresentado pelo Deputado Federal Paulo Teixeira-PT). In: FREIRE, Alexandre *et al* (org.). *Novas tendências do processo civil*: estudos sobre o projeto do novo Código de Processo Civil. v. 3. Salvador: Jus Podivm, 2014, p. 20.

tribunal, a requerimento da parte, aumentará a verba honorária fixada na decisão recorrida, observado o disposto neste artigo". Ainda, "na hipótese de fixação em percentual, o aumento não poderá ultrapassar cinco pontos percentuais em relação ao que tenha sido fixado no pronunciamento recorrido".

Na mesma linha, o Anteprojeto do Novo CPC previa a sucumbência recursal apenas para os casos de desprovimento ou inadmissão do recurso pelo tribunal, por unanimidade.[447]

Depreende-se, portanto, que a ausência de referência, pelo Novo CPC, da fixação da sucumbência recursal para os casos de recursos não admitidos ou desprovidos, leva a crer que a majoração da verba honorária ocorrerá sempre quando interposto recurso, ainda quando este seja provido, até o limite de 20%. Isto leva em conta, primordialmente, o trabalho adicional do advogado realizado em grau recursal.

Não se compreende, por outro lado, a limitação da majoração dos honorários a 20%. Melhor seria que sempre pudesse ocorrer a majoração dos honorários, mesmo quando a decisão impugnada já tivesse os fixados no limite de 20%. Nesse sentido, o texto do PLS 166/10 previa que "a instância recursal, de ofício ou a requerimento da parte, fixará nova verba honorária advocatícia, observando-se o disposto nos §§ 2º e 3º e o limite de vinte e cinco por cento para a fase de conhecimento" (§ 7º do art. 87 do PLS 166/10). Acertada a previsão contida no PLS 166/10, lamentavelmente não reproduzida no texto aprovado, de possibilidade de fixação de nova verba honorária até o limite de 25%. Tal previsão prestigia o trabalho adicional do advogado e desestimula a interposição de recursos protelatórios.

Sérgio Gilberto Porto, ao comentar o PLS 166/10, identificou os vetores do projeto do NCPC, entre eles "inibir os recursos, através da chamada sucumbência recursal, na tentativa de estabelecer critérios de maior razoabilidade aos apelos e valorizar as decisões de primeiro grau".[448]

Ovídio Baptista da Silva, ao analisar a regulação da sucumbência sob a ótica da responsabilidade objetiva e do princípio da causalidade,[449] pelo qual a parte que deu causa à propositura da demanda deverá arcar com os ônus sucumbenciais, e à luz dos ensinamentos de Giuseppe Chiovenda, já afirmava que o mesmo princípio deveria ser adotado no sistema recursal, gravando o sucumbente com algum encargo adicional, seja obrigando-o "a prestar caução,

---

[447] Art. 73, § 6º Quando o acórdão proferido pelo tribunal não admitir ou negar, por unanimidade, provimento a recurso interposto contra sentença ou acórdão, a instância recursal, de ofício ou a requerimento da parte, fixará nova verba honorária advocatícia, observando-se o disposto no § 2º e o limite total de vinte e cinco por cento.

[448] PORTO, Sérgio Gilberto. Artigos 1º a 12. In: MACEDO, Elaine Harzheim (coord.). *Comentários ao Projeto de Lei n. 8.046/2010:* proposta de um novo Código de Processo Civil. Porto Alegre: EDIPUCRS, 2013. Disponível em: <http:www.pucrs.br/edipucrs>, p. 24. Acesso em: 01 dez. 2014.

[449] O princípio da causalidade na atribuição dos honorários advocatícios é positivado no Novo CPC no § 10 do art. 85: "Nos casos de perda do objeto, os honorários serão devidos por quem deu causa ao processo".

como requisito para recorrer, seja tributando-o com uma nova parcela de honorários de advogado, no caso de seu recurso não ser provido. Assim como está, o sistema contribui, como todos sabem, para desprestigiar a jurisdição de primeiro grau".[450] Acrescenta, no que diz respeito propriamente aos recursos, que

> o mínimo que se pode exigir do recorrente é que ele confie honesta e razoavelmente no seu acolhimento. Afinal, se o sucumbente – de quem o sistema presume a *culpa* – deve arcar com as despesas do processo, por que não onerá-lo quando, contando já com a palavra oficial do Estado, expressa na sentença que o proclama carente de direito, mesmo assim conserva-se resistente?[451]

A sucumbência recursal se trata, portanto, de positivo mecanismo criado para desestimular e, consequentemente, reduzir a interposição de recursos infundados e protelatórios. Trata-se de importante instrumento de inibição da interposição de recursos protelatórios, aliado ao fato de que proporciona uma remuneração adicional ao advogado que se vê obrigado a atuar na esfera recursal. Lamenta-se, contudo, que a majoração dos honorários operada em grau recursal seja limitada ao percentual de 20% sobre o valor da condenação, do proveito econômico obtido ou, não sendo possível mensurá-lo, sobre o valor atualizado da causa.

---

[450] SILVA, Ovídio A. Baptista da. *Processo e ideologia*: o paradigma racionalista. Rio de Janeiro: Forense, 2004, p. 213.
[451] Idem, p. 214.

Conclusão

O presente trabalho trata, sobretudo, dos efeitos devolutivo e suspensivo do recurso de apelação no Código de Processo Civil de 1973 e no Novo CPC, recentemente aprovado, mediante comparação dos textos legais e análise crítica sobre o tema.

Os diversos textos produzidos no Senado e na Câmara no curso da tramitação do projeto do NCPC evidenciaram a existência de discussão, no âmbito do Poder Legislativo, sobre a necessidade de alteração da regra geral do efeito suspensivo *ope legis* do recurso de apelação.

A discussão legislativa teve origem no que há muito tem sido defendido pela doutrina no sentido de se tornar regra a execução imediata da sentença, mediante a abolição do efeito suspensivo *ope legis* da apelação.

Nesse cenário, o texto inicial originário do Senado Federal (PLS 166/10) estabeleceu que os recursos, incluindo-se o de apelação, não impediriam a eficácia da decisão, a qual poderia ser suspensa pelo relator se demonstrada a probabilidade de provimento do recurso ou, sendo relevante a fundamentação, houvesse risco de dano grave ou difícil reparação. Assim, naquela ocasião em que se iniciaram os debates para a promulgação de um novo Código de Processo Civil, adotou-se o entendimento pela inversão da regra do CPC de 1973, referente ao efeito suspensivo do recurso de apelação.

Não obstante, o texto aprovado, diferentemente da proposição originária, manteve a regra atual de suspensividade *ope legis* dos efeitos da sentença.

Entende-se, após a realização de ampla pesquisa sobre o tema, que a manutenção da regra geral do efeito suspensivo do recurso de apelação pelo Novo CPC não se coaduna com o vetor do projeto de se imprimir maior efetividade e tempestividade na prestação da tutela jurisdicional.

O sistema do CPC de 1973 relativo ao efeito suspensivo da apelação – mantido pelo Novo CPC – desvaloriza as decisões de primeiro grau, estimula a interposição de recursos meramente protelatórios e impede que a tutela seja prestada à parte vencedora em tempo razoável.

Outrossim, o critério *ope legis* para a determinação das hipóteses em que a apelação não será dotada de efeito suspensivo é por demais ultrapassado.

O sistema *ope iudices* para a aferição da atribuição ou não do efeito suspensivo da apelação seria o mais adequado para a atualidade.

É inaceitável que o Novo CPC insista não apenas na manutenção da regra geral do efeito suspensivo da apelação, mas também na enumeração casuística e taxativa das hipóteses em que a apelação não será dotada de efeito suspensivo.

Cotejando-se os princípios da efetividade e da segurança jurídica, neste caso deveria ter prevalecido o da efetividade, mediante a inversão da regra do efeito suspensivo da apelação, tendo em vista que inexistiria comprometimento à segurança jurídica do jurisdicionado, pois a execução provisória corre por conta e risco do credor e, principalmente, pelo fato de que os efeitos da sentença poderiam ser suspensos pelo relator de acordo com as peculiaridades do caso concreto.

Não se pode conceber a visão conservadora do legislador ao manter a suspensividade da apelação que, entre outros fatores, é a responsável pela intempestividade do processo. Tampouco não se compreende a manutenção da incongruência do sistema que permite a execução imediata de uma decisão interlocutória proferida com base em cognição sumária e, por outro lado, não autoriza a eficácia imediata da sentença prolatada com base em cognição plena e exauriente.

Em conclusão, é assente a necessidade da instituição da execução imediata da sentença como regra no processo civil brasileiro, o que é proposto neste trabalho *de lege ferenda*.

Esperava-se que o Novo CPC, o qual restou submetido a amplo debate entre os operadores do Direito, efetivamente quebrasse o paradigma atual presente no sistema recursal de desvalorização das decisões de primeiro grau e de excessivo resguardo dos direitos do réu em prol do princípio da segurança jurídica.

Não obstante, o paradigma não foi quebrado. As alterações trazidas pelo Novo CPC são tímidas, não possuindo o condão, nem de longe, de modificar a ideologia adotada no CPC de 1973.

No que toca ao efeito devolutivo, a conclusão não poderia ser diversa da que constatada em relação ao efeito suspensivo da apelação. Isto porque uma eventual limitação ao efeito devolutivo, ou ainda às hipóteses de cabimento da apelação, sequer foi ventilada no curso do trâmite do projeto do NCPC.

A manutenção da ampla abrangência do efeito devolutivo da apelação é mais facilmente compreendida do que a manutenção da regra do efeito suspensivo. Eventual limitação do efeito devolutivo da apelação às questões exclusivamente de direito provocaria severa revolução no sistema recursal. Atribuir tão somente aos juízes de primeiro grau a apreciação dos fatos e provas se, por um lado, prestigiaria em muito as decisões de primeira instância, por outro, ocasionaria insegurança jurídica aos jurisdicionados, que não teriam uma segunda oportunidade de revisão da matéria fática e probatória. Tal sistemática se distancia dos limites territoriais brasileiros, sendo muito ousada para a consciência jurídica predominante.

De outra banda, a limitação das hipóteses de cabimento da apelação – matéria também não cogitada no projeto do NCPC –, seria outra mudança significativa a ensejar a quebra de paradigmas.

Nesse sentido, a limitação ao direito de interposição do recurso de apelação nas causas que envolvam baixo valor pecuniário seria importante mecanismo para a efetividade e tempestividade da prestação da tutela jurisdicional. A título de conclusão, defende-se, também *de lege ferenda*, a fixação de um valor de alçada nas demandas de natureza pecuniária como forma de supressão ao acesso ao segundo grau de jurisdição.

Por fim, entende-se pela adequação do Novo CPC ao prever medidas estimulatórias visando ao controle da sanha recursal, tais como a inovadora previsão da sucumbência recursal.

O Novo CPC, no que se refere ao recurso de apelação, em especial no que tange ao seu efeito suspensivo, deixa muito a desejar. Não atende as expectativas da doutrina e dos operadores do Direito em geral. Distancia-se das promessas veiculadas no Anteprojeto. Lamenta-se a manutenção da regra do efeito suspensivo da sentença e a permanência da ideia conservadora de proteção demasiada dos direitos do réu, deixando-se de lado os do autor, em afronta às garantias processuais constitucionais de efetividade e duração razoável do processo.

Referências bibliográficas

ALVARO DE OLIVEIRA, Carlos Alberto. *Do formalismo no processo civil*: proposta de um formalismo-valorativo. 3. ed. São Paulo: Saraiva, 2009.

——; MITIDIERO, Daniel. *Curso de Processo Civil*. v. 2. São Paulo: Atlas, 2012.

—— (coord.). *A nova execução*: comentários à Lei nº 11.232, de 22 de dezembro de 2005. Rio de Janeiro: Forense, 2006.

APRIGLIANO, Ricardo de Carvalho. *A apelação e seus efeitos*. São Paulo: Atlas, 2003.

——. Os efeitos da apelação e a reforma processual. In: COSTA, Hélio Rubens Batista Ribeiro; RIBEIRO, José Horácio Halfeld Rezende; DINAMARCO, Pedro da Silva (coords.). *A nova etapa da reforma do Código de Processo Civil*. São Paulo: Saraiva, 2002, p. 253/276.

ARAGÃO, Egas Dirceu Moniz de. Demasiados recursos? In: FABRÍCIO, Adroaldo Furtado *et al* (coord.). *Meios de impugnação ao julgado civil*: estudos em homenagem a José Carlos Barbosa Moreira. Rio de Janeiro: Forense, 2007, p. 177/204.

ARAÚJO, José Henrique Mouta. Decisão interlocutória de mérito no projeto do novo CPC: reflexões necessárias. In: DIDIER JR., Fredie; MOUTA, José Henrique; KLIPPEL, Rodrigo (coords.). *O projeto do novo Código de Processo Civil*: estudos em homenagem ao Professor José de Albuquerque Rocha. Salvador: Jus Podivm, 2011, p. 219/230.

ASSIS, Araken de. *Manual dos recursos*. 5. ed. São Paulo: Revista dos Tribunais, 2013.

——. *Manual da Execução*. 13. ed. São Paulo: Revista dos Tribunais, 2010.

——. Efeito devolutivo da apelação. *Revista Síntese de Direito Civil e Processual Civil*, Porto Alegre, n. 13, p. 141/160, 2001.

ÁVILA, Humberto. *Segurança jurídica:* entre permanência, mudança e realização no Direito Tributário. 2. ed. São Paulo: Malheiros, 2012.

AZEVEDO, Luiz Carlos de. *Origem e introdução da apelação no direito lusitano*. São Paulo: FIEO, 1976.

BARBOSA MOREIRA, José Carlos. *Comentários ao Código de Processo Civil*. 16. ed. v. 5. Rio de Janeiro: Forense, 2011.

——. A nova definição de sentença (Lei nº 11.232). *Revista Dialética de Direito Processual*, São Paulo, n. 39, p. 78/85, junho 2006.

——. A efetividade do processo de conhecimento. *Revista de Processo*, São Paulo, n. 74, p. 126/137, 1994.

——. Algumas inovações da Lei 9.756 em matéria de recursos cíveis. In: NERY JUNIOR, Nelson; WAMBIER, Teresa Arruda Alvim. *Aspectos polêmicos e atuais dos recursos cíveis de acordo com a Lei 9.756/98*. 2 tir. São Paulo: Revista dos Tribunais, 1999.

BARIONI, Rodrigo. *Efeito devolutivo da apelação civil*. São Paulo: Revista dos Tribunais, 2007.

BEDAQUE, José Roberto dos Santos. Apelação: questões sobre admissibilidade e efeitos. *Revista da Procuradoria Geral do Estado de São Paulo*, São Paulo, edição especial, p. 107/148, jan./dez. 2003.

BERMUDES, Sergio. Considerações sobre a apelação no sistema recursal do Código de Processo Civil. *Revista da EMERJ*, Rio de Janeiro, v. 2, n. 6, p. 123/131, 1999.

BERNI, Duílio Landell de Moura. O duplo grau de jurisdição como garantia constitucional. In: PORTO, Sérgio Gilberto (coord.). *As garantias do cidadão no processo civil*. Porto Alegre: Livraria do Advogado, 2003, p. 191/225.

BORTOWSKI, Marco Aurélio. *Apelação Cível*. Porto Alegre: Livraria do Advogado, 1997.

BRUSCHI, Gilberto Gomes. *Apelação Cível:* teoria geral, procedimento e saneamento de vícios pelo tribunal. São Paulo: Saraiva: 2012.

BUENO, Cassio Scarpinella. *Curso sistematizado de direito processual civil*. v. 2, tomo I. São Paulo: Saraiva, 2007.

———. *Curso sistematizado de direito processual civil*. v. 5. 5. ed. São Paulo: Saraiva, 2014.

———. *Execução provisória e antecipação da tutela:* dinâmica do efeito suspensivo da apelação e da execução provisória: conserto para a efetividade do processo. São Paulo: Saraiva, 1999.

———. Prelúdio e fuga sobre a proposta de alteração do art. 520 do CPC (Projeto de Lei 3.605/2004). In: MEDINA, José Miguel Garcia *et al* (coord.). *Os poderes do juiz e o controle das decisões judiciais*: estudos em homenagem à Professora Teresa Arruda Alvim Wambier. 2 tir. São Paulo: Revista dos Tribunais, 2008, p. 355/366.

CALMON DE PASSOS, J.J. As razões da crise de nosso sistema recursal. In: FABRÍCIO, Adroaldo Furtado *et al* (coord.). *Meios de impugnação ao julgado cível:* estudos em homenagem a José Carlos Barbosa Moreira. Rio de Janeiro: Forense, 2007, p. 365/381.

CAMBI, Eduardo. Efeito devolutivo da apelação e duplo grau de jurisdição. *Genesis:* Revista de Direito Processual Civil, Curitiba, n. 22, p. 672/694, out./dez. 2001.

CAPONI, Remo. La riforma dei mezzi di impugnazione. *Rivista Trimestrale di Diritto e Procedura Civile*, Milão, v. 66, n. 4, p. 1153/1178, dezembro 2012.

CAPPELLETTI, Mauro. Parece iconoclastico sulla riforma del processo civile italiano. *Giustizia e Società*. Milano: Edizioni di Comunità, 1977.

———. Fundamental guarantees of the parties in civil litigation: comparative constitutional, international, and social trends. *Stanford Law Review*, v. 25, n. 5, p. 651/715, may 1973. Disponível em: <www.jstor.org/stable/1227903>.

CARNELUTTI, Francesco. *Instituições do processo civil*. v. II. Trad. Adrián Sotero de Witt Batista. São Paulo: Classic Book, 2000.

CARVALHO FILHO, Milton Paulo de. *Apelação sem efeito suspensivo*. São Paulo: Saraiva, 2010.

CARPI, Federico. *La provvisoria esecutorietà della sentenza*. Milano: Giuffrè, 1979.

———; TARUFFO, Michele. *Commentario breve al Codice di Procedura Civile*. 7. ed. Padova: Cedam, 2012.

CHIOVENDA, Giuseppe. *Instituições de direito processual civil*. v. III. Trad. J. Guimarães Menegale. Notas Enrico Tullio Liebman. São Paulo: Saraiva, 1945.

CIANCI, Mirna; QUARTIERI, Rita; ISHIKAWA, Liliane Ito. Novas perspectivas do recurso de apelação. In: FREIRE, Alexandre *et al* (coord.). *Novas tendências do processo civil:* estudos sobre o projeto do novo Código de Processo Civil. v. 3. Salvador: JusPodivm, 2014, p. 417/432.

CLAUS, Ben-Hur Silveira; LORENZETTI, Ari Pedro *et al.* A função revisora dos tribunais – a questão da valorização das decisões de primeiro grau – uma proposta de lege ferenda: a sentença como primeiro voto no colegiado. *Revista do Tribunal Regional do Trabalho da 14ª Região*, Porto Velho, v. 6, n. 2, p. 597/616, jul./dez. 2010.

COUTURE, Eduardo J. *Fundamentos do direito processual civil*. Trad. Rubens Gomes de Souza. São Paulo: Saraiva, 1946.

CRUZ E TUCCI, José Rogério. *Tempo e processo*. São Paulo: Revista dos Tribunais, 1997.

———; AZEVEDO, Luiz Carlos de. *Lições de história do processo civil romano*. 2 tir. São Paulo: Revista dos Tribunais, 2001.

——; ——. *Lições de processo civil canônico* (história e direito vigente). São Paulo: Revista dos Tribunais, 2001.

——. O judiciário e os principais fatores de lentidão da justiça. *Revista do Advogado*, São Paulo, v. 56, p. 76/83, set. 1999

CUENCA, Humberto. *Proceso civil romano*. Buenos Aires: Ediciones Jurídicas Europa-América, 1957.

DALLARI, Dalmo de Abreu. *O poder dos juízes*. 2. ed. São Paulo: Saraiva, 2002.

DALL'AGNOL JUNIOR, Antonio Janyr. O novo conceito de sentença e o sistema recursal. *Revista Jurídica*, Porto Alegre, v. 389, p. 63/75, março/2010.

DIDIER JR., Fredie; CUNHA, Leonardo Carneiro da. *Curso de Direito Processual Civil*: meios de impugnação às decisões judiciais e processo nos tribunais. v. 3. 12. ed. Salvador: JusPODIVM, 2014.

DINAMARCO, Cândido Rangel. *Nova era do processo civil*. 2. ed. São Paulo: Malheiros, 2007.

——. *A instrumentalidade do processo*. 14. ed. São Paulo: Malheiros, 2009.

——. Execução provisória. *Justitia*, São Paulo, v. 68, p. 11/38, jan. 1970.

——. *Capítulos de sentença*. 2. ed. São Paulo: Malheiros, 2006.

FINCATO, Denise Pires. *A pesquisa jurídica sem mistérios*: do Projeto de Pesquisa à Banca. Porto Alegre: Notadez, 2008.

FREIRE, Alexandre; MARQUES, Leonardo Albuquerque. Os honorários de sucumbência no projeto do novo CPC (Relatório-Geral de atividades apresentado pelo Deputado Federal Paulo Teixeira-PT). In: FREIRE, Alexandre *et al* (org.). *Novas tendências do processo civil*: estudos sobre o projeto do novo Código de Processo Civil. v. 3. Salvador: Jus Podivm, 2014, p. 15/22.

GRINOVER, Ada Pellegrini. Os princípios constitucionais e o Código de Processo Civil. São Paulo: Bushatsky, 1975.

——. Proposta de alteração ao Código de Processo Civil: justificativa. *Revista de Processo*, São Paulo, v. 86, p. 191/195, 1997.

HOFFMANN, Ricardo. *Execução provisória*. São Paulo: Saraiva, 2004.

JOBIM, Marco Félix. *Cultura, escolas e fases metodológicas do processo*. 2. ed. Porto Alegre: Livraria do Advogado, 2014.

——. *O direito à duração razoável do processo*: responsabilidade civil do Estado em decorrência da intempestividade processual. 2. ed. Porto Alegre: Livraria do Advogado, 2012.

——. A tempestividade do processo no projeto de lei do novo Código de Processo Civil brasileiro e a comissão de juristas nomeada para sua elaboração: quem ficou de fora? *Revista Eletrônica de Direito Processual* – REDP. v. VI. Periódico da Pós-Graduação Stricto Sensu em Direito Processual da UERJ. Disponível em: <www.redp.com.br>, p. 116/134.

JORGE, Flávio Cheim. *Apelação Cível*: teoria geral e admissibilidade. 2. ed. São Paulo: Revista dos Tribunais, 2002.

——. *Teoria geral dos recursos cíveis*. 5. ed. São Paulo: Revista dos Tribunais, 2011.

Justiça em números 2014: ano-base 2013/Conselho Nacional de Justiça. Brasília: CNJ, 2014.

LANES, Júlio Cesar Goulart. *Fato e direito no processo civil cooperativo*. São Paulo: Revista dos Tribunais, 2014.

LASPRO, Oreste Nestor de Souza. Garantia do duplo grau de jurisdição. In: CRUZ E TUCCI, José Rogério (coord.). *Garantias constitucionais do processo civil*. São Paulo: Revista dos Tribunais, 1999, p. 190/206.

LIMA, Alcides de Mendonça. *Introdução aos recursos cíveis*. 2. ed. São Paulo: Revista dos Tribunais, 1976.

——. A primazia do Código de Processo Civil do Rio Grande do Sul. *Revista da Ajuris*: Associação dos Juízes do Rio Grande do Sul, Porto Alegre, v. 7, p. 94/96, 1976.

LUCON, Paulo Henrique dos Santos. *Eficácia das decisões e execução provisória.* São Paulo: Revista dos Tribunais, 2000.

MACEDO, Elaine Harzheim. *Jurisdição e processo:* crítica histórica e perspectivas para o terceiro milênio. Porto Alegre: Livraria do Advogado, 2005.

——. Cláusula de lesão grave e de difícil reparação no agravo de instrumento. *Revista da Ajuris*: Associação dos Juízes do Rio Grande do Sul, Porto Alegre, n. 101, p. 97/110, mar./2006.

—— (coord.). *Comentários ao Projeto de Lei n. 8.046/2010:* proposta de um novo Código de Processo Civil. Porto Alegre: EDIPUCRS, 2013. Disponível em: <http:www.pucrs.br/edipucrs>.

——; VIAFORE, Daniele. *A decisão monocrática e a numerosidade no Processo Civil brasileiro.* Porto Alegre: Livraria do Advogado, 2015.

MARCATO, Ana Cândida Menezes. *O princípio do duplo grau de jurisdição e a reforma do Código de Processo Civil.* São Paulo: Atlas, 2006.

MARINONI, Luiz Guilherme. *Tutela antecipatória, julgamento antecipado e execução imediata da sentença.* 4. ed. São Paulo: Revista dos Tribunais, 2000.

——. Garantia da tempestividade da tutela jurisdicional e duplo grau de jurisdição. In: CRUZ E TUCCI, José Rogério (coord.). *Garantias constitucionais do processo civil.* São Paulo: Revista dos Tribunais, 1999, p. 207/233.

——. Direito à tempestividade da tutela jurisdicional. *Genesis:* Revista de Direito Processual Civil, Curitiba, n. 17, p. 542/556, jul./set. 2000.

——. Uma nova realidade diante do Projeto de CPC: a *ratio decidendi* ou os fundamentos determinantes da decisão. *Revista dos Tribunais*, São Paulo, n. 918, p. 351/413, abril 2012.

——. O direito à efetividade da tutela jurisdicional na perspectiva da teoria dos direitos fundamentais. *Genesis:* Revista de Direito Processual Civil, Curitiba, n. 28, p. 298/338, abril/junho 2003.

——; ARENHART, Sergio Cruz. *Processo de conhecimento.* 8. ed. v. 2. São Paulo: Revista dos Tribunais, 2010.

——; MITIDIERO, Daniel. *O projeto do CPC:* críticas e propostas. São Paulo: Revista dos Tribunais, 2010.

MEDINA, José Miguel Garcia; WAMBIER, Teresa Arruda Alvim. *Recursos e ações autônomas de impugnação.* 2. tir. São Paulo: Revista dos Tribunais, 2008.

MILMAN, Fabio. O novo conceito legal de sentença e suas repercussões recursais: primeiras experiências com a apelação por instrumento. *Revista de Processo*, São Paulo, v. 32, n. 150, p. 160/174, ago/2007.

MITIDIERO, Daniel. *Colaboração no processo civil:* pressupostos sociais, lógicos e éticos. São Paulo: Revista dos Tribunais, 2009.

——. Sentenças parciais de mérito e resolução definitiva-fracionada da causa (lendo um ensaio de Fredie Didier Júnior). *Genesis:* Revista de Direito Processual Civil, Curitiba, n. 31, p. 22/33, jan./mar. 2004.

——. O processualismo e a formação do Código Buzaid. *Revista de Processo*, São Paulo, v. 35, n. 183, p. 165/194, maio/2010.

——. Por uma reforma da justiça civil no Brasil: um diálogo entre Mauro Cappelletti, Vittorio Denti, Ovídio Baptista e Luiz Guilherme Marinoni. *Revista de Processo*, São Paulo, v. 36, n. 199, p. 84/99, set/2011.

NERY JUNIOR, Nelson. *Teoria geral dos recursos.* 7. ed. São Paulo: Revista dos Tribunais, 2014.

——; NERY, Rosa Maria Andrade. *Código de Processo Civil comentado e legislação extravagante.* 10. ed. São Paulo: Revista dos Tribunais, 2008.

——. *Princípios do processo na Constituição Federal.* 9. ed. São Paulo: Revista dos Tribunais, 2009.

OLIVEIRA, Gleydson Kleber Lopes de. *Apelação no direito processual civil.* São Paulo: Revista dos Tribunais, 2009.

_____. Novos contornos do efeito devolutivo do recurso de apelação. In: FUX, Luiz; NERY JUNIOR, Nelson; WAMBIER, Teresa Arruda Alvim (coords.). *Processo e Constituição*: estudos em homenagem ao professor José Carlos Barbosa Moreira. São Paulo: Revista dos Tribunais, 2006, p. 1000/1021.

PANTOJA, Fernanda Medina. *Apelação Cível:* novas perspectivas de um antigo recurso: um estudo crítico de direito nacional e comparado. Curitiba: Juruá, 2010.

_____. Reflexões iniciais sobre os possíveis formatos da apelação no Projeto do novo Código de Processo Civil. *Revista de Processo*, São Paulo, v. 38, n. 216, p. 305/332, fev./2013.

PEÑA, Eduardo Chemale Selistre. Poderes do relator e julgamento monocrático dos recursos na legislação processual vigente e no projeto do novo Código de Processo Civil. In: ROSSI, Fernando *et al* (coord.). *O futuro do processo civil no Brasil*: uma análise crítica ao projeto do novo CPC. Belo Horizonte: Forum, 2011, p. 143/163.

PINTO, Nelson Luiz. *Manual dos recursos cíveis*. 2. ed. São Paulo: Malheiros, 2000.

PINTO RIBEIRO, Cristiana Zugno. Anotações sobre o recurso de apelação no projeto do novo Código de Processo Civil. In: *XXII Congresso Nacional do Conpedi/Uninove*, São Paulo, 2013.

PORTANOVA, Rui. *Princípios do processo civil*. 8. ed. Porto Alegre: Livraria do Advogado, 2013.

PORTO, Sérgio Gilberto; USTÁRROZ, Daniel. *Lições de direitos fundamentais no processo civil*. Porto Alegre: Livraria do Advogado, 2009.

_____; _____. *Manual dos recursos cíveis*. 4. ed. Porto Alegre: Livraria do Advogado, 2013.

_____; _____. Anotações quanto ao efeito devolutivo nos recursos excepcionais. *Direito e Justiça*, Porto Alegre, v. 39, n. 2, p. 264/271, jul./dez. 2013.

_____; PORTO, Guilherme Athayde. *Lições sobre teorias do processo*: civil e constitucional. Porto Alegre: Livraria do Advogado, 2013.

_____. Apontamentos sobre duas relevantes inovações no projeto de um novo CPC. *Repertório de Jurisprudência IOB*, São Paulo, v. 3, n. 21, p. 747/742, nov. 2011.

_____. Recursos: reforma e ideologia. In: GIORGIS, José Carlos Teixeira (coord.). *Inovações do Código de Processo Civil*. 2 tir. Porto Alegre: Livraria do Advogado, 1997, p. 101/110.

_____. A nova definição legal de sentença: propósito e conseqüências. In: TESHEINER, José Maria Rosa; MILHORANZA, Mariângela Guerreiro; PORTO, Sérgio Gilberto (coords.). *Instrumentos de coerção e outros temas de direito processual civil:* estudos em homenagem aos 25 anos de docência do Professor Dr. Araken de Assis. Rio de Janeiro: Forense, 2007, p. 657/664.

PROTO PISANI, Andrea. *Lezioni di diritto processuale civile*. 5. ed. Napoli: Jovene, 2012.

RHEE, C. H. van. Civil Procedure. In: SMITS, Jan M. *Elgar encyclopedia of comparative law*. Northampton, USA: Edward Elgar Publishing.

ROSINHA, Martha. *Os efeitos dos recursos*: atualizado com o Projeto do Novo Código de Processo Civil. Porto Alegre: Livraria do Advogado, 2012.

SARLET, Ingo Wolfgang. Valor de alçada e limitação do acesso ao duplo grau de jurisdição: problematização em nível constitucional, à luz de um conceito material de direitos fundamentais. *Revista da Ajuris*: Associação dos Juízes do Rio Grande do Sul, Porto Alegre, n. 66, p. 85/130, março/1996.

SIDOU, J. M. Othon. *Os recursos processuais na história do direito*. 2. ed. Rio de Janeiro: Forense, 1978.

SILVA, Ovídio A. Baptista da. *Curso de processo civil*. 8. ed. v. 1, tomo 1. Rio de Janeiro: Forense, 2008.

_____. *Curso de processo civil*. 5. ed. v. 2. São Paulo: Revista dos Tribunais, 2002.

_____. *Processo e ideologia*: o paradigma racionalista. Rio de Janeiro: Forense, 2004.

_____. A "plenitude de defesa" no processo civil. In: TEIXEIRA, Sálvio de Figueiredo (coord.). *As garantias do cidadão na justiça*. São Paulo: Saraiva, 1993, p. 149/165.

SURGIK, Aloísio. *Lineamentos do processo civil romano*. Curitiba: Livro é Cultura, 1990.

SZYMANOWSKI, Cristiano José Lemos. Aspectos históricos e estruturais do processo civil brasileiro: um estudo sobre a unidade processual. *Revista das Faculdades Integradas Vianna Júnior*, v. 2, n. 2. Disponível em: <http://www.viannajunior.edu.br/files/uploads/20131002_145329.pdf>.

TARZIA, Giuseppe. O novo processo civil de cognição na Itália. *Revista de Processo*, São Paulo, n. 79, p. 50/64, jul./set. 1995.

TESHEINER, José Maria Rosa. *Nova sistemática processual civil*. 2. ed. Caxias do Sul: Plenum, 2006.

——. Elementos para uma teoria geral do processo. São Paulo: Saraiva, 1993.

——. Em tempo de reformas – o reexame de decisões judiciais. In: FABRÍCIO, Adroaldo Furtado *et al* (coord.). *Meios de impugnação ao julgado civil*: estudos em homenagem a José Carlos Barbosa Moreira. Rio de Janeiro: Forense, 2007, p. 383/401.

——; BAGGIO, Lucas Pereira. *Nulidades no processo civil brasileiro*. Rio de Janeiro: Forense, 2008.

——; VIAFORE, Daniele. Da proposta de "redução do número de demandas e recursos" do projeto de novo CPC *versus* acesso à justiça. *Revista Jurídica*, Porto Alegre, v. 58, n. 401, p. 11/31, mar. 2011.

——; PINTO RIBEIRO, Cristiana Zugno. Recursos em espécie no projeto de um novo Código de Processo Civil. In: FREIRE, Alexandre *et al* (org.). *Novas tendências do processo civil*: estudos sobre o projeto do novo Código de Processo Civil. Salvador: Jus Podivm, 2014, p. 71/87.

THEODORO JÚNIOR, Humberto. *Curso de direito processual civil*. 51. ed. v. 1. Rio de Janeiro: Forense, 2010.

VERGARA, Oswaldo. *Código do Processo Civil e Comercial do Estado do Rio Grande do Sul*. 3. ed. Porto Alegre: Edição da Livraria do Globo, 1936.

Anexo

QUADRO COMPARATIVO ENTRE O NOVO CPC E O CPC DE 1973

NOVO CPC	CPC DE 1973
Art. 995. Os recursos não impedem a eficácia da decisão, salvo disposição legal ou decisão judicial em sentido diverso. Parágrafo único. A eficácia da decisão recorrida poderá ser suspensa por decisão do relator, se da imediata produção de seus efeitos houver risco de dano grave, de difícil ou impossível reparação, e ficar demonstrada a probabilidade de provimento do recurso.	**Art. 497.** O recurso extraordinário e o recurso especial não impedem a execução da sentença; a interposição do agravo de instrumento não obsta o andamento do processo, ressalvado o disposto no art. 558 desta Lei. (Redação dada pela Lei nº 8.038, de 1990)
Art. 1.009. Da sentença cabe apelação. § 1º As questões resolvidas na fase de conhecimento, se a decisão a seu respeito não comportar agravo de instrumento, não são cobertas pela preclusão e devem ser suscitadas em preliminar de apelação, eventualmente interposta contra a decisão final, ou nas contrarrazões. § 2º Se as questões referidas no § 1º forem suscitadas em contrarrazões, o recorrente será intimado para, em 15 (quinze) dias, manifestar-se a respeito delas. § 3º O disposto no *caput* deste artigo aplica-se mesmo quando as questões mencionadas no art. 1.015 integrarem capítulo da sentença.	**Art. 513.** Da sentença caberá apelação (arts. 267 e 269).
Art. 1.010. A apelação, interposta por petição dirigida ao juízo de primeiro grau, conterá: I – os nomes e a qualificação das partes; II – a exposição do fato e do direito; III – as razões do pedido de reforma ou de decretação de nulidade; IV – o pedido de nova decisão.	**Art. 514.** A apelação, interposta por petição dirigida ao juiz, conterá: I – os nomes e a qualificação das partes; II – os fundamentos de fato e de direito; III – o pedido de nova decisão. Parágrafo único. (Revogado pela Lei nº 8.950, de 1994)

§ 1º O apelado será intimado para apresentar contrarrazões no prazo de 15 (quinze) dias. § 2º Se o apelado interpuser apelação adesiva, o juiz intimará o apelante para apresentar contrarrazões. § 3º Após as formalidades previstas nos §§ 1º e 2º, os autos serão remetidos ao tribunal pelo juiz, independentemente de juízo de admissibilidade.	Art. 518. Interposta a apelação, o juiz, declarando os efeitos em que a recebe, mandará dar vista ao apelado para responder. (Redação dada pela Lei nº 8.950, de 1994) § 1º O juiz não receberá o recurso de apelação quando a sentença estiver em conformidade com súmula do Superior Tribunal de Justiça ou do Supremo Tribunal Federal. (Renumerado pela Lei nº 11.276, de 2006) § 2º Apresentada a resposta, é facultado ao juiz, em cinco dias, o reexame dos pressupostos de admissibilidade do recurso. (Incluído pela Lei nº 11.276, de 2006)
Art. 1.011. Recebido o recurso de apelação no tribunal e distribuído imediatamente, o relator: I – decidi-lo-á monocraticamente apenas nas hipóteses do art. 932, incisos III a V; II – se não for o caso de decisão monocrática, elaborará seu voto para julgamento do recurso pelo órgão colegiado.	Art. 557. O relator negará seguimento a recurso manifestamente inadmissível, improcedente, prejudicado ou em confronto com súmula ou com jurisprudência dominante do respectivo tribunal, do Supremo Tribunal Federal, ou de Tribunal Superior. (Redação dada pela Lei nº 9.756, de 17.12.1998) § 1º-A. Se a decisão recorrida estiver em manifesto confronto com súmula ou com jurisprudência dominante do Supremo Tribunal Federal, ou de Tribunal Superior, o relator poderá dar provimento ao recurso. (Incluído pela Lei nº 9.756, de 17.12.1998) § 1º Da decisão caberá agravo, no prazo de cinco dias, ao órgão competente para o julgamento do recurso, e, se não houver retratação, o relator apresentará o processo em mesa, proferindo voto; provido o agravo, o recurso terá seguimento. (Incluído pela Lei nº 9.756, de 17.12.1998) § 2º Quando manifestamente inadmissível ou infundado o agravo, o tribunal condenará o agravante a pagar ao agravado multa entre um e dez por cento do valor corrigido da causa, ficando a interposição de qualquer outro recurso condicionada ao depósito do respectivo valor. (Incluído pela Lei nº 9.756, de 17.12.1998)
Art. 1.012. A apelação terá efeito suspensivo. § 1º Além de outras hipóteses previstas em lei, começa a produzir efeitos imediatamente após a sua publicação a sentença que: I – homologa divisão ou demarcação de terras; II – condena a pagar alimentos; III – extingue sem resolução do mérito ou julga improcedentes os embargos do executado; IV – julga procedente o pedido de instituição de arbitragem; V – confirma, concede ou revoga tutela provisória; VI – decreta a interdição.	Art. 520. A apelação será recebida em seu efeito devolutivo e suspensivo. Será, no entanto, recebida só no efeito devolutivo, quando interposta de sentença que: I – homologar a divisão ou a demarcação; II – condenar à prestação de alimentos; IV – decidir o processo cautelar; V – rejeitar liminarmente embargos à execução ou julgá-los improcedentes; VI – julgar procedente o pedido de instituição de arbitragem. VII – confirmar a antecipação dos efeitos da tutela;

§ 2º Nos casos do § 1º, o apelado poderá promover o pedido de cumprimento provisório depois de publicada a sentença. § 3º O pedido de concessão de efeito suspensivo nas hipóteses do § 1º poderá ser formulado por requerimento dirigido ao: I – tribunal, no período compreendido entre a interposição da apelação e sua distribuição, ficando o relator designado para seu exame prevento para julgá-la; II – relator, se já distribuída a apelação. § 4º Nas hipóteses do § 1º, a eficácia da sentença poderá ser suspensa pelo relator se o apelante demonstrar a probabilidade de provimento do recurso ou se, sendo relevante a fundamentação, houver risco de dano grave ou de difícil reparação.	**Art. 558.** O relator poderá, a requerimento do agravante, nos casos de prisão civil, adjudicação, remição de bens, levantamento de dinheiro sem caução idônea e em outros casos dos quais possa resultar lesão grave e de difícil reparação, sendo relevante a fundamentação, suspender o cumprimento da decisão até o pronunciamento definitivo da turma ou câmara. (Redação dada pela Lei nº 9.139, de 30.11.1995) Parágrafo único. Aplicar-se-á o disposto neste artigo as hipóteses do art. 520. (Redação dada pela Lei nº 9.139, de 30.11.1995)
Art. 1.013. A apelação devolverá ao tribunal o conhecimento da matéria impugnada. § 1º Serão, porém, objeto de apreciação e julgamento pelo tribunal todas as questões suscitadas e discutidas no processo, ainda que não tenham sido solucionadas, desde que relativas ao capítulo impugnado. § 2º Quando o pedido ou a defesa tiver mais de um fundamento e o juiz acolher apenas um deles, a apelação devolverá ao tribunal o conhecimento dos demais. § 3º Se o processo estiver em condições de imediato julgamento, o tribunal deve decidir desde logo o mérito quando: I – reformar sentença fundada no art. 485; II – decretar a nulidade da sentença por não ser ela congruente com os limites do pedido ou da causa de pedir; III – constatar a omissão no exame de um dos pedidos, hipótese em que poderá julgá-lo; IV – decretar a nulidade de sentença por falta de fundamentação. § 4º Quando reformar sentença que reconheça a decadência ou a prescrição, o tribunal, se possível, julgará o mérito, examinando as demais questões, sem determinar o retorno do processo ao juízo de primeiro grau. § 5º O capítulo da sentença que confirma, concede ou revoga a tutela provisória é impugnável na apelação.	**Art. 515.** A apelação devolverá ao tribunal o conhecimento da matéria impugnada. § 1º Serão, porém, objeto de apreciação e julgamento pelo tribunal todas as questões suscitadas e discutidas no processo, ainda que a sentença não as tenha julgado por inteiro. § 2º Quando o pedido ou a defesa tiver mais de um fundamento e o juiz acolher apenas um deles, a apelação devolverá ao tribunal o conhecimento dos demais. § 3º Nos casos de extinção do processo sem julgamento do mérito (art. 267), o tribunal pode julgar desde logo a lide, se a causa versar questão exclusivamente de direito e estiver em condições de imediato julgamento.
Art. 1.014. As questões de fato não propostas no juízo inferior poderão ser suscitadas na apelação, se a parte provar que deixou de fazê-lo por motivo de força maior.	**Art. 517.** As questões de fato, não propostas no juízo inferior, poderão ser suscitadas na apelação, se a parte provar que deixou de fazê-lo por motivo de força maior.

Impressão:
Evangraf
Rua Waldomiro Schapke, 77 - POA/RS
Fone: (51) 3336.2466 - (51) 3336.0422
E-mail: evangraf.adm@terra.com.br